Markovits · Die Abwicklung

Inga Markovits

Die Abwicklung

Ein Tagebuch
zum Ende der DDR-Justiz

Verlag C.H. Beck München

Die Deutsche Bibliothek – CIP-Einheitsaufnahme

Markovits, Inga:
Die Abwicklung : ein Tagebuch zum Ende der
DDR-Justiz / Inga Markovits. – München : Beck, 1993
  ISBN 3 406 37316 X

ISBN 3 406 37316 X

Umschlagentwurf von Uwe Göbel, München
© C.H.Beck'sche Verlagsbuchhandlung (Oscar Beck),
München 1993
Satz: C.H.Beck'sche Buchdruckerei, Nördlingen
Druck und Bindung: Franz Spiegel Buch GmbH, Ulm-Jungingen
Gedruckt auf säurefreiem, aus chlorfrei gebleichtem
Zellstoff hergestelltem Papier
Printed in Germany

Für Dick

Inhalt

Erklärungen, Entschuldigungen, Danksagungen

Einige Erklärungen, Entschuldigungen und Danksagungen zu diesem Buch.

Zuerst die Erklärungen: Das »Tagebuch« ist in mancher Hinsicht ein Kunstprodukt. Zwar hat jedes Gespräch und jedes von mir beschriebene Ereignis an dem angegebenen Tag stattgefunden; jede einer bestimmten Person zugeschriebene Äußerung stammt von ihr; jedes in Anführungsstriche gesetzte Zitat ist wörtlich so gesagt worden. Aber ich habe viele Informationen umgestellt und dort verwendet, wo ich sie am besten gebrauchen konnte, andere Quellen als meine Beobachtungen und Interviews benutzt und vor allem auch die zusätzlichen Auskünfte vieler Berichterstatter verwertet, deren Namen auf diesen Seiten nicht erscheinen. Fast alle in diesem Buch enthaltenen Namen sind die richtigen Namen der Betroffenen. In einigen wenigen Fällen habe ich die Namen geändert: nicht weil ihre Träger Grund hätten, die Autorschaft ihrer Berichte zu verheimlichen, sondern weil ich es mir beim Aufbau einer neuen Karriere manchmal lästig denke, in einem Buch vorgekommen zu sein.

Die Entschuldigungen: Ein Bericht über andere Menschen und über die Hoffnungen und Ängste, die sie bewegen, behandelt diese Menschen – trotz allen Respekts – eben doch als Beobachtungsobjekte. Ich kann verstehen, wenn manche meiner Gesprächspartner schon aus diesem Grund mit dem Geschriebenen unzufrieden sind: niemand ist gern Objekt. Dazu kommt, daß sie und ich aus verschiedenen Welten kommen und daher vieles mit verschiedenen Augen sehen. Auch das läßt sich bei Ost-West-Begegnungen nicht vermeiden. Aber ich gewann während dieses Jahres der Gespräche die Überzeugung, daß wir alle – Fragende und Antwortende – im Grunde dasselbe Ziel verfolgten: das, was Recht und Gerechtigkeit vor und nach der Wende bedeute-

9

ten und bedeuten, so gut und so genau wie möglich zu verstehen und zu beschreiben. Ohne meine ostdeutschen Gesprächspartner hätte dieser Bericht nicht entstehen können. Wichtiger als ihre Stellung als Beobachtungsobjekte ist ihre Mitautorschaft an diesem Buch.

Es scheint darum fast unangemessen, meinen Gesprächspartnern für ihre Offenheit, ihre Zeit, ihre Geduld und oft auch ihre Gastfreundschaft zu danken – dieses Buch gehört auch ihnen. Vielen anderen gegenüber muß der Dank ausgesprochen werden. Mein Dekan, Professor Mark Yudof, und Dean Michael Sharlot von der University of Texas Law School ermöglichten durch großzügige finanzielle Unterstützung meinen Aufenthalt in Berlin. Die National Science Foundation half mit einem Reisestipendium. Jon Pratter, David Gunn und die Mitarbeiter der University of Texas Law Library besorgten in Rekordzeit die nötige Literatur. Ms. Margaret Studebaker schrieb schnell und zuverlässig das Manuskript. Meine Kinder ließen sich ungekränkt vernachlässigen. Der größte Dank gebührt dem, dem dieses Buch gewidmet ist und ohne dessen Ermutigung, Lob, Schelten, Kochen und Familienmanagement es immer noch nicht fertig wäre.

Vorbemerkungen

Dies ist ein Bericht über den plötzlichen Tod des sozialistischen Rechts in der DDR, über das Erbe, das es zurückließ, über die Sorgen und Hoffnungen der Hinterbliebenen und über die alle überlebenden Schwierigkeiten, Gerechtigkeit zu bewirken.

Vor 25 Jahren habe ich schon einmal ein Buch über DDR-Recht geschrieben. Damals ging es mir um die Anstrengungen der DDR-Juristen, ein ererbtes bürgerliches Rechtssystem in ein sozialistisches Rechtssystem zu verwandeln. Jetzt geht es, man kann es noch immer kaum glauben, um das umgekehrte Bemühen: die Eingliederung der sozialistischen DDR in den westdeutschen Rechtsstaat. Damals schrieb ich meine erste wissenschaftliche Arbeit – diesmal will ich einen Bericht über die Menschen schreiben, die von dem Austausch der Rechtssysteme betroffen sind; über das Gewicht, das das alte sozialistische Recht in ihrem Alltag hatte, über seine Schwächen und Stärken und über die Weise, wie jetzt der Rechtsstaat das Leben seiner neuen Bürger verändert. Damals kam mein Material aus den Archiven westdeutscher Bibliotheken. Diesmal kommt es aus den Mündern der unmittelbar Beteiligten: aus den Erzählungen ostdeutscher Richter und Staatsanwälte, Professoren und Studenten, Kläger und Beklagter. Damals waren mir alle amtlichen Türen verschlossen – heute sind fast alle offen. Und damals kam ich von drinnen: eine Doktorandin in Westberlin, die ihre Arbeit im Schatten der Mauer schrieb. Heute komme ich von draußen: eine Professorin aus den Vereinigten Staaten, die vertrautes Terrain nicht nur in alter Zuneigung, sondern auch mit neugewonnener Distanziertheit betritt; für die nicht nur ostdeutsche, sondern auch westdeutsche Bürger in mancher Beziehung »die Anderen« sind und die oft mit erschrockenem Befremden nach der Brüderlichkeit in Deutschlands Wiedervereinigung sucht.

Ich erinnere noch deutlich, wann mir damals zuerst der

Gedanke kam, über den Widerspruch zwischen bürgerlichem und sozialistischem Rechtsdenken zu promovieren: ein oder zwei Jahre nach dem Bau der Mauer, an einem Winterabend in Ostberlin, als ich im erleuchteten Fenster einer juristischen Buchhandlung die aufgetürmten Bücher zum sozialistischen Recht betrachtete – die marxistischen Klassiker in blauem und weinrotem Plastikleder, die leuchtendroten SED-Dokumente, die akademisch mattfarbigen Schriften von Parteifunktionären oder Gewerkschaftsführern über das Wesen des Rechts – und beschloß, dieser Symbiose von Recht und Macht einmal im juristischen Detail nachzugehen. Und ich kann den Moment bestimmen, in dem der Plan für das vorliegende Buch entstand: im November 1989, als ich zwei Wochen nach der Öffnung der Mauer am Potsdamer Platz dem Hämmern und Meiseln der Mauersteinjäger zusah, durch die ersten schmalen Spalten im Zement nach Ostberlin blickte und dachte: »Wie wird die DDR den Weg in den Rechtsstaat zurückfinden?«

In den dazwischenliegenden Jahren war ich, wenn es sich hatte machen lassen, auf juristische Bildungsreisen in die DDR gefahren. Immer mit einem Touristenvisum, denn Erkundigungen nach offiziellen Studienaufenthalten stießen nie auf ein amtliches Echo. Auf diesen Reisen hatte ich mit jedem gesprochen, der bereit gewesen war, mir etwas über DDR-Recht zu erzählen: mit Professoren, Rechtsanwälten und Justitiaren; wenn ich Glück hatte, auch einmal mit einem Richter oder Staatsanwalt; mit Tischnachbarn im Restaurant und mit Mitreisenden auf der Bahn. Viele meiner Gesprächspartner waren offen und mitteilsam. Manche, die zunächst eingewilligt hatten, mit mir zu sprechen, waren zu der vereinbarten Zeit plötzlich verhindert. Einige wenige wiesen die Bitte um eine Unterhaltung mit Empörung zurück. Einmal merkte ich zu meinem Erstaunen, daß mein Gegenüber sehr wohl wußte, wo ich auf meiner Reise bereits gewesen war. Nur ein einziges Mal gelang es mir, einer Gerichtsverhandlung zuzuhören: bei einem jungen Familienrichter in Erfurt, der mich auf meine vom Pförtner weitergegebene Bitte kurzerhand in seinen Verhandlungssaal mitnahm. Nach dem Mittagessen solle ich wiederkommen, sagte er am Ende der Sitzung, da habe er noch zwei Termine. Aber als ich am Nachmittag wieder erschien, mußte sein Vorgesetzter von der Sache erfahren haben, und ich durfte nicht einmal mehr das Gerichtsgebäude betreten.

So waren es immer nur Teilwahrheiten gewesen, die ich über die Bedeutung des Rechts im Sozialismus in Erfahrung brachte; Mosaiksteinchen hier und da, über deren Zusammenhang ich nur spekulieren konnte. Auch ließ sich schwer abschätzen, ob selbst verläßliche Informationen die rechtliche Wirklichkeit in der DDR angemessen beschrieben. Ich hatte nie Anlaß zu der Befürchtung, daß meine Gesprächspartner mich belügen könnten. Aber wieviel von der Wahrheit wurde mir vorenthalten? Unsere Unterhaltungen waren politisch zu heikel, als daß ich je das System als Ganzes zu hinterfragen gewagt hätte. Ich wußte, daß jedenfalls diejenigen meiner Gesprächspartner, die Ämter und Würden innehatten, später der Partei über ihre »Westkontakte« mit mir berichten mußten. Da die meisten Diskussionen auf staatsfernem Terrain stattfanden – in Cafes, auf Spaziergängen oder am Kaffeetisch einer Privatwohnung –, brauchten diese Berichte nicht allzu naturgetreu auszufallen. Aber schon die Begegnung mit mir konnte einen ostdeutschen Bürger offiziell in Verlegenheit bringen. Um so dankbarer war ich den Befragten dafür, sich meiner Neugier zu stellen. Ich durfte sie nicht zusätzlich zu politischen Indiskretionen verleiten. So beschränkten sich unsere Gespräche fast immer auf praktische Einzelheiten des rechtlichen Alltags. Grundsätzliche Fragen – nach Gerechtigkeit, nach dem Verhältnis von Recht und Macht, nach dem Selbstverständnis des Bürgers im Sozialismus – wurden in stiller Übereinstimmung zwischen mir und meinem jeweiligen Gegenüber fast immer ausgespart.

Jetzt, nach dem Fall der Mauer, konnten endlich alle Fragen gestellt werden. Zwar würde ich mich beeilen müssen. Bald würden die Augenzeugen des sozialistischen Rechts mit anderen Dingen beschäftigt sein. Aber jetzt, unmittelbar nach der Wende, waren die Erinnerungen noch frisch und die Betroffenen, noch benommen vom Sturz der Ereignisse, waren begierig, über die Welt zu sprechen, die ihnen so plötzlich verlorengegangen war. Jetzt, noch unangepaßt, konnten sie offen über die Zweifel und Hoffnungen reden,

13

die sie dem neuen Rechtsstaat entgegenbrachten. Ihre Erzählungen würden verständlich machen, welche Schwierigkeiten der Umwandlung der DDR in einen Rechtsstaat entgegenstünden. Ost- und Westdeutsche waren einander so lange so fern gewesen – wie sollten sie einander im vereinigten Deutschland gerecht werden, ohne zu wissen, was »Gerechtigkeit« auf der anderen Seite der Mauer bedeutet hatte?

So kam ich im September 1990 für zehn Monate nach Berlin, um ein letztes Portrait eines untergehenden Rechtssystems zu skizzieren. Der vorliegende Bericht ist das Ergebnis meiner Beobachtungen. Ich habe die Tagebuchform meiner Aufzeichnungen beibehalten, um Leser an der Spontaneität und dem persönlichen Drama meiner Begegnungen teilhaben zu lassen und sie daran zu erinnern, daß »Recht« nicht nur eine Sache von Paragraphen, sondern von Menschenleben ist; daß »Reform« nicht nur in Gesetzesblättern, sondern in Familien, in Büros und an Arbeitsplätzen stattfindet; daß »gesellschaftliche Veränderungen« den Alltag konkreter Männer und Frauen in Unordnung stürzen und daß ihr Erfolg davon abhängt, wie gut es gelingt, aus dem Gleichgewicht gebrachte Leben mit neuer Hoffnung und Energie zu erfüllen.

Weil meine Schilderung zum großen Teil auf dem Selbstzeugnis ostdeutscher Juristen beruht, nimmt die politische Unterdrückungsfunktion des DDR-Rechts einen geringeren Raum ein, als manche Leser erwarten mögen. Das liegt nicht nur an der Tatsache, daß auch der aufrichtigste Berichterstatter ungern bei der Beschreibung seiner eigenen Fehler verweilt. Diesmal sind weder ich noch meine ostdeutschen Gesprächspartner den wichtigen Fragen nach Schuld oder Unschuld ausgewichen. Aber es ging mir bei meinen Interviews weniger um die Exzesse des sozialistischen Rechts als um jene Seite, die jetzt – über dem Hallodria des Triumphes einer juristischen Weltanschauung über die andere – am ehesten übersehen wird: um seine Normalität und Alltäglichkeit. Denn es sind nicht die Erinnerungen an den Schießbefehl oder die Stasi, die eine Verwurzelung des Rechtsstaats im ganzen Deutschland am ehesten verzögern werden. Es sind die gedankenlose Reflexe der Menschen, ihre vertrauten Gewohnheiten, die kleinen unscheinbaren Gesten des Alltags – beider Alltage! –, mit denen die Vergangenheit der deutschen Teilung auch in die vereinigte Zukunft noch lange hineinreichen wird.

*

Als ich Anfang September 1990 nach Berlin kam, rund vier Wochen vor der Wiedervereinigung, fand ich bereits ein sehr anderes DDR-Rechtssystem vor als auf meinen früheren Reisen. Noch in ihren letzten Monaten und Wochen hatte die Volkskammer fieberhaft an der Reform des ostdeutschen Rechtssystems gearbeitet – wie jemand, der die Stätte jahrelanger Erniedrigungen jedenfalls erhobenen Hauptes verlassen möchte. Viele der noch in letzter Minute fertiggestellten Gesetzgebungsakte verleugneten nicht ihren sozialistischen Hintergrund. Manche beseitigten nur die ideologisch besonders belasteten Paragraphen eines Gesetzes, ohne im übrigen seine Struktur zu verändern. Andere suchten nach neuen und eigenständigen Lösungen, die weder westdeutsches Recht imitieren noch alte, sozialistische Fehler wiederholen sollten. Weil viele der neuen Vorschriften noch in einer Zeit konzipiert worden waren, in der die Wiedervereinigung in ferner Zukunft zu liegen schien, waren sie am Tage ihres Inkrafttretens oft schon von den politischen Entwicklungen überholt. So hatte das geltende Recht der DDR in ihrem letzten Lebensmonat einen irrealen Anstrich: eine Mischung aus Tatendrang und schlechtem Gewissen; aus Optimismus, Schönfärberei und uneingestandener Melancholie. Aber für meine Zwecke war es sozialistisch genug, daß es sich lohnen würde, noch kurz vor Toresschluß endlich einmal Gerichtsverhandlungen zuzuhören, die mir so lange unzugänglich gewesen waren.

So beschloß ich, die letzten Wochen vor der Wiedervereinigung im größten Gerichtsgebäude Ostberlins zu verbringen, dem Stadtgericht in der Littenstraße, nur einen kurzen Fußweg vom Alexanderplatz entfernt. Es war in Berlin meine letzte Chance, sozialistische Richter in Aktion zu sehen. Auf dem übrigen Gebiet der DDR würden Kreis- und Bezirksgerichte auch nach der Wiedervereinigung noch so lange Recht sprechen dürfen (wenn auch weitgehend westdeutsches Recht), bis Geld und Personal für ihre Umstrukturierung nach westdeutschem Muster bereitgestellt waren. Aber für Berlin bestimmte der Einigungsvertrag, daß schon am 3. Oktober 1990 die bisher in Westberlin bestehende »Gerichtsstruktur« auf den Ostteil der Stadt »erstreckt« werden sollte. Seinen Wortlaut nach schien es diesem Satz nur um eine einheitliche Berliner Gerichtsverfassung zu gehen. Über das Schicksal der Richter selbst schwieg der Vertrag. Da hätte es nahegelegen, analog zur Situation in der restlichen DDR, Richter aus Ostberlin bis zu ihrer Überprüfung zunächst weiter Recht sprechen zu lassen; am besten – wie in der Ex-DDR – in Zusammenarbeit mit westlichen Fachkollegen.

Aber die Westberliner Senatsverwaltung wollte für den Aufbau einer einheitlichen Berliner Justizverwaltung freie Hand und klare Verhältnisse. Sie beschloß, die Justiz in der östlichen Hälfte der Stadt nicht nur umzumodeln, sondern praktisch abzuwickeln. Am 3. Oktober 1990 würden alle Ostberliner Gerichte geschlossen und alles Gerichtspersonal in den sechsmonatigen Wartestand versetzt werden. Anhängige Verfahren würden an Westberliner Gerichte überwiesen, Neuzugänge aus dem Osten der Stadt unter Westberliner Gerichten verteilt werden. Während sie auf ihre Überprüfung durch die Richterwahlausschüsse warteten, würden allen interessierten Richtern und Staatsanwälten Fortbildungskurse in westdeutschem Recht angeboten werden. Diejenigen Ostrichter und -staatsanwälte, die nach dem Ablauf ihres Wartestandes nicht übernommen würden, gälten als entlassen. Nur von wenigen wurde erwartet, daß sie die Überprüfung bestehen würden.

Am 6. September 1990 informierte die Westberliner Justizsenatorin, Professor Jutta Limbach, eine Versammlung von Ostberliner Richtern und Staatsanwälten über ihre bevorstehende Suspendierung. Und hier beginnt meine Geschichte.

I.

Letzte Tage

6. September 1990

Ich drehe abends das Fernsehen an und habe plötzlich Jutta Limbachs Treffen mit Ostberliner Richtern und Staatsanwälten im Zimmer. Ein gedrängt voller Raum im Stadtgericht. Frau Limbachs Ansprache habe ich verpaßt, aber ich sehe die Wirkung: Ärger, Erregung und ungläubiges Erschrecken unter den Zuhörern. Zu viele entrüstete Zurufe, um irgendetwas verstehen zu können. Doch, einen der Senatsvertreter. »Sie müssen das doch einsehen«, schreit er, »Sie kommen aus einem Unrechtsstaat in einen Rechtsstaat! Da können wir nicht jeden nehmen!« Bei dem Wort »Unrechtsstaat« läuft eine Welle der Empörung durch den Raum. Neue Zwischenrufe. Frau Limbach, selber ganz aufgeregt: »So hören Sie doch auf mich! Ich bin es doch, die Ihre Interessen bei meinen Kollegen vertritt!«

12. September 1990

Im Gebäude des Stadtgerichts in der Littenstraße in Ostberlin. Noch eine Reihe anderer DDR-Justizbehörden sind hier untergebracht: die Stadtbezirksgerichte Berlin-Mitte und Prenzlauer Berg, das staatliche Notariat und, in zwei Seitenflügeln, das Oberste Gericht und die Berliner Generalstaatsanwaltschaft. Einmal, vor Jahren, gelang es mir hier, am Pförtnerhäuschen vorbeizuwischen, als sein Inhaber mir gerade den Rücken zudrehte. Aber mein Aufenthalt im Stadtgericht war damals von kurzer Dauer. Und offiziell war ohnehin nichts zu erreichen: es war für einen von draußen Kommenden so gut wie unmöglich, die ministeriellen Genehmigungen zusammenzutragen, die zum Besuch einer Gerichtsverhandlung berechtigt hätten. Heute, als ich, noch immer mit leichtem Herzklopfen, am Fenster des Pförtners vorbeigehe, blickt er nicht einmal auf.

Es ist ein wunderschönes Gebäude: in dem Märchenstil
der Jahrhundertwende erbaut, den man auch von anderen
Berliner Justizpalästen kennt, aber nicht mit der sonst üblichen pseudomittelalterlichen Schwere, sondern in heiterem
Jugendstil. Seit der Fertigstellung des Baues im Jahre 1904
findet hier Rechtsprechung statt: unter dem Kaiser, der Weimarer Republik, den Nazis und jetzt – wenn auch nur noch
drei Wochen lang – unter den Sozialisten. In der Mitte ein
heller Lichthof, auf allen vier Etagen von Balkons mit wei-
ßem schmiedeeisernem Gitter umrundet. Rechts und links
zwei Treppenpaare, die von Stockwerk zu Stockwerk
schwingen, die sich treffen und wieder trennen und von
dem gleichen weißen Geländer auf dem Wege nach oben
begleitet werden. Auf jeder Ebene Säulen in rosa und oliv-
grünem Sandstein, die alle unter der hohen Dachkuppel
enden. Die Wände weiß, die Fußböden und Treppen in war-
mem Ziegelrot. Der Kachelboden des Innenhofes ist an vielen Stellen geflickt, und man kann sehen, welche Fliesen
zwei Weltkriege und zwei Diktaturen überlebt haben: sie
tragen eine kleine eingepreßte Krone in ihrer Mitte.

Alles ist leicht und hell; ein festlicher Raum, wie geschaffen für einen Ball, und tatsächlich fand der Ostberliner Juri-
stenball gelegentlich in diesem Innenhof statt. Aber heute ist
niemandem hier festlich zu Mute. Ich suche nach Dr. Oehmke, dem amtierenden Direktor des Stadtgerichts, um mich
nach letzten Gerichtsverhandlungen zu erkundigen. Er ist
die Höflichkeit selbst. Aber viel Auswahl kann Herr Oehmke
mir nicht anbieten. In vielen anhängigen Sachen werden
keine Termine mehr anberaumt, weil es doch vor dem
3. Oktober zu keiner Entscheidung mehr käme. Strafrechts-
verhandlungen finden nicht statt, weil die Angeklagten nicht
länger erscheinen, warum auch: sie rechnen mit Aufschub,
bis der neue Rechtsstaat Fuß gefaßt hat, oder besser noch,
hoffen, im Wirrwarr der Umstrukturierung vielleicht durch
die Ritzen zu fallen. Am besten, sagt Dr. Oehmke, ich versuche es mit Familienrechts- oder mit Arbeitsrechtsfällen. Familienrecht, weil Richter auch in diesen Übergangszeiten
Ehegatten und Kinder in einer persönlichen Krise nicht im
Stich lasssen wollen. Arbeitsrecht, weil die Währungsunion
vom 1. Juli 1990 und die darauffolgende Welle von Privatisie-

rungen zu einer Fülle rechtlich umstrittener Entlassungen geführt hat, die ostdeutsche Richter und Kläger noch im Schutz des fürsorglichen DDR-Prozeßrechts entschieden sehen wollen.

Während Dr. Oehmke die Zusammenstellung einer Liste aller noch anstehenden Fälle veranlaßt, schwatze ich mit seiner Sekretärin. Wie die meisten Menschen in diesem Gebäude erfuhr sie von der Schließung des Gerichts aus der Zeitung. Sie kann sich nicht vorstellen, wie es jetzt weitergehen soll. Wird sie ganz von vorn anfangen müssen, wird sie überhaupt Arbeit finden, in ihrem Alter? Viele Gerichtsangestellte, erzählt sie, hätten das sinkende Schiff schon verlassen. Reinmachefrauen, im Sozialismus schon immer eine Rarität, sind unauffindbar. Der Pressesprecher des Gerichts, der mit meiner Liste anstehender Termine zurückkommt, erzählt, er werde jetzt erst einmal Ferien machen. So sei er jedenfalls sicher, daß mit allem anderen nicht auch noch seine verbleibenden freien Tage dem bevorstehenden Weltuntergang zum Opfer fielen.

Die gleiche apokalyptische Stimmung auf den Korridoren. Vor einem der Sitzungssäle hat sich eine kleine Gruppe ärgerlich gestikulierender Menschen gesammelt. Was ist los? Eine Zivilrechtssache: beide Parteien waren mit ihren Anwälten erschienen. Aber als das Verfahren beginnen sollte, hatte der Richter mit den Schultern gezuckt und war einfach gegangen. »Was soll's noch«, schien er gedacht zu haben. Ein paar Türen weiter sehe ich eine junge Richterin einen Kollegen anhalten: »Kannst du mir einen Schöffen leihen?« Nach ostdeutschem Prozeßrecht waren Schöffen an fast allen Verfahren beteiligt. Aber in diesen Tagen melden sich nur noch wenige bei ihren Richtern zum Dienst. Früher gehörten sie zu den Lieblingskindern des sozialistischen Rechtssystems: vorbildliche Werktätige, mit Preisen und Prämien belohnt und natürlich berechtigt, auf Kosten des Arbeitgebers für ihre Rechtsprechungstätigkeit von der Arbeit befreit zu werden. Aber jetzt, wo aus lethargischen VEBs ums Überleben kämpfende Privatbetriebe geworden sind, sehen Manager es ungern, wenn Angestellte um Freistellung bitten, und Schöffen selbst trauen sich nicht mehr zu fragen. Nur Pensionäre und die schon Entlassenen können es sich leisten, Schöffenpflichten noch zu erfüllen, und Richter müssen sich ihre Dienste, so gut es geht, teilen.

Auf dem Weg zum Ausgang komme ich an einer großen Tafel vorbei, auf der in Kreide Notariatszeiten für Kirchenaustritte vermerkt sind. Auch ein Zeichen der Auflösung. Nicht viele DDR-Bürger waren Kirchgänger, aber manche, die nicht um ihren politischen Ruf besorgt zu sein brauchten, blieben doch Mitglied; vielleicht aus Trägheit oder um kirchlich heiraten oder beerdigt werden zu können. Vom 3. Oktober an, wenn auch ostdeutsche Bürger mit Kirchensteuern rechnen müssen, wird dieser Luxus teuer. Und weil auch die Preise für Notariatsdienste steigen werden, drängeln sich jetzt die Leute, um sich ihren Unglauben noch zu billigem DDR-Tarif bestätigen zu lassen. Die DM vollendet, was der Sozialismus allein nicht ganz zu bewirken vermochte.

13. September 1990

In aller Frühe im Stadtgericht in der Littenstraße. Es ist viertel vor acht. Ostdeutsche Richter können nicht ausschlafen: die Dienstzeit dauert von 7.45 Uhr bis 16.15 Uhr, und es besteht Anwesenheitspflicht.

Ich suche nach Zimmer A 334 für eine Familienrechtsverhandlung auf meiner Liste. Sobald ich den heiteren Lichthof verlasse, wird dieses Gebäude düster und unübersichtlich. Es gibt A-Flure, B-Flure, Flure ganz ohne Buchstaben und unerwartete Zwischenpassagen, die einen, wenn man bis dahin die Orientierung noch nicht verloren hat, garantiert in die Irre führen. Eine Architektur, die gar nicht dem simplen und didaktischen Stil des DDR-Rechts entspricht. Man merkt, daß dieses Gebäude zur gleichen Zeit wie das BGB entstand. Sein Grundriß scheint zugeschnitten auf die komplexe, vielverschachtelte Logik des Bürgerlichen Rechts, das dem arglosen Verstand eines Laien niemals zugänglich war. Man muß schon Jurist sein, um sich in diesen Gängen zurechtzufinden.

Aber Zimmer A 334, endlich entdeckt, ist einfach genug. Es enthält, etwas erhöht, einen länglichen Tisch für die Richter; davor, einander gegenüber, zwei kleinere Tische für die Parteien und ihre Anwälte und an der Rückwand zwei Reihen ächzender Klappsitze für die Zuschauer. Ich bin die einzige Beobachterin. An der Wand hinter dem Richtertisch markiert ein Kreis in hellerem Weiß die Stelle, von der das DDR-Emblem mit Ährenkranz, Hammer und Zirkel bereits entfernt worden ist. Neonlicht.

Es geht um die Berufung gegen eine erstinstanzliche Sorgerechtsentscheidung. Alle drei Richter (das Stadtgericht, als zweite Instanz, sitzt nur in Arbeitsrechtssachen mit Schöffen) sind Frauen. Alle tragen dunkle Kostüme und helle Blusen. Um den proletarischen und demokratischen Charakter der Rechtsprechung zu demonstrieren, waren Roben in der DDR bewußt abgeschafft worden. Aber alle Richter, denen ich in diesem Gebäude begegne, tragen förmliche Kleidung in gedeckten und würdevollen Farben. »Das hat sich so eingebürgert«, erklärt jemand.

Die vorsitzende Richterin, Frau Fischer (Mitte Dreißig, mit kurzem Haar und einem offenen Gesicht), stellt die Richter vor. Dann gibt sie eine kurze Zusammenfassung des Streitfalls. Als sich die Eltern vor sechs Monaten scheiden ließen, erhielt die Mutter das Sorgerecht. Jetzt widerspricht der Vater: die Mutter verwöhne die neunjährige Tochter; das Kind sei nervös und ängstlich; seine Schulleistungen hätten gelitten. Die Mutter hört zu. Beide Eltern sitzen mit steinernen Gesichtern an ihren gegenüberliegenden Tischchen und vermeiden, einander anzusehen.

Frau Fischer tut, was jeder westliche Familienrichter auch tun würde: sie versucht, mit sorgfältig detaillierten Fragen herauszufinden, zu welchem Elternteil das Kind den engsten Kontakt hat. Ihre Aufgabe wird erschwert durch die Tatsache, daß die Familie äußerlich noch nicht getrennt ist: weder Vater noch Mutter ist es nach der Scheidung gelungen, eine eigene Wohnung zu finden. So lebt die Tochter weiter mit beiden Eltern zusammen und schläft nachts entweder auf einem Klappbett im Zimmer der Mutter oder teilt mit dem Vater das frühere Ehebett. Da Sigmund Freud keinen Platz im kollektiven Bewußtsein der DDR hat, scheint keiner der Beteiligten dieses Arrangement bedenklich zu finden. Im Gegenteil, der tägliche Kontakt mit beiden Eltern überzeugt die Richterin, daß das Kind gut versorgt ist und also kein Grund besteht, die Sorgerechtsentscheidung des

Kreisgerichts aufzuheben. Schwierig – im Zwielicht zwischen sozialistischem und bürgerlichem Rechtsdenken, in dem das Gericht sich befindet – bleibt nur die Frage des Umgangsrechts.

Vor sechs Monaten, als das Kreisgericht den Fall zum ersten Mal entschied, galt noch die rigorose Umgangsregelung des alten DDR-Rechts: kein gemeinsames Sorgerecht für beide Eltern, kein Umgangsrecht für den nicht sorgeberechtigten Elternteil, es sei denn, der andere Elternteil willigte ein, und kein Recht des Verlierers im Sorgerechtsstreit, unter Berufung auf veränderte Umstände eine Abänderung der ursprünglichen Sorgerechtsentscheidung zu beantragen. Weil bei den allermeisten Scheidungen in der DDR die Kinder der Mutter zugesprochen wurden, bedeutete diese Regelung praktisch, daß Väter nach der Scheidung nur dann zu ihren Kindern Kontakt behalten konnten, wenn ihre frühere Ehefrau dem zustimmte. Eine Lösung, der es offensichtlich mehr um die Vermeidung neuer Prozesse und um die Verstärkung der Rechtsposition von Müttern ging (Ingeborg Lange, Vorsitzende der ZK-Frauenkommission, soll dahinter gestanden haben) als um ausgleichende Gerechtigkeit zwischen den Ehepartnern.

Vor acht Wochen setzte die Volkskammer diese Regelung außer Kraft und führte wieder ein Umgangsrecht nach der Scheidung ein. Allerdings nicht als Recht des nicht sorgeberechtigten Elternteils gegen den anderen, sondern als Recht des *Kindes,* auch nach dem Zerbrechen der Familie zu beiden Eltern Kontakt zu behalten. Und in drei Wochen wird westdeutsches Recht gelten, das den Umgang des Verlierers im Sorgerechtsstreit mit seinem Kind als Rechtsanspruch eines Erwachsenen gegen einen anderen definiert und zur Not durch Vollstreckung erzwingt.

In jeder Beziehung drei radikal verschiedene Umgangsmodelle. Das Beispiel zeigt, wie weit der Weg ist, den die DDR-Rechtswissenschaft in wenigen Monaten zurückgelegt hat: vom Recht, das dem von der Partei definierten Allgemeinwohl zu dienen hatte, zu einem Recht, das vor allem die Autonomie des Einzelnen schützen will, über eine kurze und wohl von Anfang an illusorische Zwischenetappe, in der das Recht der DDR nach einer eigenen Sprache suchte, die dem Einzelnen gerecht werden sollte, ohne doch den sozialistischen Glauben an die Verbesserbarkeit der Welt ganz aufzugeben.

Aber Frau Fischer ist nicht an den ideologischen Schattierungen der jüngsten Rechtsgeschichte interessiert. Sie sucht nach einer Lösung, die die Wiedervereinigung überleben kann. Das bedeutet einen Vergleich, der erkennbar auch das zukünftig geltende westdeutsche Umgangsrecht honoriert. Die meisten Ostberliner Richter haben in den letzten Monaten westdeutsches Recht gelesen und gelernt. Wer es sich leisten konnte, hat westdeutsche juristische Literatur gekauft; auf vielen Schreibtischen in diesem Gebäude sehe ich den vertrauten leuchtendroten Plastikeinband der *Schönfelder*-Gesetzessammlung. Sehr viel schwieriger war es, so wird mir erzählt, der vielen neuen Gesetzgebungsakte habhaft zu werden, die die Volkskammer noch in letzter Minute verabschiedet hat. So sei die neue DDR-Zivilprozeßordnung dem Gericht erst zwei Wochen nach ihrem Inkrafttreten überhaupt zu Gesicht gekommen.

Für Frau Fischer scheinen prozeßrechtliche Fragen allerdings im Hintergrund zu stehen. Sie hört den Parteien aufmerksam zu. Aber es geht ihr um menschliche, nicht um juristische Kommunikation. Der Ton der Verhandlung ist leise, höflich, unautoritär. Wenn die Sprache der Anwälte zu technisch wird, wendet die Richterin sich über ihre Köpfe hinweg direkt an die Parteien und läßt sie ihre Wünsche und Einwendungen selber beschreiben. Weil es keinen Protokollführer gibt (zu teuer!), resümiert Frau Fischer von Zeit zu Zeit den Sachverhalt für ihr Diktiergerät, fragt, ob die Parteien mit ihrer Zusammenfassung einverstanden sind, läßt sich einmal – ganz ungekränkt – von einem der Anwälte korrigieren und führt die Verhandlung weiter. Fast keine Fragen der beisitzenden Richter; auch die Anwälte sagen nicht viel. Die Verhandlung gehört der Richterin und den Parteien. Auf Vorschlag von Frau Fischer einigen sich die Eltern – was auch immer der Ausgang dieser Berufungsverhandlung – auf ein Besuchsrecht des unterliegenden Ehepartners nach westdeutschem Muster. Wiederum auf Vorschlag von Frau Fischer verzichten sie auf das Recht, diesen Vergleich zu widerrufen. Wenn Frau Fischer am Nachmittag das Urteil im Sorgerechtsverfahren verkündigen wird (wie erwartet, bleibt es bei der Entscheidung des Kreisgerichts), kann damit auch der Vergleich über das Besuchsrecht des Vaters rechtskräftig werden. Fertig.

Etwa eineinhalb Stunden hat die Verhandlung gedauert. Ostdeutsche Richter erledigen im Durchschnitt weniger Fälle als ihre westdeutschen Kollegen, aber verwenden mehr Zeit auf das einzelne Verfahren. Anders als westdeutsche Richter sind sie nicht an das Vorbringen der Parteien gebunden, sondern müssen auch ungefragte Probleme erörtern, nützliche Anträge vorschlagen, zusätzliche Beweise erheben und ihr Bestes dazu tun, daß ein Streitfall ganz und gar aufgeklärt wird. So soll eine Rechtsstreitigkeit nicht nur einen in der Vergangenheit liegenden Konflikt aus der Welt schaffen, sondern auch verhindern, daß aus ihm in Zukunft neue Konflikte erwachsen. Ein Beispiel dafür, wie die sozialistische Suche nach gesellschaftlicher Harmonie gleichzeitig die Entscheidungsfreiheit des Einzelnen (hier: über die Art und Weise, in der ein Prozeß geführt wird) verringert. Und die Methode braucht Zeit.

Nach der Verhandlung laden Frau Fischer und ihre Beisitzerinnen mich zu einer Tasse Kaffee ins Richterzimmer ein. Allen drei Frauen will das Treffen mit Professor Limbach nicht aus dem Sinn. Sie erkennen sich nicht in dem Portrait, das westdeutsche Kritiker von der ostdeutschen Richterschaft zeichnen. Das Wort »Unrechtsstaat« sitzt wie ein Stachel im Fleisch. Alle Frauen geben bereitwillig zu, daß die DDR kein Rechtsstaat war: Recht band nicht Macht, sondern Macht bestimmte, was Recht war. Aber sie bestreiten, daß die Rechtlosigkeit auf anderen Gebieten des öffentlichen Lebens auch ihre eigene Arbeit vergiftet habe. Alle drei bestehen darauf, daß ihr Selbstgefühl es nie erlaubt haben würde, sich von außen vorschreiben zu lassen, wie ein Fall zu entscheiden sei. »Wie hätte ich mich denn sonst im Spiegel begucken können«, sagt Frau Fischer.

Ich gebe zu, daß die meisten in diesem Gebäude verhandelten Zivil- oder Arbeitsrechtsstreitigkeiten politisch bedeutungslos waren. Das Zivilrecht der DDR klammerte Wirtschaftsbeziehungen aus und regelte nur Prozesse unter Bürgern oder zwischen Bürgern und staatlichen Handelsbetrieben: persönlich wichtig, aber gesamtgesellschaftlich weitgehend uninteressant. Das DDR-Arbeitsrecht – ohne Mitbestimmung und ohne Arbeitskampfrecht – war ebenfalls nur mit den Rechten und Pflichten einzelner Arbeitnehmer beschäftigt. Und das Familienrecht konzentrierte sich, schon vom Begriff her, auf persönliche Angelegenheiten. So war DDR-Recht, obwohl es Worte wie »bürgerlich« oder »privat« immer peinlichst vermied, sehr viel mehr auf den Bürger fixiert und beschränkt als das westdeutsche Bürgerliche Recht: ein »Feierabendrecht«, dessen gesellschaftliche Bedeutungslosigkeit schon von der Anlage her unvermeidlich schien. Aber kam es nicht trotzdem oft vor, daß dem sozialistischen Staat (oder auch nur einem seiner Vertreter) der Ausgang eines Prozesses durchaus nicht gleichgültig war? Etwa die Scheidung eines hohen Parteifunktionärs oder ein Sorgerechtsstreit, bei dem einer der Eltern einen Ausreiseantrag gestellt hatte? Sollte es wirklich keine »Telefonjustiz« in der DDR gegeben haben?

Doch, Frau Aschenbach, eine der Beisitzerinnen, kann von einem Fall erzählen. Eine Scheidungssache, in die ein mittlerer Funktionär beim ZK verwickelt war. Sie war damals am Stadtbezirksgericht und gerade im Zimmer ihres Direktors, als der Anruf kam. Der Direktor hatte schon nach den ersten Worten den Hörer weit von seinem Ohr entfernt gehalten, hatte ihn dann, als die Stimme am anderen Ende mit ihrem Redefluß fertig war, kurz zurückgeholt, »Ich werd's dem Richter mitteilen« gesagt und aufgehängt. *Sie* war die mit dem Fall befaßte Richterin gewesen. Und? »Das war's.« Ihr Direktor hatte es für unter seiner Würde gehalten, eine derartige Botschaft weiterzugeben.

Die anderen stimmen zu. Ein guter Richter hätte so etwas nicht mitgemacht. Und ein schlechter Richter? Sie wollen nicht für Strafrichter sprechen, obwohl auch gewöhnliche Strafrichter, so versichern sie mir, sehr viel unabhängiger waren, als ihre westdeutschen Kritiker es jetzt wahrhaben wollen. Die politischen Sachen, die nicht von der Volkspolizei, sondern der Stasi ermittelt wurden, seien ohnehin zu besonderen Senaten gegangen, den berüchtigten Ia-Senaten, die bald nach der Wende aufgelöst wurden und auch vorher schon räumlich von dem Rest des Gerichts getrennt gewesen waren – weit genug weg, so scheinen die Frauen zu implizieren, um nicht auch auf ihre Arbeit ansteckend zu wirken. Aber Zivilrichter, Arbeitsrichter und Familienrichter waren unabhängig in ihren Entscheidungen. Sie bestehen darauf.

Was auch immer die Wahrheit sein mag, ich muß akzeptieren, daß meine Gesprächspartnerinnen davon überzeugt sind, ihre Aufgaben ohne politischen Druck von außen erfüllt zu haben. In ihren eigenen Augen haben diese drei Richterinnen Recht gesprochen, nicht Unrecht. Jetzt, im Nachhinein, erscheint ihnen ihr Gerichtssaal als zivilisierte Enklave in einer skrupellosen politischen Welt. Sie können nicht mehr bestreiten, was sie immer geargwöhnt und oft genug auch gewußt haben: daß das System, von dem sie ihre Autorität herleiteten, seine Bürger gleichzeitig bespitzelte, manipulierte und unterdrückte. »Das war unser Fehler«, sagt Frau Fischer, »nicht von der Arbeit aufgesehen zu haben.«

Aber auch wenn ich ihr glauben will, habe ich Mühe, ihre Selbstbeschreibung in der Wirklichkeit unterzubringen, der wir jetzt nicht mehr ausweichen können: in einer DDR der Korruption, der Lügen, dem immer feiner gesponnenen Netz der Staatssicherheit. Gerechtigkeit kann nicht ganz so leicht teilbar sein, wie die Schilderung dieser drei Richterinnen es nahelegt. Auch Frau Fischer gibt zu, daß es einen kleinen Unterschied macht, ob ein Versuch der Rechtsbeugung mit einem trügerischen »Ich werd's dem Richter mitteilen« abgewehrt wird oder mit einer ganz anderen denkbaren Antwort – »Ich werde den Staatsanwalt von Ihrem Anruf informieren«, zum Beispiel. Die richterliche Unabhängigkeit meiner Gesprächspartnerinnen muß fragwürdiger und zerbrechlicher gewesen sein, als sie selbst es jetzt wahrhaben wollen.

Nachmittags

Ein Stockwerk tiefer im Stadtbezirksgericht Prenzlauer Berg. Der kleine Sitzungssaal hat dunkelgetäfelte Wände und eine elegante Stuckdecke mit pastellfarbenen Jugendstil-Arabesken. Nur der klobig-moderne Richtertisch stört. Das DDR-Emblem ist für alle Ewigkeit in seine Vorderseite eingebrannt.

Ein Zivilrechtsfall: Deutsche Reichsbahn gegen Schulze. Die Richterin ist Frau Dietz; eine ältere Frau mit freundlich-besorgtem Gesicht, das sich blaß gegen das Dunkelblau ihres Kostüms abhebt. Frau Dietz sitzt allein: nach dem neuen DDR-Gerichtsverfassungsrecht brauchen nur noch erstinstanzliche Scheidungen mit Schöffen verhandelt zu werden.

Es geht um eine S-Bahnreise ohne gültigen Fahrausweis. Voriges Jahr, noch vor der Wende, war der Verklagte erwischt worden: ein lustiger junger Mann mit kleinem Goldring im Ohrläppchen. Er hatte die übliche Schwarzfahrgebühr von 20 Mark aufgebrummt bekommen, hatte nicht bezahlt, eine gerichtliche Zahlungsaufforderung erhalten, Einspruch erhoben, und nun klagt die Reichsbahn, um Strafe, Mahngebühren und Kosten einzukassieren. Alles zusammen 31 Mark. Die Reichsbahnvertreterin, eine rundliche junge Frau mit aus vielen ähnlichen Verhandlungen geborenem Gleichmut im Gesicht, sitzt Kaugummi kauend am Klägertisch.

Draußen im Flur hatte mir der Verklagte schon vorher erklärt, warum er es zu diesem Prozeß kommen ließ. Wieso solle gerade er zahlen, wenn doch alle Welt täglich schwarzfahre? Und warum gute DM, wenn er zu Zeiten der wertlosen Ost-Mark ertappt worden sei? Und liege das Ereignis nicht ohnehin viel zu lange zurück? Offensichtlich ein junger Mann mit gut entwickeltem kapitalistischem Rechtsbewußtsein: er will Gleichbehandlung geltend machen und besteht auf einem gerechten Umtauschsatz und der Einrede der Verjährung. Immerhin ist er noch vor Toresschluß zur Verhandlung erschienen, hat sogar seine Freundin mitgebracht, die neben mir auf der Zuschauerbank sitzt.

Der Streit dreht sich um die Umrechnung der alten Ost-Mark-Schuld in geltende West-Mark. Beide Seiten stimmen darin überein, daß die Strafgebühr selbst, noch vor der Währungseinheit erhoben, nunmehr nach der Währungseinheit 2 : 1 umzutauschen sei. Aber wie ist es mit der Mahngebühr? Entstand sie nicht nach der Währungseinheit? Und erst recht die Gerichtskosten? Jedenfalls ein Teil der Summe – so die Reichsbahnklägerin mit freundlichem Phlegma – müsse 1 : 1 umgerechnet werden.

Palaver hin und her. Von Zeit zu Zeit ein Wort der Richterin, das klären soll, um welchen Posten auf der Rechnung

man sich gerade streitet. Schließlich einigen sich die Partei-
en, die gesamte Schuld im 2 : 1 Verhältnis umzutauschen.
Bleiben 15,50 DM zuzüglich 5,00 DM Gerichtskosten, der
niedrigste Satz. Die Richterin schlägt statt eines Urteils einen Vergleich vor, womit die Gerichtskosten halbiert werden: nunmehr auf 2,50 DM. Verzichten die Parteien auf das
Recht, diesen Vergleich zu widerrufen, damit die Entscheidung rechtskräftig werden kann? Sie verzichten. Das heißt,
daß der Verklagte 18,00 DM bezahlen muß. »Am besten
gleich auf der Stelle«, sagt die Richterin. Aber Herr Schulze
grinst und stülpt die Hosentaschen um: kein Geld!

Die ganze Angelegenheit hat fast eine Stunde gedauert.
Eine Stunde aus dem Arbeitstag einer Richterin, einer
Reichsbahnangestellten und eines respektlosen jungen
Mannes, für den es besser gewesen wäre, sich mit etwas
Nützlicherem zu beschäftigen. Und vor zwei Monaten wäre
zu dieser Rechnung auch noch die verlorene Arbeitszeit
zweier Schöffen hinzugekommen. All das zu einem Preis,
den die Zivilprozeßordnung mit 2,50 DM veranschlagt. Ein
Regime ohne Achtung vor der Individualität des Einzelnen?
Vielleicht. Aber zum mindesten in diesem Kontext ein Regime mit geradezu rührendem Glauben an die erzieherische
Macht des Rechts. Dieses Verfahren wurde nicht ange-
strengt, um die Reichsbahn für ihren Verlust an Fahrgeld zu
entschädigen. Es sollte ein Exempel statuieren. Viele ostdeutsche Bürger nehmen Schulden gegenüber dem Staat
nicht ernst. Herr Schulze hat ganz recht: viele Passagiere auf
öffentlichen Verkehrsmitteln fahren schwarz. Viele Mieter
öffentlich verwalteter Wohnungen zahlen ihre Miete nicht.
Viele Kunden der staatlichen Elektrizitätsbetriebe »vergessen«, die monatliche Rechnung zu begleichen. Also klagt der
Staat, um die Schuldigen zu disziplinieren und um andere
von ähnlichem Verhalten abzuschrecken: das Gericht als
Schulzimmer der Gesellschaft.

Der pädagogische Ergeiz des sozialistischen Rechts spie-
gelte sich in den Vorschriften der ZPO. Bis zur Reform des
DDR-Zivilprozeßrechts im Juni 1990 gab es eine Reihe von
Methoden, mit denen das Gericht dem Erziehungsziel eines
Verfahrens Nachdruck verleihen konnte. Es konnte eine »er-
weiterte Öffentlichkeit« zur Verhandlung einladen: beson-

ders empfohlen für Mietverzugssachen, wenn das Gericht zusätzlich zum Verklagten noch andere Mietschuldner laden konnte, um sie durch Augenschein von den Konsequenzen einer laxen Zahlungsmoral zu überzeugen. Das Gericht konnte außerhalb des Gerichtsgebäudes am Arbeitsplatz oder im Wohnbereich eines Verklagten tagen, wenn es der Meinung war, daß auch sein Kollektiv von einer Lehre profitieren würde. Und Richter konnten »gesellschaftliche Vertreter« zur mündlichen Verhandlung bitten: Nachbarn oder Kollegen des Verklagten, deren besondere Kenntnis des gesellschaftlichen Umfelds eines Konflikts dem Richter helfen sollte, nicht nur den konkreten Streit beizulegen, sondern auch seine Ursachen aufzuhellen und für die Zukunft zu entschärfen.

Für Herrn Schulzes Verfahren stehen keine dieser Techniken mehr zur Verfügung. Die Volkskammer hat die didaktischen Züge des DDR-Prozeßrechts abgeschafft, bevor die Wiedervereinigung sie ohnehin zur Seite fegen würde. Aber der alte Glaube an die Sozialisierung des Einzelnen im Kollektiv bestimmt noch deutlich, was in diesem Gerichtssaal vor sich geht. Die Geduld der Richterin, das entspannte Geplänkel zwischen den Parteien, der geruhsame Schritt der Verhandlungsführung erinnern alle noch an ein Rechtssystem, dem es mehr um soziale Integration ging als um Prozeßökonomie. Frau Dietz ist noch immer eine Vertreterin dieses Systems. Sie behandelt die Parteien mit der resignierten Nachsicht einer Mutter, die zwar nicht mehr sehr optimistisch ist, daß ihre Sprößlinge sich bessern werden, aber trotzdem den Mut noch nicht aufgeben will. Ihre Erziehungsmühen gelten der Klägerin wie dem Beklagten. »Ach, nehmen Sie doch mal das Kaugummi aus dem Mund«, sagt sie zur Reichsbahnfrau, die mit gleichmütigem Schulterzukken der Aufforderung folgt.

Aber was wird Herr Schulze aus der Verhandlung lernen? Wahrscheinlich nicht viel. Das triviale Geplänkel zwischen ihm und der Klägerin zeigt, wie ungeeignet das Zivilprozeßrecht – selbst das sozialistische Zivilprozeßrecht – dafür ist, als Lehrprogramm für gesellschaftliches Verantwortungsbewußtsein zu dienen. Auch in der DDR ist und war ein Zivilprozeß als Dialog einander widersprechender Standpunkte angelegt. Schon die Struktur des Verfahrens ermutigte jede Seite, die Richtigkeit der eigenen Behauptungen zu übertreiben und die der Gegenseite herunterzuspielen. Wie sollte ein derartiger Wettstreit zur Unterordnung persönlicher Interessen unter die des Kollektivs ermutigen? Und auch als Strafe wird Herr Schulze dieses Verfahren kaum empfunden haben: selbst für einen jungen Mann mit leeren Taschen ist der Verlust von 18 DM nicht sehr tragisch.

Der Fall zeigt, wie schwierig es für Frau Dietz und ihre Kollegen hier in der Littenstraße gewesen sein muß, ihre Zivilrechtsverhandlungen in sozialistische Lernerlebnisse umzufunktionieren. Nur zu oft wurden die pädagogischen Mühen des Gerichts dadurch untergraben, daß die im DDR-Zivilrecht oder Arbeitsrecht vorgesehenen Sanktionen zu milde waren, um von gesellschaftsfeindlichem Verhalten abzuschrecken. Wie kann eine Richterin Mieter davon überzeugen, daß die pünktliche Zahlung der Miete eine wichtige sozialistische Pflicht ist, wenn Mieten lächerlich niedrig sind und es rechtlich so gut wie unmöglich ist, auch einen hartnäckigen Mietschuldner aus seiner Wohnung herauszuklagen? Wie können Arbeitnehmer von der Bedeutung sozialistischer Arbeitsdisziplin überzeugt werden, wenn Disziplinarverletzer mit Geldstrafen rechnen können, die nur einen Bruchteil ihres monatlichen Lohns ausmachen, und wenn auch der schludrigste Angestellte weiß, daß ihm praktisch nicht gekündigt werden kann? Das DDR-Recht wollte seine Adressaten dazu bewegen, ihre eigenen Interessen hinter die des Kollektivs zurückzustellen. Aber rechtlich lag es meistens im Interesse eines DDR-Bürgers, genau das Gegenteil zu tun.

Dazu kam, daß der sozialistische Staat den pädagogischen Eifer seiner Richter offensichtlich überschätzte. Verglichen mit westlichen Richtern nahmen sich die meisten sehr viel Zeit für ihre Verfahren. 45 bis 60 Minuten, sagt Frau Dietz, braucht sie durchschnittlich für eine Verhandlung. Aber nur selten benutzten DDR-Richter die besonderen didaktischen Optionen, mit denen das DDR-Prozeßrecht seine erzieherische Wirkung untermauern wollte. Immer wieder, so Frau Dietz, hätten die Richter ihres Stadtbezirksgerichts sich verpflichtet, mindestens fünf Verfahren im Jahr außerhalb des Gerichtsgebäudes abzuhalten. Aber es sei nie etwas daraus geworden. Und wenn ein Richter tatsächlich einmal eine »erweiterte Öffentlichkeit« habe einladen wollen, etwa zu einer Mietverhandlung, dann habe die kommunale Wohnungsverwaltung meistens nicht mitgespielt und es versäumt, dem Gericht rechtzeitig eine Liste geeigneter Gäste zukommen zu lassen.

Die Vertreterin der Reichsbahn packt ihre Aktenmappe. Sie muß zu ihrer nächsten Verhandlung. Außer Herrn Schulzes Fall, erzählt sie, hat sie noch 14000 andere gerichtliche Zahlungsaufforderungen, die sie mit Hilfe einer einzigen Kollegin bearbeiten muß. Aber bald wird ihr Leben einfacher werden. In Erwartung ihrer bevorstehenden Umstrukturierung hat die Reichsbahn vor kurzem die Zahl der Berliner S-Bahn-Kontrolleure vom 16 auf 30 erhöht. Und vom Tage der Wiedervereinigung an wird Schwarzfahren nicht mehr 20 DM, sondern 60 DM kosten. Das werde besser wirken.

Als alle gegangen sind, erzählt mir Frau Dietz im Richterzimmer von sich selbst. Jahrgang 1935. Ihr Vater war Maurer und Kommunist. Am 11. Oktober 1944 wurde er im Konzentrationslager umgebracht. Frau Dietz will, daß ich das Datum kenne: es ist ihr im Gedächtnis eingebrannt. Sie erfuhr von dem Tod des Vaters erst nach dem Krieg, als ihre Mutter es wieder wagte, die Wahrheit zu erzählen.

Als Käte Dietz 20 war, starb die Mutter. Damals studierte die junge Frau schon. Die Maurerstochter wurde Juristin, gefördert vom neuen Arbeiterstaat, der sie wissen ließ, wie stolz er auf ihre Leistungen war. Und auch sie, ihrerseits, vertraute dem Staat. Noch heute hat Frau Dietz ein schlechtes Gewissen, weil sie nicht gleich nach Beendigung des Studiums ihren Beruf aufnahm. Stattdessen heiratete sie und blieb zu Hause, bis ihre beiden Kinder erwachsen waren. »Das hätte ich nicht tun sollen«, sagt sie, noch immer in Sorge, in sie gesetzte Hoffnungen enttäuscht zu haben. Aber sie spricht voller Stolz von dem Sohn und der Tochter.

1975 wurde Frau Dietz Richterin am Stadtbezirksgericht und ist es bis heute geblieben. Keine steile Karriere. Wie jeder andere erfuhr sie von der bevorstehenden Schließung ihres Gerichts durch Zeitungsspekulationen und durch das Treffen mit Frau Limbach. Wie war es weitergegangen nach jenem Treffen: waren Leute hinterher noch lange zusammengeblieben, hatten geredet, Pläne geschmiedet, Protestschreiben aufgesetzt? Nein, sie war einfach nach Hause gegangen. Die anderen, glaubt sie, haben es ähnlich gemacht.

Jetzt will sie sich um Weiterbeschäftigung bewerben und sich dem Richterwahlausschuß stellen. Aber jemanden, der 55 ist, werden die wohl nicht haben wollen. Sie hat schon ihren Lebenslauf eingeschickt und den ersten Fragebogen der Senatsverwaltung ausgefüllt. Ob sie »gesellschaftlich aktiv« war, wollte man wissen. Wie alle anderen Richter war sie in der Partei; ist auch jetzt noch – anders als die meisten ihrer Kollegen – Mitglied der PDS. Wie andere Richter leitete sie gesellschaftliche Gerichte an, sprach zu Jugendweiheklassen, propagierte sozialistisches Recht in Schulen und Arbeitskollektiven. Einmal im Monat war Parteiversammlung im Gericht. Worüber sprach man da? Sie ist ein bißchen vage. »Ach, über nichts Besonderes.« Vor allem darüber, wie die Arbeit zu verbessern sei. Das kann alles Mögliche bedeutet haben. Früher vielleicht ideologische Angepaßtheit. In jüngerer Zeit eher zügigere und pädagogisch erfolgreichere Verfahren.

Sind ihr schon vor der Wende Zweifel am politischen System der DDR gekommen? Oh ja, vor allem in den letzten Jahren, als der *Sputnik* verboten wurde und die Partei *Perestroika* als »Tapetenwechsel« abtat. Aber sie wollte sich nicht eingestehen, wie heruntergekommen ihr Staat schon war. Sie glaubte, daß Fehler korrigiert werden können. Sie vergab Honeckers Starrsinn und Enge um seiner Jahre im Konzentrationslager willen. »Er wollte das Richtige tun.« Das wollte Frau Dietz auch: das Richtige tun.

Der radikale politische Umschwung hat sie müde und verwirrt zurückgelassen. Die neuen Verbraucherfreuden empfindet sie als Last. Ihre Kinder mögen jetzt eifrig durch Quelle-Kataloge blättern – sie kann es nicht. »Vielleicht sollte ich etwas für meine Kleidung tun«, sagt sie zweifelnd. Da ist er wieder: der alte Wunsch, Erwartungen zu entsprechen. Aber in dieser neuen Welt weiß sie nicht mehr, was das Richtige ist. Sie paßt nirgendwo mehr hin.

Wenn sie mit einem Zauberspruch die letzten eineinhalb Jahre ungeschehen machen könnte, würde sie es tun? Frau Dietz' Antwort kommt so leise, daß ich sie kaum verstehen kann. »Ich hatte mir den Sozialismus gewünscht«, sagt sie.

14. September 1990

Mittagessen (wenn das Wort nicht zu hoch gegriffen ist) in der Gerichts-Cafeteria im dritten Stock. Ein kahler Raum und eine minimale Speisekarte, aber trotzdem immer belebt. Vor allem jetzt: man trifft sich, um Gerüchte weiterzureichen, Sorgen auszutauschen oder Adressen zu notieren, um auch nach dem 2. Oktober noch Verbindung halten zu können. Ein Richter an meinem Tisch erzählt davon, daß er neulich einem Westberliner Kollegen begegnet sei. Der Wessi habe über das Gericht in der Littenstraße gesprochen. »Es soll ja so ein schönes Gebäude sein«, hatte er gesagt.

»Soll sein ...« – er hatte es selber nie gesehen. Vor der Wende gab es so gut wie keine Berührung zwischen Westberliner und Ostberliner Richtern. Die Ostberliner durften keine »Westkontakte« haben; die Westberliner interessierten sich nicht für das, was auf der anderen Seite der Mauer geschah. Dann, in den euphorischen Wochen nach dem 9. November 1989, konnten beide Seiten nicht genug von einander zu sehen bekommen: es gab Besuche hin und her, Seminare, Arbeitsgruppen und alle möglichen Ost-West-Unternehmungen, die die so lange getrennten Brüder einander wieder nahebringen sollten.

Aber in dem Maße, in dem die Wiedervereinigung aus ungewisser Zukunft in greifbare Nähe rückte, änderte sich die Stimmung. Die Westberliner begannen, Eigenschaften an ihren Ostberliner Kollegen zu entdecken, die ihnen anfangs nicht aufgefallen waren. Offensichtlich war man einander doch nicht so ähnlich wie zuerst vermutet. Neben den kleinen, erkennbaren Diskrepanzen argwöhnten Wessis bald andere, größere, nur noch nicht sichtbare. Weil die meisten von ihnen wenig über DDR-Recht wußten, fiel es ihnen schwer, die eigenen Beobachtungen einzuordnen und zu interpretieren. Die Direktheit und Einfachheit sozialistischer Richter und Staatsanwälte bestärkte West-Juristen in dem Gefühl, intellektuell überlegen zu sein. Und je mehr Einzelheiten über Rechtsbeugung und Unterdrückung in der alten DDR ans Tageslicht kamen, desto mehr begannen die Westberliner, die Reformwilligkeit ihrer sozialistischen Kollegen in Frage zu stellen. War nicht jeder einzelne von ihnen ein treuer Diener dieses verächtlichen Staates gewesen? Warum sich abmühen, um zwischen Schattierungen der Korruption durch ein System zu unterscheiden, das doch in seiner Gänze verworfen werden mußte?

Den Ostberlinern konnten der Klimawechsel nicht verborgen bleiben. Statt wie anfangs auf freundliche Neugier stießen sie immer öfter auf mißtrauische Reserviertheit. Unterhaltungen, die früher offen und herzlich gewesen waren, schienen jetzt mühsam und voller Fallstricke. Westberliner schienen Entschuldigungen zu erwarten, nur um sie als opportunistisch oder unglaubwürdig abzutun. Die größere technische Komplexität des westdeutschen Rechtssystems ließ Ostberlinern ihr eigenes juristisches Denken plump und unbedarft erscheinen. Sie konnten sich nicht länger verleugnen, daß die Wessis auf sie herabsahen. So wich die ursprüngliche Freude über die neugewonnene Freiheit der Sorge, ob man in dieser Freiheit auch mit den Wessis konkurrieren könne. In dem Gefühl, zurückgewiesen worden zu sein, wurden Ostberliner Juristen zornig und defensiv.

Und so scheint der Kalte Krieg, den man im Glücksgefühl des Wiederzusammenkommens glaubte vergessen zu können, einem kalten Frieden gewichen zu sein. Noch ein paar Tage lang können Ostberliner Richter in dieser Cafeteria Zuflucht suchen. Aber jeder von ihnen weiß, daß ein westlicher Sieger bald seinen Platz einnehmen wird und daß es Zeit wird, den Koffer zu packen. »Es soll ja so ein schönes Gebäude sein ...« Ich kann mir ausmalen, was bei dieser Unterhaltung unausgesprochen mitgeklungen hat: die neugierige Vorfreude des Westberliner Sprechers; die schwerherzige Bitterkeit des Ostberliner Zuhörers.

17. September 1990

Zimmer A 322: eine Arbeitsrechtsberufung vor dem Stadtgericht. Einer von den vielen Kündigungsfällen, die die Richter in diesem Hause noch beschäftigt halten. Es geht um acht Angestellte des »Modeinstituts der DDR«, noch vor kurzem das Herzstück der ostdeutschen Modeindustrie und nun die »Modeinstitut GmbH«, die wie die meisten anderen gerade privatisierten Betriebe in der DDR um ihr Überleben kämpft. Im Januar 1990 hatte das Institut noch 375 Angestellte; jetzt sind es 120. Die Kündigungen, die heute verhandelt werden, wurden im März 1990 ausgesprochen. Die Angestellten hatten gegen ihre Entlassung geklagt, vor dem Kreisgericht gewonnen, und das Modeinstitut war in Berufung gegangen.

Die acht Berufungsverklagten, alles Frauen, sitzen vor mir in der vorderen Zuschauerbank. Ihr Aussehen verrät nicht, daß Modemachen ihr Beruf ist. Ein schicker Hosenanzug (aus Westberlin, wie mir später erzählt wird); sonst banale Alltagskleidung. Der Augenschein macht deutlich, warum das Modeinstitut zwei Drittel seines Personals hat gehen lassen müssen.

Die Richterin ist Frau Schomburg, eine große, blonde, energiegeladene Frau. Weil dies ein Arbeitsrechtsfall ist, wird auch in der Berufungsinstanz mit zwei Schöffen verhandelt. Links vor der Richterbank an einem kleinen Tischchen die Anwältin der acht Entlassenen. Ihr gegenüber drei Vertreter des Modeinstituts: die Leiterin der Personalabteilung (eine verdrießlich aussehende Frau mittleren Alters), ein smarter junger Rechtsanwalt (unverkennbar aus dem Westen) und der Justitiar des Modeinstituts, sein Rechtsberater noch aus Vor-Wende-Tagen, dessen gequälter Blick verrät, wie gern er sich von dieser ganzen Angelegenheit distanzieren möchte, und der während der gesamten Verhandlung kein Sterbenswörtchen sagt.

Geschäftlich betrachtet, scheinen die Kündigungen vom vergangenen März nur zu verständlich. Mit der Öffnung der Grenze und dem Einbruch westlicher Waren in die DDR war die ostdeutsche Mode nicht mehr konkurrenzfähig, und das Institut hatte ohne Einschränkungen keine Chancen zu überleben. Trotzdem waren die Entlassungen rechtswidrig. Da sie im März ergangen waren, mußten sie den damals noch geltenden Kündigungsvorschriften des DDR-Arbeitsgesetzbuchs entsprechen. Nach AGB-Regeln konnte ein Betrieb einem Angestellten nur kündigen, wenn er ihm vorher eine angemessene andere Arbeit oder einen »Überleitungsvertrag« mit einem anderen Betrieb angeboten hatte, wobei es dem Arbeitgeber oblag, diesen Betrieb zu finden. Und selbst dann war eine Kündigung nicht wirksam, wenn sie ohne Zustimmung der Betriebsgewerkschaftsleitung ergangen war.

Das Modeinstitut hatte diesen Anforderungen auch nicht annähernd entsprochen. Es hatte den acht Frauen keine Ersatzarbeit angeboten (es ging ja gerade darum, Lohnkosten zu sparen), keinen »Überleitungsvertrag« arrangiert (mit wem auch?) und nicht einmal die Betriebsgewerkschaftsleitung um Zustimmung gebeten (obwohl sich die BGL, ebenfalls um das Überleben des Betriebs besorgt, den Kündigungen, wie es scheint, nicht widersetzt hatte). Also ganz eindeutig eine Verletzung des § 54 Abs. 2 des AGB. So das Kreisgericht.

Frau Schomburg geht den Sachverhalt noch einmal durch, um herauszufinden, ob das Modeinstitut denn irgendetwas getan hat, um seinen entlassenen Angestellten zu neuer Arbeit zu verhelfen. Das Ergebnis ihrer Nachfragen ist dürftig. Einer der Frauen war Arbeit in einer anderen Abteilung des Modeinstituts angeboten worden, aber eine Arbeit, die sie vor Jahren schon einmal aus Gesundheitsgründen zurückgewiesen hatte und die nicht ihrer Ausbildung entsprach. »Ein Scheinangebot«, befindet die Richterin. Was sonst? Einer der Frauen hatte man von einem Fernsehprogramm über neue Arbeitsmöglichkeiten erzählt, einer anderen die Annonce eines Architektenbüros, das nach Schreibkräften suchte, in die Hand gedrückt. In keinem Falle hatte sich die Personalabteilung selbst mit anderen Firmen in Verbindung gesetzt. Statt dessen hatte das Institut alles unternommen, um sicherzustellen, daß die Entlassungen auch tatsächlich durchgehen würden. Zu diesem Zwecke hatte es den acht Frauen noch zwei weitere Male gekündigt: einmal Anfang Juni, gleich nach der Niederlage des Betriebs vor dem Kreisgericht, und dann noch einmal im Juli, als die Volkskammer die Kündigungsvorschriften des AGB gegen die weniger fürsorglichen des westdeutschen Kündigungsschutzgesetzes ausgetauscht hatte.

Es ist offensichtlich, daß die Richterin von diesen Bemühungen des Arbeitgebers nicht viel hält. Sie scheint nicht zu erwarten, daß der Betrieb den vollen Wortlaut des § 54 Abs. 2 des Arbeitgesetzbuches honoriert. Aber sie sucht nach einem Zeichen der Anteilnahme des Betriebs, des Bedauerns, Kollegen zu verlieren, die seit Jahrzehnten an einem gemeinsamen Unternehmen mitgewirkt haben. Sie findet keines. Und mir scheint, daß es vor allem dieser Mangel an Solidarität und Mitgefühl ist, der auch die Frauen auf den Sitzen vor mir so erbittert. Einmal zum Beispiel, als eine von ihnen sich darüber beklagt, daß eine Prämie noch nicht auf ihr Konto überwiesen worden sei, will der junge West-Anwalt die Verzögerung mit den nahezu zum Stillstand gekommenen Ostberliner Banktransfers erklären: »Dafür kann das Modeinstitut nicht verantwortlich gemacht werden.« Sarkastisches Gelächter unter den Zuhörerinnen. Es gilt nicht dem desolaten Zustand des ostdeutschen Bankwesens, sondern dem Anwalt, der glaubt, daß wirtschaftliches Durcheinander das Desinteresse des Betriebs an seinen Angestellten entschuldigen könnte. Der Anwalt, der die immer feindseligere Stimmung im Saal zu bemerken scheint, will besänftigen: »Ich verstehe ja Ihre Gefühle . . .«, beginnt er. »Sie können gar nichts verstehen«, ist die böse Antwort einer der Frauen.

Aber mir wird klar, daß es in diesem Rechtsstreit gar nicht um juristische Fragen geht. Natürlich hat das Modeinstitut die Kündigungsbestimmungen des Arbeitsgesetzbuches verletzt. Das ist nicht anders in einem ähnlichen Entlassungsfall, den ich bei anderer Gelegenheit in diesem Gericht beobachte, ebenfalls unter Frau Schomburgs Vorsitz. Auch in jenem Fall hat der Betrieb Angestellte ohne Angebot von Ersatzarbeit, ohne Überleitungsvertrag und ohne formelle Zustimmung der Betriebsgewerkschaftsleitung entlassen. Aber der Betriebsleiter, ein breitschultriger, bäuerlicher Mann, ist selber zur Verhandlung erschienen, die Gewerkschaftsvertreterin sitzt neben ihm am Klägertisch, alle Verfahrensbeteiligten duzen sich, und alle – Management und Angestellte – sind unglücklich über die Entlassungen. »Wir haben unser Arbeitsgesetzbuch auch geliebt, aber es ging nicht anders«, sagt der Betriebsleiter, und die Richterin glaubt ihm. So kommt es zu einem Vergleich: zwei der

Entlassenen erhalten eine Abfindung von drei Monatslöhnen; die Kündigung der dritten wird auf später verschoben, weil sie nach etwas längerer Beschäftigungszeit zu höherer Arbeitslosenunterstützung berechtigt sein wird. Nach dem Verfahren noch ein kurzer Schwatz unter den Beteiligten und allgemeines Händeschütteln im Korridor.

Aber in der jetzigen Verhandlung kann ich keine Anzeichen dafür entdecken, daß das Management des Modeinstituts sich noch für die Entlassenen verantwortlich fühlte. Die Frau von der Personalabteilung läßt kein Wort des Bedauerns fallen. Der Justitiar hüllt sich in Schweigen. Der junge West-Anwalt verteidigt das Verhalten seiner Klientin mit sorgfältig artikulierten Gründen – und irritiert die acht Frauen gerade durch die Vernünftigkeit seiner Argumente. Sie können es ihm nicht verzeihen, daß er sich in diesem Streitfall ein rationales Urteil leisten kann; daß für ihn das Verfahren keinerlei existentielle Dimension hat; daß er es für einen juristischen Streitfall unter anderen hält, der nach juristischen Kriterien entschieden werden muß und von dem er abends nach getaner Arbeit in ein sicheres und komfortables Leben zurückkehren kann.

Für die acht Frauen beruht ihre Entlassung nicht auf einer Rechtsverletzung, sondern auf menschlichem Versagen. Dreimal im Laufe dieser Verhandlung kommt die Redegewandteste unter ihnen auf die Episode zurück, in der das Modeinstitut ihr eine andere, aus ihrer und der Richterin Sicht ungeeignete Arbeit in einer anderen Abteilung anbot. »Die wußten ja nicht einmal, woran wir arbeiteten«, sagt sie erregt. Und was sie meint, ist: »Denen waren wir so gleichgültig, daß sie sich nicht einmal die Mühe machten, etwas über unsere Arbeit herauszufinden.« Als der West-Anwalt einwendet, daß sie vielleicht ein bißchen zu wählerisch in ihrer Suche nach neuer Arbeit sei, wird sie noch aufgeregter: »Sie verstehen davon doch gar nichts in Westdeutschland!«

Sie hat wohl recht. Er versteht nichts von einer Gesellschaftsordnung, die ihre Bürger gleichzeitig gängelte und beschützte; in der bescheidenes Gehalt durch weitläufige soziale Absicherung ausgeglichen wurde; in der ein Kollektiv seine Mitglieder zugleich einengte und gegen die Außenwelt abschirmte; in der der Mangel an Autonomie, an Farbe, an jeglichem Bewegungsspielraum durch Solidarität und Wärme kompensiert wurde. In dieser Welt hatten die acht Frauen sich eingerichtet. Nach der Verhandlung erzählen sie mir, daß keine von ihnen – und dies sind Modespezialisten! – je die Erlaubnis bekommen hatte, nach Paris, London oder Rom zu reisen. Jede ihrer Entscheidungen – ob sie Farbe betrafen, Schnitte oder Material – wurde zensiert und kompromittiert. Aber man kümmerte sich um sie. Ihre Arbeitsplätze schienen für alle Zeiten gesichert. Der Staat sorgte für Krankenversicherung, für Kindergartenplätze, für Ferienreisen – sogar für das gemeinsame Theaterabonnement. Eine der Angestellten, die als Reinmachefrau in den Betrieb gekommen war, war zum Studium delegiert worden und arbeitete jetzt als Modeberaterin. Alle Frauen hatten in regelmäßigen Abständen Belobigungen und Prämien erhalten. Noch im März war ein Dankesbrief von der Betriebsleitung gekommen.

Und nun stellt sich heraus, daß alle diese Beteuerungen der Wärme und Anteilnahme gar nicht so gemeint gewesen waren. Die berühmte Solidarität zwischen Leitern und Werktätigen überlebt die Wende nicht. Management und Parteiführung retten vor allem die eigene Haut. Aus der Kaderleiterin wird die Chefin der Pesonalabteilung. Die Parteisekretärin verwandelt sich zum technischen Direktor und vermag es, ihre Freundinnen bei den unvermeidlichen Entlassungen zu verschonen. Die junge Tochter eines der Abteilungsleiter, die auf genau dem gleichen Gebiet arbeitet wie eine der acht Frauen, darf ihren Job behalten, während ihre um 20 Jahre ältere Kollegin gehen muß. Der Pakt, den die Entlassenen glaubten, mit dem Regime geschlossen zu haben – Sicherheit zum Preis der Selbstbestimmung –, erweist sich als ungültig.

Die acht Frauen vor mir haben also nicht nur ihre Arbeit verloren. Sie haben die Rechtfertigung für alle die Beschränkungen und Demütigungen verloren, die sie ihr ganzes Arbeitsleben lang herunterschlucken mußten. Dafür sollen sie so geduldig den Mund gehalten haben? Daß sie jetzt – zu provinziell, um mit dem Westen konkurrieren, und zu alt, um noch einmal von vorne anfangen zu können – auch noch ihren Lebensunterhalt verlieren? »Ich fühle mich belogen, bestohlen und betrogen«, sagt eine der Frauen, und sie spricht für alle.

Die Richterin wird verstehen, was gemeint ist. Ihr geht es ja selbst nicht anders. Aber ich wundere mich nicht darüber, daß der junge West-Anwalt keine Worte findet, die der ungeheueren Enttäuschung seiner acht Gegnerinnen auch nur annähernd gerecht werden könnten. Als er zum Ende der Verhandlung noch einmal die Punkte zusammenfaßt, die die rechtliche Position seiner Klientin unterstützen sollen, höre ich zum ersten Mal in diesem Verfahren eine stichhaltige juristische Beweisführung. Gerade darum geht das Plädoyer völlig am Kern dieser Auseinandersetzung vorbei.

Läßt sich überhaupt etwas für die Rechtmäßigkeit der acht Kündigungen vorbringen? Der junge West-Anwalt wählt, wie mir scheint, die einzig mögliche juristische Strategie: er bestreitet die Anwendbarkeit des § 54 Abs. 2 des AGB auf die gegenwärtigen Verhältnisse. § 54 – so sein Argument – sei das Produkt einer Vollbeschäftigungspolitik, die sich nur unter sozialistischen Bedingungen habe verwirklichen lassen. Mit der Währungseinheit und der Einführung der Marktwirtschaft in der DDR habe die Bestimmung ihre Existenzberechtigung verloren. Die AGB-Novelle vom Juni 1990, mit der anstelle der alten DDR-Regelung »sozial gerechtfertigte« Kündigungen nach westdeutschen Mustern eingeführt worden waren, habe nur die normative Kraft des Faktischen im Nachhinein bestätigt. Und im übrigen: es sei dem Betrieb objektiv unmöglich, für die entlassenen Angestellten Ersatzarbeit zu finden. Kein Recht aber könne einen Schuldner zu einer unmöglichen Leistung verpflichten.

Aus der anschließenden Diskussion wird deutlich, daß ich die einzige im Gerichtssaal bin, die die Mühen meines jungen Kollegen zu würdigen weiß. Nichts verrät, daß die anderen auch nur zugehört haben. Weder die Richterin noch die Anwältin der Beklagten gehen auf das eben Gesagte ein. Frau Schomburg überhört auch die Bitte des West-Anwalts, doch jedenfalls die Umrisse eines ihr akzeptablen Vergleichs zu skizzieren. Noch einmal nimmt er einen Anlauf: gibt den acht Frauen zu bedenken, daß ein Vergleich jetzt – noch im Windschutz des arbeiterfreundlichen AGB – für sie wahrscheinlich günstiger ausfallen werde als später, wenn nach erneuter Kündigung die Regeln des westdeutschen Kündigungsschutzgesetzes anzuwenden seien. Laute Entrüstung im Gerichtssaal ist die Antwort. Stühlerücken, zorniges Stimmengewirr und von mehreren der Frauen gleichzeitig der Zwischenruf:»Erpressung!« »Erpressung!«

Ich muß einen Augenblick lang nachdenken. Erpressung? Es erscheint mir völlig selbstverständlich, daß ein Vergleich das Risiko späterer Entwicklungen mit ins Auge faßt, und völlig legitim, seinen Prozeßgegner an die Wahrscheinlichkeit derartiger Entwicklungen zu erinnern. Aber dies ist – noch – ein sozialistischer Gerichtssaal. 40 Jahre lang wurde Recht hier vor allem als Instrument zur Bewahrung öffentlicher Ordnung verstanden. Erst an zweiter Stelle diente es dem Ausgleich individueller Interessen und auch dann, so hatte man den Eindruck, oft nur mit schlechtem ideologischem Gewissen, das mit Appellen an »die Einheit von Rechten und Pflichten im Sozialismus« und ähnlichen Sprüchen wieder beruhigt werden mußte. Auch für die acht Frauen in der Vorderreihe geht es in dieser Verhandlung weniger um private Rechte als um eine Frage der öffentlichen Moral: um die Verantwortung eines Betriebes für das Wohlergehen langjähriger Angehöriger. Es muß ihnen zutiefst unmoralisch erscheinen, daß die Entscheidung einer solchen Frage davon abhängen soll, wie erfolgreich ihr Prozeßgegner es versteht, aus dem Druck der politischen Entwicklung Kapital zu schlagen; daß die moralische Autorität des Rechts also von den Prozeßstrategien der Beteiligten unterlaufen werden kann; daß Recht, indem es die Autonomie eines Rechtsinhabers schützt, gleichzeitig seine Fähigkeit schützt, andere zu manipulieren. Sie wollen, daß die Richterin Ordnung schafft, nicht, daß sie die Rolle eines neutralen Schiedsrichters spielt. Jetzt durch den Vergleichsvorschlag des West-Anwalts daran erinnert zu werden, daß die Tage dieser Ordnung gezählt sind, ist besonders bitter.

Frau Schomburg stellt Ruhe im Gerichtssaal her. Aber auch wenn sie den jungen West-Kollegen gegen den Entrüstungssturm ihrer Landsleute verteidigt, braucht man kein Prophet zu sein, um vorauszusagen, daß seine Partei diesen Rechtsstreit kaum gewinnen wird. Und in der Tat: als das

Gericht am Nachmittag sein Urteil verkündet, werden alle acht Entlassungen für unwirksam erklärt.

Frau Schomburg und ich bleiben im Gerichtssaal zurück und reden. Sie ist noch ganz mitgenommen von der Verhandlung. »Das war ja schrecklich!« sagt sie. Schrecklich? Deprimierend, ja: wenn ich an die müden Gesichter der Frauen im weißen Neonlicht denke; an ihre unschicke Kleidung, die Bitternis in ihren Stimmen, die neuen Entlassungsschreiben, die schon im Betrieb auf sie warten. Immerhin, sie haben den Prozeß gewonnen, nicht? Aber dann wird mir klar, daß Frau Schomburg gar nicht von den entlassenen Frauen spricht. Es ist die Vehandlung selbst, die so schrecklich war: die unverhüllte Feindseligkeit im Raum; die Ohnmacht der Richterin, sozialen Frieden herzustellen; die Tatsache, daß sie nichts bewirken konnte, das von Dauer war. Und grundsätzlicher noch: der Zusammenstoß zweier Welten hier in ihrem Gerichtssaal war so schrecklich und das Wissen, daß eine dieser Welten – ihre – unwiederbringlich verloren ist.

Sozialistisches Recht tat sich schon immer schwer mit Konflikten. Es mißtraute dem Selbstbehauptungswillen, der zur erfolgreichen Austragung von Konflikten nötig ist, und mißbilligte den Eigennutz, der so oft ihr Motor ist. Obwohl es bei allen ostdeutschen Zivil- und Arbeitsrechtsprozessen um persönliche Interessen ging, wurde vom Richter erwartet, daß er die privaten Aspekte einer Streitsache herunterspielte und ihre gesellschaftliche Bedeutung in den Vordergrund rückte. »Einen Konflikt verallgemeinern« nannte man das. Richter sollten jede Auseinandersetzung als Symptom gesellschaftlicher Widersprüche sehen und nach Lösungen suchen, die nicht nur den Parteien gerecht würden, sondern gleichzeitig die Ursachen eines Konfliktes bloßlegten, sein Wiederaufflackern verhinderten und gesellschaftliche Eintracht auch für die Zukunft sicherstellten.

Schon vom Begriff her ließ sich dieses Kunststück nur unter Mitwirkung aller Beteiligten bewerkstelligen; kollektive Eintracht ist nicht teilbar. Daher der pädagogische Eifer des sozialistischen Rechts, und daher sein Unbehagen an Lösungen, die sich darin erschöpfen, eine Partei zahlen und die andere einkassieren zu lassen. DDR-Gerichtsverfahren sollten ein Kollektiv nicht in Gewinner und Verlierer spalten, sondern es in gemeinsamer Anerkennung sozialistischer Moralvorstellungen einen. Das erklärt auch die sozialistische Vorliebe für einstimmige Entscheidungen und für Vergleiche. Anstatt ihre Differenzen gerichtlich auszukämpfen, wurden die Parteien ermuntert, zusammen nach einer »eigenverantwortlichen Lösung« ihres Problems zu suchen.

Aber die Vokabel ist irreführend. Es ging bei gerichtlichen und außergerichtlichen Vergleichen in der DDR nicht darum, die »Eigenverantwortung« der Parteien zu bestärken. Westliche Experimente mit außergerichtlichen Formen der Streitschlichtung sind vor allem von dem Wunsch beflügelt, den Parteien mehr Kontrolle über ihre eigenen Lebensverhältnisse einzuräumen. Wir sind davon überzeugt, daß Bürger selbst wissen, was ihren Interessen dient, und daher, soweit wie praktikabel, eigene Angelegenheiten auch in eigener Regie erledigen sollen. Wenn sie ohne das Gericht auskommen können – um so besser. Aber die ostdeutsche Befürwortung »eigenverantwortlicher Lösungen« entsprang nicht dem Wunsch, staatlichen Einfluß auf privates Leben zu begrenzen. DDR-Recht wollte nicht Abhängigkeit vermindern, sondern Streit. Sein Ziel war Harmonie, nicht Autonomie. Westdeutsches Recht blüht erst im Konflikt richtig auf. Ostdeutsches Recht wollte Konflikte am liebsten gar nicht wahrhaben, aber wenn es denn nicht anders ging, jedenfalls in der Wurzel ausrotten und überwinden. Daher die offiziell geförderte Suche nach Kooperation. Bitte, Kinder, nur keinen Zank! Wie so oft lassen sich auch hier sozialistische Idealvorstellungen am ehesten mit der Metapher der Familie erklären. Wie die ungeschriebenen Regeln des Familienlebens sollte sozialistisches Recht die Einheit von individuellen und kollektiven Interessen widerspiegeln. Wie in einer Familie sollten Konfliktlösungen nicht nur das Wohl einzelner, sondern aller Familienmitglieder im Auge behalten. Und wie in einer Familie sollte die Partei, als *mater familias,* das Miteinander überwachen und für alle sorgen. Bitte, Kinder, nur keinen Zank!

Ich muß an die Bemerkung eines anderen Richters hier in diesem Hause denken, den ich gefragt hatte, warum er Richter geworden sei. »Weil ich nie Streit mochte«, war die Antwort gewesen. Du meine Güte, hatte ich gedacht, ein Jurist, der keinen Streit mag! Aber anders als bei uns war Friedfertigkeit für einen Juristen in der DDR kein Handicap. Streit schafft nur Ablenkung, Unruhe, Kälte, Dissoziation, Zweifel am gemeinsamen Ziel. Er paßte nicht in den Sozialismus. Frau Schomburg mochte keinen Streit, ihr Kollege mochte keinen Streit, die Partei mochte keinen Streit. Darum Frau Schomburgs Bestürzung über die heutige Verhandlung: weil ihre Schärfe verraten hatte, wie tief der Abgrund zwischen den Beteiligten und den Systemen war, die sie vertraten, weil gesellschaftliche Wärme und Harmonie nur noch zwei Wochen gefragt sein würden und weil danach der Streit ihre Welt regieren würde. »Das war ja schrecklich.«

18. September 1990

Wieder in Frau Schomburgs Richterzimmer. Ich möchte mehr über »Telefonjustiz« in der DDR erfahren.

»Ach, die haben sich immer eingemischt.« »Die« sind für Frau Schomburg vor allem Parteifunktionäre auf Kreisebene; vielleicht, weil ihre Beispiele für »Telefonjustiz« aus der Zeit herrühren, als sie noch Strafrichterin am Stadtbezirksgericht war. Sie erinnert sich an eine fragwürdige Anklage gegen den Vorsitzenden einer PGH. Der Erste Kreissekretär hatte angerufen: »Wir erwarten, daß 'ne Strafe 'rauskommt.« Frau Schomburg spricht von dem Anruf wie von einem obligaten Berufsrisiko. »Es war möglich, so etwas abzuwehren.«

Dann gab es die förmlicheren und schwerer zu kontrollierenden Einflußnahmen des vorgeordneten Gerichts. Ihr fällt eine Grenzsache ein: ein versuchter »ungesetzlicher Grenzübertritt« nach § 213 Strafgesetzbuch. Weil der Angeklagte zur Zeit des Versuchs volltrunken gewesen war, hatte sie wegen fehlender Schuld freigesprochen. Der Staatsanwalt ging in Berufung, und das Stadtgericht hatte zurückverwiesen: unzureichende Aufklärung des Sachverhalts. Frau Schomburg vernahm einen zweiten Grenzsoldaten, der berichtete, wie er und ein Kollege den mehr als bedrohlich schwankenden Angeklagten vom Tatort hatten wegtragen müssen, und sprach wiederum frei. Wieder Berufung des Staatsanwalts. Diesmal entschied das Stadtgericht selbst: Verurteilung auf Bewährung. Frau Schomburg erzählt die

Geschichte in dem nüchtern-gleichmäßigen Tonfall, den wir für Allerweltsereignisse benutzen. Ich entdecke keine Kritik an einem Staat, der Ausreiseversuche seiner Bürger unter Strafe stellte; keine Empörung über vorgesetzte Richter, die diese Strafe auf Täter anwendeten, die auch nach systemimmanenten Kriterien ihren Staat nicht ernsthaft bedrohten, und kein Eigenlob dafür, sich dem Druck der höheren Instanz widersetzt zu haben.

Und gab es »Telefonjustiz« im Arbeitsrecht? Frau Schomburg kann sich an keinen Fall erinnern. Ich glaube ihr. Typische Arbeitsrechtsfälle drehten sich um Lohnfragen, Arbeitsbedingungen, Kündigungen und – die weitaus größte Gruppe – um die »materielle Verantwortlichkeit« des Arbeitnehmers für wirtschaftliche Konsequenzen von Disziplinverletzungen oder Arbeitsbummelei. Alles Sachen, die zwar für den einzelnen Arbeiter von Bedeutung waren, aber kaum für den Ersten Kreissekretär. Und die eine politisch kritische Gruppe von Arbeitsrechtsfällen – Klagen von Ausreisern, die sich gegen die Diskriminierungen wehrten, mit denen Arbeitgeber normalerweise auf einen Ausreiseantrag reagierten – war in den Augen des Regimes so wichtig, daß sie eine zentrale Regelung verlangte. Spontane »Telefonjustiz« wäre da nur abträglich gewesen.

Schon der Euphemismus »Ausreiser« läßt ahnen, daß sich hinter der unschuldigen Bezeichnung ein politisches Trauma verbergen mußte. Ausreiser trafen den Sozialismus so direkt ins Herz, daß ihr Verbrechen nicht einmal unverblümt beschrieben werden konnte. Nicht das Reisen wurde ihnen übelgenommen, sondern wohin sie reisen wollten: in den Westen, wo die Segnungen des Sozialismus ihnen nicht länger zugute kommen würden. Das war ihr Verbrechen: die Hand zurückzustoßen, die sie schützen wollte. Ich versuche, mir vorzustellen, ob es ein Ausreiserproblem auch im Nationalsozialismus hätte geben können. Unmöglich: die Nazis, die nur nach eigener Macht und eigenem Vorteil strebten, hatten Gegner zwar rücksichtslos vernichtet, mußten aber ihre Fluchtversuche praktisch durchaus begreifen. Was sollte einen Juden oder Kommunisten auch in ihrem Deutschland halten? Aber Sozialisten ging es nicht um das eigene, sondern um aller Wohl. Jeder, auch jeder potentielle

Ausreiser, sollte in ihrem Staat ein zufriedenes, erfülltes Leben führen. Dafür erwarteten sie Liebe und Dankbarkeit. Jeder Ausreiseantrag bestritt erneut ihr Recht darauf.

Der enttäuschte Staat zahlte den Undankbaren die Zurückweisung heim. Antragsteller verloren mit einem Schlag die soziale Sicherheit, die für alle anderen Arbeitnehmer in der DDR selbstverständlich war. Lehrer, denen sonst – wenn überhaupt – nur zum Ende des Schuljahres gekündigt werden konnte, wurden fristlos entlassen und durften froh sein, bis zur Übersiedlung als Reinigungskraft und dergleichen ihren Lebensunterhalt zu fristen. Universitätsangehörigen oder Verwaltungsangestellten ging es ähnlich. Ausreiser in ideologisch weniger exponierten Stellungen mußten mit »Überleitungsverträgen« in schlechtere Arbeitsverhältnisse rechnen.

Die meisten Ausreiser wehrten sich nicht gegen ihre Kündigungen, sondern hielten es für klüger, bis zur Genehmigung ihres Antrages möglichst wenig staatliche Aufmerksamkeit zu erregen. Aber einige – »die Naiven und die Mutigen«, wie Frau Schomburg sagt – klagten gegen ihre Entlassung unter Berufung auf die Kündigungsschutzvorschriften des AGB. Natürlich wollte der sozialistische Staat seinen abtrünnigen Bürgern nicht auch noch ein Forum zur Verfügung stellen, vor dem sie ihre Kritik am Sozialismus vor anderen artikulieren und begründen konnten. Ausreiserklagen mußten also ohne mündliche Verhandlung aus der Welt geschafft werden. Den nötigen gesetzlichen Vorwand bot § 28 Abs. 3 der Zivilprozeßordnung, nach dem eine Klage als unzulässig durch Beschluß abzuweisen ist, wenn »Gründe vorliegen, die eine Verhandung und Entscheidung zur Sache ausschließen«. Dies war die Methode, mit der Frau Schomburg und alle anderen Arbeitsrichter in diesem Hause Ausreiserklagen unerörtert vom Tisch verschwinden ließen.

Aber wer autorisierte dieses Vorgehen? frage ich. Und wie wurden Richter davon informiert? Frau Schomburg geht an ihren Schrank und kommt mit etwas zurück, das mich lebhaft an die Zufallssammlung von Kochrezepten in meinem eigenen Küchenschrank erinnert. Eine Pappschachtel voller zusammengefalteter Papierbögen. Einige sind in Umschläge gebündelt, andere von Gummibändern zusammengehalten. Ein paar maschinengeschriebene Notizen auf typisch grauem und brüchigem Ostpapier. Die meisten Bögen sind mit Frau Schomburgs runder und ordentlicher Handschrift bedeckt. Sie sucht ein wenig in ihrer Schachtel herum und fischt verschiedene Seiten für mich heraus: Notizen von einer Fachrichterberatung über Ausreisefragen am 10. November 1988 im Obersten Gericht. Die handschriftliche Zusammenfassung einer Verfügung des Vorsitzenden des Ministerrats vom 8. 12. 1988 (Nr. 192/1988; sie hat sich alles genau aufgeschrieben), nach der prinzipiell keine mündliche Verhandlungen über Ausreiserklagen durchzuführen seien. Eine »Orientierung« vom April 1989, die das Verfahren nach § 28 Abs. 3 der ZPO skizziert. Hinweise von einer Tagung am Obersten Gericht am 10. 5. 1989, auf der die gleiche Position noch einmal bekräftigt wird.

Ich bin sicher, daß ähnliche Notizsammlungen in vielen anderen Schubläden und Karteischränken dieses Hauses liegen. Sie waren nötig, weil wichtige Aspekte der DDR-Justizpolitik – wie hier die Vorgehensweise bei Ausreiserklagen – nicht in Gesetzesform und zum Teil nicht einmal schriftlich verbreitet wurden. Oft stand nur das Grundsätzlichste im Gesetzblatt. Detail- und Auslegungsfragen konnten in »Richtlinien« und »Standpunkten« des Obersten Gerichts geregelt werden, gelegentlich auch in »gemeinsamen Standpunkten«, die das Oberste Gericht zusammen mit dem Generalstaatsanwalt oder einem Ministerium erließ. Die »Richtlinien«, die auf gesetzlicher Ermächtigung beruhten, wurden auch im Gesetzblatt veröffentlicht. Aber die »Standpunkte« erschienen nur in einer hektographierten Sammlung von Entscheidungen und Mitteilungen des Obersten Gerichts – den *OG-Informationen* –, die seit 1977 die offiziellen Urteilsbände ersetzten.

Es war der DDR-Regierung zu teuer geworden, die Entscheidungen seines höchsten Gerichts in Buchform zu verbreiten; auch zu langwierig (oft erschienen Bände erst Jahre nach dem Datum der veröffentlichten Entscheidungen) und vor allem zu peinlich: Urteile zur Republikflucht zum Beispiel zeigten zu deutlich, daß in der angeblich heilen Welt des Sozialismus nicht alles in Ordnung war. Dabei waren es nicht unbedingt seine Argumentationsweisen, die das Oberste Gericht vor der Welt verbergen wollte. Rechtstechnisch betrachtet, wurde die Arbeit des Gerichts zunehmend sorgfältiger und genauer. In den achtziger Jahren kam es sogar vor, daß es übereifrige Untergerichte – auch in Republikfluchtfällen – zur Zurückhaltung ermahnte. Aber *daß* es diese Probleme im Sozialismus gab – Ausreiser, Flüchtlinge, Neofaschisten –, mußte wie peinliche Familienprobleme vor fremden Augen verborgen gehalten werden. Die *OG-Informationen* waren darum »nur für den Dienstgebrauch« bestimmt. Immerhin wurden sie nicht nur an Richter und Staatsanwälte verteilt, sondern auch an Rechtsanwälte und Universitäten; zuletzt, im Herbst 1989, in einer Auflage von rund 4200 Exemplaren. Jedes Exemplar war numeriert und eine Weitergabe an Nichtbefugte daher vermutlich nicht ohne Risiko.

Aber Anleitungen wie die, die DDR-Richter in der Handhabung von Ausreiserklagen unterrichteten, waren zu verfänglich, um auch nur halbwegs und in schwer zugänglichen Dokumenten wie den *OG-Informationen* vervielfältigt zu werden. Derartige Anleitungen wurden im Obersten Gericht ausgearbeitet (zweifellos auf Anregung und unter Beteiligung höchster Partei- und Regierungsvertreter); unter den OG-Richtern in Umlauf gesetzt, in deren Fachgebiet die Regelung fiel, und dann entweder an die Direktoren von Bezirks- und Kreisgerichten weitergeleitet, die ihre Richter zu informieren hatten, oder mündlich in sogenannten »Fachrichtertagungen« den mit einem bestimmten Problem befaßten Richtern mitgeteilt. Auf einer solchen Fachrichtertagung würde Frau Schomburg von der vorgeschriebenen Behandlung von Ausreiserkündigungen hören, sich Notizen machen und sie anschließend zu vielen ähnlichen Aufzeichnungen legen, die schon ihren Zettelkasten füllten.

Mir ist einmal ein internes OG-Dokument gezeigt worden, das als Unterlage für eine derartige mündliche Anleitung von Fachrichtern gedient haben muß. Es schilderte in sorgfältigem Detail das Verfahren, von dem Frau Schomburg mir gerade erzählt hat. Alles in Schreibmaschinenschrift auf einfachem Büropapier. Kein Briefkopf des Obersten Gerichts, kein Adressat; nur »Senat für Arbeitsrecht« (als Quelle der

Anordnung) in der oberen linken Ecke, der handgeschriebene Name des Empfängers daneben, dazu ein dickes »persönlich« in schwarzem Filzstift. Auch keine Unterschrift: niemand, so scheint es, wollte zugeben, für den Inhalt verantwortlich zu sein. Ein Dokument mit schlechtem Gewissen.

Es kann nicht sehr praktisch gewesen sein, die Reaktionen ostdeutscher Richter auf politisch wichtige Rechtsfragen mit Anordnungen zu koordinieren, die die meisten von ihnen nie auch nur zu Gesicht bekamen. Was, wenn Richter sich auf einer Tagung unvollständige Notizen machten? Und wie sollten sie wissen, ob eine bestimmte Verfahrensweise noch in Kraft war? Daher die vielen Wiederholungen im Grunde gleicher Anweisungen in Frau Schomburgs Rezeptkasten: um Richter nicht vergessen zu lassen, was zum jeweiligen Zeitpunkt von ihnen erwartet wurde. Aber eine andere, mir ebenfalls plausibel erscheinende Befürchtung scheint nicht zuzutreffen: daß nämlich der geheime Charakter dieser Anweisungen in den Augen desjenigen, der sie anzuwenden hatte, auch ihre Legitimität in Frage stellen mußte. Als ich mich erkundige, ob Frau Schomburg derartige Anleitungen auch immer befolgt hat, kommt ein selbstverständliches »Ja«. Was wäre passiert, wenn sie eine Ausreiserklage nicht in der vorgeschriebenen Weise abgewiesen hätte? Beim ersten Mal wäre ihre Entscheidung aufgehoben worden; beim zweiten Mal hätte sie ihr Richteramt verloren.

Aber ich glaube nicht, daß es nur die Furcht vor Vorgesetzten war, die Frau Schomburg dazu bewog, der Ausreiserpolitik des Obersten Gerichts zu folgen. Sie hielt diese Politik nicht für ungerecht. Sachlich konnte sie verstehen, daß ihr Staat zum Beispiel keine Lehrer tolerieren wollte, die mit ihrem Ausreiseantrag dem Sozialismus abgeschworen hatten. Formell war sie davon überzeugt, daß die Allgemeingültigkeit der Anweisungen auch ihre Legitimität implizierte. Obwohl Frau Schomburg selbst eine andere Ausreisepolitik vorgezogen haben würde, sah sie es nicht als ihre Aufgabe an, die politischen Entscheidungen ihrer Regierung zu hinterfragen. Ungerechtigkeit begann für sie dort, wo Partei- oder Regierungsfunktionäre einen bestimmten Rechtsstreit zu beeinflussen versuchten. Derartige Ansinnen mußten zurückgewiesen werden, wenn Frau Schomburg sich, wie

Frau Fischer, im Spiegel betrachten können wollte. »Wir hatten Entscheidungsfreiheit«, sagt sie mit Überzeugung. Und: »Die Schöffen hätten sowieso nicht mitgespielt.« Was sie meint, ist: in den engen Grenzen des jeweiligen Rechtsstreits war es für einen Richter in der DDR gelegentlich nötig und auch möglich, politischem Druck zu widerstehen.

Weniger richterliches Rückgrat als im Rechtsstaat, eine andere Berufsauffassung – beides? Frau Schomburgs Bericht über einen anderen Fall macht mich unsicher. Wieder eine Ausreisergeschichte, nur daß der betroffene Lehrer diesmal nicht gegen seine Entlassung klagte, sondern gegen die Weigerung der Abteilung Volksbildung und Wissenschaft, ihm für seine bisherige Tätigkeit ein Zeugnis auszustellen. Frau Schomburg ist noch immer ganz aufgebracht, wenn sie an die Sache denkt. Hielt sie eine mündliche Verhandlung? Nein, aber sie drohte damit, woraufhin das Zeugnis sehr bald auf der Bildfläche erschien. Schließlich hatte das Oberste Gericht eine mündliche Verhandlung nur in solchen Fällen ausgeschlossen, in denen es um disziplinarische Reaktionen auf die Stellung eines Ausreiseantrags ging. Die Verweigerung eines Zeugnisses war aber keine vom Arbeitsgesetzbuch zugelassene Disziplinierungsmaßnahme. Also auch kein Fall, in dem Frau Schomburg sich an interne Verfahrensregelungen des OG gebunden zu fühlen brauchte. Ein Scharmützel mit der Macht auf juristischem Niemandsland. Übrigens auch eine Geschichte, die Frau Schomburg politischen Ärger einbrachte: nur ganz knapp sei sie damals an einem Disziplinarverfahren vorbeigerutscht.

20. September 1990. Morgens

Ein Scheidungsfall. Die Richterin ist Frau Tauchnitz, eine gedrungene, heitere Frau kurz vor der Pensionierung, die nie über ihren Posten am Stadtbezirksgericht hinausgekommen ist. Eine typische DDR-Karriere, wenn denn das Wort »Karriere« zutrifft. In einer Welt, in der beruflicher Aufstieg wenig finanzielle Vorteile und keinen wirklichen Zuwachs an Enscheidungsmacht mit sich brachte, wohl aber größere Verpflichtungen, sich politisch korrekt zu verhalten, blieben viele Leute gerne in bescheidenen und unauffälligen Ämtern.

Dies ist meine dritte Scheidungsverhandlung in diesem

Hause. Die erste wurde von dem erbitterten und lange hingezogenen Streit um ein Wochenendhäuschen dominiert, der im Westen wahrscheinlich von den Anwälten ausgehandelt worden wäre. Bei der zweiten ging es um eine der schnellen, einverständlichen Scheidungen eines jungen kinderlosen Paares, die in einem amerikanischen Gericht zehn anstatt dreißig Minuten in Anspruch genommen haben würde, aber sonst nicht weiter aufgefallen wäre. Aber diese dritte Verhandlung, scheint mir, ist anders: sie verbindet die autoritären und optimistischen Züge des sozialistischen Rechts in einer Mischung, die so – jedenfalls in so unverwässerter Konzentration – in einem westlichen Familiengericht kaum anzutreffen wäre.

Eine sechzehnjährige Ehe; ein halbwüchsiger Sohn. Die Frau hatte auf Scheidung geklagt: nicht wegen irgendeiner spezifischen Kränkung, sondern weil sie nicht länger an einer Ehe festhalten möchte, die ihr inhaltslos und banal vorkommt. Der Mann scheint unglücklich und verwirrt: er versteht nicht, was seine Frau von ihm will. Dies ist die zweite Verhandlung. Vor drei Wochen hatte Frau Tauchnitz das Verfahren unterbrochen, um den Eheleuten Gelegenheit zu geben, ihre Probleme noch einmal durchzusprechen. Eine Technik der DDR-Zivilprozeßordnung, mit der Richter eine Aussöhnungsbereitschaft der Ehegatten unterstützen können.

Aber ein verunglücktes gemeinsames Wochenende hatte die Parteien einander nicht näher gebracht. Jetzt stehen sie also wieder vor Gericht, und die Frau drängt auf Scheidung. Der Mann würde es wohl gerne noch einmal versuchen. Auch die Richterin will die Ehe noch nicht aufgeben. Sie redet freundlich und eindringlich mit der Frau. »Innerlich sind Sie doch noch nicht ganz fertig miteinander, oder?« fragt sie. Doch, es lohne sich nicht mehr, an der Ehe festzuhalten. Aber solle man nicht jedenfalls ein wenig warten? Nein, warten würde auch nichts ändern. »Ich will Sie nicht überreden«, sagt Frau Tauchnitz, obwohl sie ihr Bestes dazu tut: sie spricht mit warmer Autorität, drängt auf Geduld, findet immer neue Gründe. Ihr weißes Haar leuchtet durch den Gerichtssaal. Gedämpfte Stimmen. Die Richterin läßt nicht los; ihr Gegenüber, mit sanftem Starrsinn, bleibt bei ihrem Nein.

Woher nimmt Frau Tauchnitz den Glauben an die Fähigkeit des Rechts, diese Ehe noch zu retten? Auch die DDR-Zivilprozeßordnung, noch in Kraft, ist hoffnungsvoll. Sie erlaubt, ein Scheidungsverfahren bis zu einem Jahr auszusetzen, wenn »begründete Aussicht auf Überwindung des Konflikts« besteht. DDR-Familienrechtler haben mir oft erzählt, daß die Methode nicht sehr erfolgreich ist. Westdeutsche oder amerikanische Juristen haben ähnliche Erfahrungen gemacht. Eheleute trennen oder versöhnen sich aus Gründen, die nicht im Gesetz, sondern in ihnen selber liegen. Und wenn ein Ehezwist erst einmal vor Gericht artikuliert wird, ist es für eine Versöhnung, die nicht von beiden Eheleuten gewünscht wird, meistens zu spät.

Aber Frau Tauchnitz zweifelt nicht an der Macht des Rechts, »das wieder in Ordnung zu bringen, was falsch gelaufen ist«. Sie setzt das Verfahren für sechs Monate aus. »Ich spüre eigentlich immer, in welcher Verfassung eine Ehe ist«, sagt sie später zu mir im Flur. Könnte sie recht haben? Die Ehefrau ist nicht sichtlich betroffen, als sie von der Aussetzung des Verfahrens erfährt – ist es, weil Frau Tauschnitz ihre Bereitwilligkeit, es noch einmal zu versuchen, richtig eingeschätzt hat? Ich glaube eigentlich nicht. Mir scheint, daß die Frau die erzwungene Wartezeit deswegen so widerspruchslos hinnimmt, weil auch sie dem Gericht nicht das Recht abspricht, persönliche Entscheidungen für sie zu fällen. Später mag sie ihr Möglichstes tun, um diese Entscheidungen zu unterlaufen. Aber sie bezweifelt nicht ihre Legitimität. Kein einziges Mal in der knappen Stunde, die die Verhandlung dauert, entdecke ich bei der Ehefrau ein Zeichen der Gereiztheit darüber, daß Frau Tauchnitz so überzeugt auf einer Aussöhnung besteht, die für die Klägerin selbst schon lange nicht mehr möglich ist. Die mütterliche Autorität der Richterin wird keinen Augenblick in Frage gestellt. Vertraue nur darauf, daß das Recht dein Bestes will. Nur ganz zum Schluß bringt der praktische Ratschlag einer der beiden Schöffen, einer Frau, den Mißton der Skepsis in das harmonische Bild. »Sie brauchen nicht die vollen sechs Monate zu warten, bis Sie die Wiederaufnahme des Verfahrens beantragen können«, erklärt sie der Klägerin.

Nachmittags

Ich möchte etwas über DDR-Justizstatistik lernen. Jetzt ist die richtige Zeit dafür. In den Jahren vor der Wende wußte ich nicht einmal, ob ausführliche Daten über die Arbeit der DDR-Gerichte überhaupt existierten. Ich konnte mir nicht denken, daß die sechs kümmerlichen Seiten im *Statistischen Jahrbuch* alles enthalten sollten, was es über die DDR-Justiz zu registrieren gab. Aber wo fand man mehr? Für einen Außenseiter wie mich blieb jede zusätzlich entdeckte Zahl ein Glücksfall. So hatte ich mir angewöhnt, Aufsätze und Zeitungsartikel nach Ziffern durchzukämmen, jede juristisch relevante Angabe zu photokopieren und den Fund in einem Aktendeckel mit der hoffnungsvollen Aufschrift »Zahlen« aufzubewahren. Es blieb eine schmale Sammlung. Zwar machte es Spaß, in Detektivmanier aus den Informationsstückchen ein Bild der Rechtswirklichkeit im Sozialismus zusammenzubasteln. Aber das Ergebnis blieb hoffnungslos spekulativ.

Jetzt erzählt mir Herr Krüger, der Leiter der Abteilung »Rechtsinformation, Analyse und Statistik« am Stadtgericht, daß es in der Tat in der DDR detaillierte Justizstatistiken gibt. Aber sie waren »nur für den Dienstgebrauch«, und auch ostdeutsche Forscher brauchten die Zugangsberechtigung zu Verschlußsachen, um sie benutzen zu dürfen. Weil ein dementsprechender Antrag den Antragsteller verschärfter staatlicher Aufmerksamkeit aussetzte, drängelten Rechtswissenschaftler sich nicht nach der Erlaubnis. Überdies erregte jeder Aufsatz mit genauen Zahlenangaben den besonderen Argwohn derjenigen, die über seine Veröffentlichung zu befinden hatten. So ist es kein Wunder, daß ostdeutsche Wissenschaftler Forschungsthemen vermieden, die die Benutzung von Statistiken vorausgesetzt hätten, und daß die Zahlensammlung in meiner Schreibtischschublade so mager blieb. Die Hauptkunden von Herrn Krügers RAS-Abteilung waren Richter, die für den jährlichen Rechenschaftsbericht an ihre örtliche Volksvertretung Material suchten.

Herr Krüger freut sich also, daß auch einmal jemand anderes etwas über seine Arbeit wissen will. Bei der obligaten Tasse Kaffee geben er und einer seiner Mitarbeiter mir eine kleine Unterrichtsstunde in DDR-Justizstatistik. Sie zeigen mir die Musterblätter, auf denen die Daten über Rechtsstreitigkeiten in diesem Hause eingetragen werden: Zivilrecht, Arbeitsrecht, Familienrecht und – separat – Ehesachen, was ein Euphemismus für Scheidungsrecht ist. Nichts über Strafrecht: die Strafrechtsstatistiken werden (aus Sicherheitsgründen?) beim Generalstaatsanwalt geführt.

Mit offensichtlicher Befriedigung belehrt Herr Krüger mich darüber, daß DDR-Statistiken sogar detaillierter als das westdeutsche Zählkartensystem sind. Westdeutsche Gerichte arbeiten mit einem kurzen Computer-Fragebogen, auf dem ein Angestellter die wichtigsten Prozeßdaten registriert: Parteien, Streitgegenstand, Verhandlungstage, Beteiligung von Rechtsanwälten, Ort der Entscheidung, Streitwert und Kostenentscheid (aus dem sich, weil der Verlierer zahlen muß, auch der Prozeßerfolg ablesen läßt). Die ostdeutschen Erfassungsbögen stellen ähnliche Fragen, aber wollen vieles genauer wissen. Das extremste Beispiel: während die westdeutsche Zählkarte unter »Streitgegenstand« als eine mögliche Antwort einfach »Mietrechtsstreit« anbietet, stellt das DDR-Formular zwanzig Detailfragen. Ging es um eine staatliche, private oder staatlich verwaltete Wohnung? Warum wurde auf Räumung geklagt? War etwas mit der malermäßigen oder baulichen Instandhaltung der Wohnung nicht in Ordnung? Wie viele Monate ist der Mietschuldner im Verzug?

Die unterschiedlichen Fragen verraten die unterschiedlichen Ziele beider Erfassungssysteme. Westdeutsche Statistiker wollen wissen, was in Gerichten passiert: Wer klagt? Warum? Und mit welchem Erfolg? Ostdeutsche Statistiker wollen darüber hinaus erfahren, warum es überhaupt zu einem Rechtsstreit kam und wie die Gesellschaft am besten auf den Streit reagieren sollte. Eine Reihe der Ost-Fragen spiegeln, direkt oder indirekt, die pädagogischen Ambitionen des DDR-Rechts wider. Nahm der Staatsanwalt an der Verhandlung teil, Vertreter des Kollektivs, wurde vor einer »organisierten Öffentlichkeit« verhandelt? Auch so ein DDR-Begriff, der verrät, daß die »Öffentlichkeit« nicht, wie bei uns, der Kontrolle dient – sonst dürfte sie nicht vom Staat »organisiert« werden –, sondern der Erziehung besonders erziehungsbedürftiger und daher namentlich eingeladener Bürger.

Eine Rubrik auf dem Erfassungsbogen fragt nach den »Umständen und Bedingungen des Konflikts«: Welche gesellschaftlichen Widersprüche liegen ihm zugrunde? Je nach Prozeßart werden verschiedene Erklärungen angeboten. Zivilrechtsstreitigkeiten, wenn man dem Fragebogen glaubt, werden durch »Nachlässigkeit«, »Rechtsunkenntnis oder fehlerhafte Rechtsauffassung«, »ungenügend ausgestaltete Rechtsverhältnisse«, »Mißachtung des sozialistischen Rechts« oder – das einzige Echo einer materialistischen Weltanschauung – durch die »mangelhafte Beschaffenheit der Wohnräume« verursacht. Im Arbeitsrecht werden als Ursachen vor allem Fehleinstellungen von Betrieb oder Werktätigem gegenüber dem Recht und »ungenügende Leitungstätigkeit« der Betriebe genannt. Im Scheidungsrecht enthält die Liste der Zerrüttungsgründe neben herkömmlichen Missetaten wie »übermäßiger Alkoholgenuß« oder »Tätlichkeiten« auch subtilere Konfliktursachen wie »mangelnde Übereinstimmung bei der Kindererziehung«, oder »qualifizierungsbedingte Probleme«. Auch hier entdecke ich in dem Sündenregister nur einen Grund, der nicht nur den Eheleuten, sondern vielleicht auch der Gesellschaft angekreidet werden könnte: »materielle Schwierigkeiten«.

Wenn ich mir diese Listen ansehe, kann ich verstehen, warum die ostdeutschen Erfassungsbögen, anders als die Zählkarten in der Bundesrepublik, nicht von irgendeinem Angestellten, sondern vom Richter selbst ausgefüllt werden müssen. Aber wie kann auch ein Richter mit Bestimmtheit sagen, ob ein Disput etwa durch »fehlende Rechtskenntnis« oder durch »fehlerhafte Rechtsauffassung« eines Arbeitnehmers verursacht wurde oder aus welchen Gründen eine Ehe wirklich gescheitert ist? Indem er sich an den Schriftsätzen der Parteien und an der mündlichen Verhandlung orientiert, sagt Herr Krüger ohne Zögern. Er kommt gar nicht auf den Gedanken, daß fünf verschiedene Richter, falls sie alle an derselben Verhandlung teilgenommen hätten, sehr wahrscheinlich mit fünf verschiedenen Bildern der scheinbar gleichen Realität aus dem Gerichtssaal kommen würden. Seine Justizstatistik basiert auf der Prämisse, daß die Wahrheit – die »materielle Wahrheit«, wie Sozialisten sie zu nennen pflegten – erkennbar ist; daß sich die Ursachen und Motive gesellschaftlicher Verhaltensweisen beobachten und verstehen lassen und daß Fehlentwicklungen durch Planung korrigiert werden können. Das Recht als »Werkzeug«, als »gesellschaftlicher Hebel«, als »Instrument« oder welcher Begriff auch immer benutzt wurde, um die optimistische Überzeugung auszudrücken, daß Recht ein Mittel ist, mit dem der Staat die Gesellschaft in die historisch vorgeschriebene Richtung lenkt.

In den letzten Lebensjahren der DDR war dieser Optimismus zunehmend ins Wanken geraten. Die politische und gesellschaftliche Lethargie im Lande zermürbte auch den Glauben an die wunderbaren Kräfte des Rechts. Staat und Gesellschaft schienen festgefahren. Ostdeutsche Rechtswissenschaftler entdeckten, daß das Recht in ihren Gesetzesbüchern nicht notwendig mit dem Recht im Alltag seiner Bürger identisch war. Sie begannen, wissenschaftliche Konferenzen über die »Wirksamkeit des sozialistischen Rechts« oder über seine »Effektivitätskomponenten« zu veranstalten. Aber weil der Zugang zu DDR-Justizstatistiken immer noch beschränkt war und weil sich ostdeutsche Juraprofessoren immer noch lieber mit theoretischen Spekulationen als mit riskanter und mühseliger Empirie abgaben, führten die modischen Diskussionen über Effektivitätsprobleme des Rechts nicht zu einem merklich größeren Andrang auf Herrn Krügers Datensammlung. Obwohl der Glaube an die Machbarkeit gesellschaftlicher Steuerung in seiner sozialistisch ungetrübten Version wahrscheinlich nur noch von wenigen geteilt wurde, blieb es bei der offiziellen Lehre von der Hebelwirkung des Rechts.

Ich frage Herrn Krüger, wie seine Zahlensammlung praktisch zustande kommt. Jeder Richter und jede Richterin in diesem Hause füllt nach jeder Verhandlung den statistischen Erfassungsbogen aus. Herrn Krügers RAS-Abteilung sammelt die Bögen und schickt sie einmal im Monat – »ganze Koffer voll« – zum Justizministerium hinüber. Dort werden die Berliner Statistiken zusammen mit den Daten aus den übrigen Bezirken in den Computer gefüttert. Wenn die Berechnungen fertig sind, werden die Berliner Ergebnisse

Herrn Krüger wieder zurückgeschickt. Die Daten für die gesamte DDR blieben im Justizministerium. Herr Krüger ruft seinen Kollegen im Ministerium an. Ja, ich dürfe gerne kommen und Einsicht nehmen.

Im Ministerium werden die Justizstatistiken in einem düsteren Zimmer im Erdgeschoß aufbewahrt. Herr Schulz, der Sachbearbeiter, legt Stapel von Computer-Printouts vor mir auf den Tisch. In zwei Wochen werden sie schon alle eingepackt sein, fix und fertig für die westdeutsche Machtübernahme. Die Kisten sollen ans Bundesamt für Statistik in Wiesbaden gehen. Weiß der Himmel, wann die Daten für Benutzer wieder zugänglich sein werden. Bis dahin ist Herr Schulz sicherlich schon arbeitslos. Dies ist eine Gelegenheit, noch einmal eine Arbeit vorzuführen, die schon bald in Vergessenheit geraten wird.

Ich sitze vor den großen Bögen, Zeitschriftenformat, auf dünnem und großporigem Papier mit so schwachfarbiger Schrift bedruckt, daß die Ziffern sich von ihrem Untergrund loszulösen scheinen. Je nach Gerichtsart hat ein Jahrgang zwischen 6 und 24 Seiten. Kann ich Ablichtungen machen? Nicht im Ministerium, wenn ich mehr als ein paar Seiten brauche. Kann ich Bögen mit nach Hause nehmen, um sie woanders zu kopieren? Herr Schulz zögert. Noch vor einem Jahr wäre die Frage wahnwitzig gewesen, ganz zu schweigen davon, daß ich nie in Herrn Schulz' Nähe gekommen wäre, um sie stellen zu können. Aber er scheint dankbar zu sein für mein Interesse an etwas, das alle anderen so schnell wie möglich aus der Welt schaffen wollen. Wenn ich jetzt Ablichtungen mache, wird jedenfalls ein kleiner Teil seiner Arbeit nicht in irgendwelchen Abstellräumen in Wiesbaden begraben sein. Was würde ich denn gerne haben? Ich wage nicht, um mehr zu bitten als jeweils drei Jahrgänge der erstinstanzlichen DDR-Daten für Zivil-, Familien-, Arbeits- und Eherechtssachen, jeweils in Abständen von fünf Jahren. Also gut, sagt Herr Schulz. Wenn ich die Bögen in zwei Tagen zurückbringe. Es ist ein ganz schöner Stapel, und er gibt mir sogar eine große Plastiktasche, um meinen Schatz nach Hause zu transportieren. Ich habe ein komisches Gefühl im Magen, als ich ihn am Fenster des Pförtnerhäuschens vorbeitrage.

Zu Hause an meinem Schreibtisch brüte ich über den Zahlen. Kann ich aus der Statistiken entnehmen, wie viele Ausreiserkündigungsklagen ohne mündliche Verhandlung abgewiesen wurden? Arbeitsrechtsstreitigkeiten sind unter anderem nach Streitgegenstand und Wirtschaftszweig unterteilt. 1989 wurden 28 Klagen im Bereich »Volksbildung« nach § 28 Abs. 3 der Zivilprozeßordnung abgewiesen – das müssen Klagen von Lehrern sein. 19 Klagen wurden auf die gleiche Weise im Bereich »Staatsorgane« erledigt – Klagen von Verwaltungsangestellten. Drei Klagen im »Gesundheits- und Sozialwesen« – Ärzte oder Kinderpflegerinnen. Alles zusammen 50 Klagen (immer unterstellt, daß es dabei um Kündigungen ging). Ich sehe bei den Kündigungssachen nach: 52 Klagen wurden ohne mündliche Verhandlung durch Beschluß abgewiesen. Die Zahlen decken sich ungefähr.

Aber sie können doch nicht stimmen? Nur etwa 50 dieser Fälle in der gesamten DDR? Die Zahl kommt mir sehr niedrig vor, wenn ich an die traumatische Rolle denke, die Ausreiserkündigungen in der ostdeutschen Justizpolitik gespielt haben. Zwar lassen sich nur die Ausreiseantragsteller auch in der Arbeitsrechtsstatistik wiederfinden, die verwegen genug waren, gegen ihre Entlassung Klage zu erheben. Es ist zudem möglich, daß manche Richter Ausreiser dazu überredeten, ihre aussichtslosen Klagen zurückzunehmen. Gelegentlich sollen auch Sekretäre der Kreisgerichte Ausreiser von Kündigungsklagen abgehalten haben. Mir fällt ein, daß 1989 außerdem ein sehr untypisches Jahr gewesen sein muß. In den letzten Monaten klagten Ausreiser nicht mehr; sie gingen einfach. Schon in der zweiten Hälfte der achtziger Jahre machten viele Leute, die in den Westen wollten, sich nicht die Mühe, eine Ausreisegenehmigung zu beantragen, sondern unternahmen einen flagranten »Fluchtversuch«, wurden festgenommen, zu ein oder zwei Jahren Gefängnis verurteilt und nach einer Reihe von Monaten von der westdeutschen Regierung freigekauft. Das Verfahren galt als eine der sichersten Methoden, das Land zu verlassen, und ließ – was meine Berechnungen hier anbetrifft – einen Ausreiser nicht in der Arbeitsrechtsstatistik, sondern in der Strafrechtsstatistik auftauchen. Meine Zahl von etwa 50 nach

§ 28 Abs. 3 ZPO vom Tisch geräumten Kündigungsklagen muß wohl doch stimmen. In der Tat finde ich später heraus, daß die Anzahl dieser Fälle 1988, als noch niemand von der Wende auch nur träumen konnte, mit 106 derartiger Klagen mehr als doppelt so hoch war. Es wäre auch schlimm, wenn selbst auf vertrauliche DDR-Statistiken kein Verlaß sein sollte. Aber mir wird klar, daß auch sie nur einen kleinen Ausschnitt der Wahrheit wiedergeben.

Ernüchtert wende ich mich der Eherechtsstatistik zu. Ich will wissen, wie groß die Wahrscheinlichkeit ist, daß Frau Tauchnitz' Aussetzung der Scheidungsverhandlung von heute morgen tatsächlich zur Versöhnung der Eheleute führt. 1989 wurden von 62329 Scheidungsklagen in der DDR 2492 ausgesetzt; 1140 der ausgesetzten Fälle wurden während der Wartezeit nicht wieder eröffnet, und 597 Scheidungsklagen wurden nach Ablauf der Aussetzungsfrist neu erhoben. Konstante Scheidungsraten unterstellt, heißt das, daß in 543 Fällen im Jahr Trennungswillige, denen von Richtern wie Frau Tauchnitz eine Bedenkzeit verordnet wurde, auch tatsächlich von der Scheidung Abstand nahmen. Zusammen machen die Zwangsversöhnten 0,9% aller Scheidungskläger im Jahre 1989 aus.

Ich kann mich nicht entschließen, ob ich diese Zahl hoch oder niedrig finden soll. Waren vor allem diejenigen Aussetzungen erfolgreich, denen beide Ehegatten zugestimmt hatten? Hätten diese Eheleute sich nicht auch ohne die Einmischung des Gerichts versöhnt? War es überhaupt legitim, die Freiheit vieler zu beschneiden, um das Wohlergehen einiger weniger zu fördern? Immer vorausgesetzt, daß ein Richter tatsächlich über den Widerstand des Betroffenen hinweg bestimmen kann, was dessen Wohlergehen dient. Anders als ein Sozialist, bin ich da nicht so sicher. Übrigens müssen auch ostdeutsche Richter ihre Zweifel gehabt haben; jedenfalls fiel die Zahl richterlicher Aussetzungsanordnungen von 6,3% aller Scheidungen im Jahre 1978 auf 4,0% im Jahre 1989. Resignation, Liberalisierung oder beides?

Am neugierigsten bin ich auf die »Umstände und Bedingungen« von Konflikten: was verraten meine Zahlen über die Fähigkeit ostdeutscher Statistiker, die Ursachen sozialer Spannungen zu erkennen und Methoden zu ihrer Entschärfung und Überwindung zu entwickeln? Ich sehe bei den Mietstreitigkeiten nach. Wenn wir den Kategorien der Statistiker Glauben schenken wollen, wurden von den 18 874 Mietrechtsklagen im Jahre 1989 26,9% durch »Nachlässigkeit« verursacht (wessen?), 17% durch »Rechtsunkenntnis oder fehlerhafte Rechtsauffassung«, 26,1% durch »Mißachtung des sozialistischen Rechts« und nur 2,9% durch »mangelhafte Beschaffenheit der Wohnräume". Was??! Bei dem jämmerlichen Zustand unzähliger Mietwohnungen in der DDR kann diese letzte Zahl doch gar nicht stimmen!

Aber sie läßt sich wenigstens erklären.[1] Ostdeutsche Mieter, die über undichten Dächern, feuchten Wänden oder defekten Aufzügen schließlich die Geduld verlieren, halten oft Mietzahlungen zurück, um Reparaturen auf die Sprünge zu helfen. Weil das Zivilgesetzbuch diese Art der Selbsthilfe nicht zuläßt, sind sie, rechtlich gesehen, im Verzug, und der Vermieter (meistens die kommunale Wohnungsverwaltung) kann klagen. Wenn der Richter nach einem solchen Prozeß seinen statistischen Erfassungsbogen ausfüllt, wird er die Weigerung des Mieters, seine fällige Miete zu bezahlen, als »Ursache des Konflikts« ansehen und – je nach Laune und dem Verhalten des Mieters während der Verhandlung – »Nachlässigkeit«, »Rechtsunkenntnis« oder »Mißachtung des sozialistischen Rechts« ankreuzen. So braucht der Konflikt nicht der fehlgeschlagenen Wohnungspolitik des Staates angelastet zu werden, sondern läßt sich mit der Kurzsichtigkeit oder Böswilligkeit einzelner Bürger erklären. Der von der Statistik entlarvte soziale Schwachpunkt heißt nicht »Wohnungsnot«, sondern »mangelndes gesellschaftliches Bewußtsein«. Die politisch notwendige Reaktion wäre nicht »mehr Geld für Wohnungsreparaturen«, sondern »mehr ideologische Erziehung und Bewußtseinsbildung«.

Ein erstaunliches Ergebnis für ein Rechtssystem, das unter dem Banner des dialektischen Materialismus und in dem Glauben auszog, daß nicht Bewußtsein das Sein, sondern Sein das Bewußtsein bestimmt. Läßt es sich mit politischem Wunschdenken erklären, oder ist die DDR-Justizstatistik absichtlich so konstruiert, daß Kritik am Staat auf den Kritiker zurückschlagen muß? Die Frage ist wohl müßig. Diese Statistiken sollten nie öffentlich benutzt werden. Man fragt sich sogar, ob sie – wie es sich als Warnung auf jeder Seite lesen läßt – jedenfalls »nur für den Dienstgebrauch« bestimmt waren. Für welchen »Dienst«? Der amtliche Verteiler für die jährlichen und halbjährlichen Zusammenfassungen (Herr Krüger hat ihn mir gezeigt) zählt als Empfänger nur die Stellen auf, die diese Daten selbst produzieren: nämlich die Gerichte und das Justizministerium. Zwar ist denkbar, daß Partei- und Regierungsfunktionäre gelegentlich ein paar Zahlen anfordern. Aber wenn das Recht tatsächlich als Instrument gesellschaftlicher Veränderung genutzt werden sollte, hätte ich einen sehr viel größeren Empfängerkreis erwartet. Warum wurden Justizstatistiken nicht automatisch an andere Ministerien, an die Planungsbehörden, die Gewerkschaften oder die Universitäten weitergeleitet? Weil das Instrument »Recht« als zu heilig angesehen wurde, um irgendwelcher Kritik ausgesetzt zu werden, und als zu verletzbar, um dem öffentlichen Blick standhalten zu können. Ein System, das an der eigenen fanatischen Geheimniskrämerei erstickt.

23. September 1990

Gestern abend ein Fernsehbericht über den Gefängnisaufstand in Frankfurt/Oder. Ein flutlichterhelltes nächtliches Drama. Die Kamera sucht nach den rebellierenden Insassen; findet sie als Schattengestalten, kaum sichtbar gegen den schwarzen Himmel, auf dem Dach des Gefängnisgebäudes. Sie drohen herabzuspringen, wenn ihre Verurteilungen durch DDR-Gerichte nicht noch einmal überprüft und an Rechtsstaatskriterien gemessen werden.

Die Szene bringt mir erneut ins Bewußtsein, daß ich mich in diesem Bericht zu wenig ums Strafrecht kümmere. Zum Teil, weil ich mich nie sonderlich für sozialistisches Strafrecht oder Strafprozeßrecht interessiert habe. Strafrecht ist ein so naheliegendes und bequemes Mittel politischer Unterdrückung, daß totalitäre Systeme es auch ohne ideologische Rechtfertigung immer gebrauchen werden. Während zum Beispiel das ostdeutsche Zivil- oder Arbeitsrecht Spielräume bot, in denen auch theoretische Spekulationen oder die menschlichen Hoffnungen des sozialistischen Rechts Platz finden konnten, schien es mir im Strafrecht immer um eindeutige und unverfrorene Apologetik zu gehen. Dazu kommt, daß es noch immer schwierig wäre, verläßliche Berichte über das Funktionieren der ostdeutschen Strafjustiz zu erhalten. Die Ia-Abteilungen der Gerichte und Staatsanwaltschaften – also die politischen Abteilungen, deren Strafsachen nicht von der Polizei, sondern der Stasi ermittelt wurden – sind aufgelöst (auch wenn gemunkelt wird, daß einige ihrer Mitarbeiter in anderen Abteilungen Unterschlupf gefunden haben). Strafprozesse finden nicht mehr statt; Strafrichter sind kaum noch aufzutreiben.

Aber ich muß die dunklen Seiten der sozialistischen Gesetzlichkeit im Kopf behalten, wenn ich herausfinden will, wieviel und welche Art von Gerechtigkeit es im Sozialismus gab. Eigentlich bietet das Strafrecht auch ein gutes Beispiel für die Ambivalenz und Zweigleisigkeit des Systems. Politische Strafsachen – die Ia-Tatbestände – wurden in der DDR von anderen Strafsachen streng getrennt behandelt. Ia-Fälle wurden besonders ermittelt und aufgeklärt, von besonderen Staatsanwälten vor Gericht gebracht und von besonderen Richtern entschieden. Ia-Richter und -Staatsanwälte waren politisch vertrauenswürdiger und in der Regel auch höherrangig als ihre Kollegen in anderen vergleichbaren Stellungen. Im Gericht bildeten sie ein exklusives Trüppchen, dessen Mitglieder meistens unter sich blieben.

Die Unterscheidung zwischen politischen und unpolitischen Straftaten spiegelt sich auch in der ostdeutschen Urteilspraxis.[2] Im Augenblick sitzen in der DDR nur sehr wenige Menschen im Gefängnis: alles in allem etwa 5000; 32 Strafgefangene pro 100000 Einwohner. Das liegt daran, daß unmittelbar nach der Wende mehr als 18000 Gefangene entlassen wurden. Viele davon hatten ihre Straftaten zwar nicht aus politischen Motiven begangen, konnten aber doch insofern »politisch« genannt werden, als ihr Verhalten unter anderen politischen Umständen gar nicht oder wesentlich milder bestraft worden wäre. Die Männer, die gestern nacht von ihrem Gefängnisdach zu springen drohten, gehören allerdings nicht in diese Gruppe. Sie waren selbst im euphorischen Herbst 1989 nicht aus der Haft befreit worden. Obwohl sie Unrecht erlitten haben mögen, ist es sehr unwahrscheinlich, daß ihre Verurteilungen auf politischen Gründen beruhen.

Aber vor der Wende sah es in ostdeutschen Gefängnissen wesentlich anders aus. 1988 hatte die DDR 24305 Strafgefangene; auf die Bevölkerungszahl umgerechnet eine Rate von 160 Gefängnisinsassen pro 100000 Einwohner. Das war etwa doppelt so hoch wie die westdeutsche Strafgefangenenrate von 85 pro 100000 Einwohner, wenn auch immer noch wesentlich niedriger als die US-Rate von 351 pro 100000. Nur: *wer* saß in der DDR im Gefängnis? Fast ein Viertel aller Strafgefangenen waren sogenannte »Asoziale«, die durch »hartnäckige Arbeitsscheu« die öffentliche Ordnung in der DDR gefährdet haben sollen (»Parasiten« in der noch ungenierteren Terminologie anderer sozialistischer Staaten). 10% waren Flüchtlinge, denen der »ungesetzliche Grenzübertritt« nicht gelungen war. 6% der Strafgefangenen hatten »Widerstand gegen staatliche Maßnahmen« verübt (zum Beispiel sich mit einem Polizisten angelegt) oder »gerichtliche Aufenthaltsbeschränkungen« verletzt, also sich an Orten aufgehalten oder mit Menschen verkehrt, von denen sie der Staat – meistens um ihrer angeblichen »Resozialisierung« willen – fernzuhalten suchte.

1988 summierte sich der Anteil derjenigen, die in der einen oder anderen Weise dem absoluten Autoritätsanspruch des Regimes zuwider gehandelt hatten, auf 27,5% aller Gesetzesbrecher in der DDR. Aber die gleiche Gruppe machte über 47% aller ostdeutschen Gefängnisinsassen aus. Offensichtlich schlug der Staat sehr viel härter zurück, wenn jemand – sei es durch seinen Lebensstil oder durch einen Fluchtversuch – die Legitimität des Systems in Frage stellte, als wenn er ohne politische Hintergedanken das Gesetz verletzte. »Parasiten« hatten eine dreimal größere Chance, für ihr Vergehen im Gefängnis zu landen, als Diebe persönlichen Eigentums. Nur 22% all derjenigen, die sozialistisches Eigentum gestohlen oder unterschlagen hatten, erhielten eine Freiheitsstrafe, verglichen mit 54% all derjenigen, die »Widerstand gegen die Staatsgewalt« geleistet hatten.

Die Zahlen passen in das Bild eines Rechtssystems, das zwischen Insidern und Outsidern unterscheidet. Im Arbeitsrecht waren es die Ausreiser gewesen, die, die dem sozialistischen Staat den Rücken kehren wollten, die nicht mehr der Rücksicht und der Fürsorge teilhaftig bleiben durften, die ostdeutsche Arbeitsrichter doch sonst den Werktätigen entgegenbrachten. Im Strafrecht waren es die Republikflüchtlinge – heimliche Ausreiser sozusagen – und diejenigen, die sich durch Müßiggang und Sich-Treiben-Lassen von der sozialistischen Arbeitsethik distanzierten, die die volle Härte des Gesetzes zu spüren bekamen. Gewöhnliche Gesetzesbrecher, deren Taten nicht durch die Sehnsucht, dem Regime zu entfliehen, zu erklären waren, sondern durch ganz normale Habsucht oder Aggressivität, konnten mit sehr viel konventionelleren Strafen rechnen. Auch die Verurteilungen der Männer auf jenem nachtschwarzen Gefängnisdach in Frankfurt/Oder (wie ich später von jemandem erfahren würde, der an der Bearbeitung ihrer Beschwerden beteiligt war[3]), wichen nicht »sensationell« von Reaktionen westdeutscher Gerichte auf vergleichbare Straftaten ab.

Die DDR-Justiz hatte also zwei Gesichter: hier Härte und Willkür, dort wohlwollende Strenge, wenn nicht sogar Langmut. Wie in einer Familie waren die Lieblinge des Systems oft die schwächeren Kinder. In der Regel bevorzugten ostdeutsche Gerichte Mieter gegenüber Vermietern und Arbeitnehmer gegenüber Arbeitgebern. Sozialistisches Recht mochte abhängige Menschen. Und es sorgte dafür, daß sie abhängig blieben. Wie eine besitzerische Mutter konnte dieses System schlechtes Benehmen ertragen, aber keine Zurückweisung. Die Ausreiser machten ihm deshalb so schwer zu schaffen, weil sie gleichzeitig Ausreißer waren, aufsässige Kinder, die erwachsen werden und ihr eigenes Leben führen wollten. Das DDR-Recht reagierte auf die Revolte mit der Härte und Bitterkeit, die aus enttäuschter Liebe springt.

24. September 1990

Wieder im Stadtgericht in der Littenstraße. Heute habe ich Verabredungen mit zwei Schöffen. Sie gehören zu der Armee von Laien, die im DDR-Rechtssystem eine so eine wichtige Rolle spielten: als Mitglieder gesellschaftlicher Gerichte (schon abgeschafft), die kleinere Zivil- und Strafsachen und fast alle erstinstanzlichen Arbeitsrechtsstreitigkeiten erledigten, und als Schöffen, die auch heute noch in vielen Arbeits- und Zivilrechtsprozessen mitentscheiden. Fast noch wichtiger als ihr Beitrag zur Rechtsprechung war die erzieherische Arbeit dieser Leute, die als Fußsoldaten des sozialistischen Rechts in ihren jeweiligen Kollektiven sozialistische Verhaltensweisen propagieren und vorleben sollten.

Herr Habermann, mein erster Gesprächspartner, paßt so wenig in das Bild, das ich mir von einem DDR-Schöffen gemacht habe, daß ich ihn zuerst für einen Zeugen halte, der im Korridor auf seinen Aufruf wartet. Langes, dunkles Haar, in der Mitte gescheitelt, das sich in Schulterhöhe mit einem langen welligen Bart vermischt. In der Mitte dieses Haarwalds ein freundlich-ernstes Gesicht. Zu meinem Erstaunen ist Herr Habermann nicht nur Schöffe, sondern seit 1978 in der Partei. Ich hätte nicht gedacht, daß die Partei ein so unkonventionelles Aussehen durchgehen lassen würde. Was brachte ihn dazu, Mitglied zu werden? Er las das Parteiprogramm und fand es überzeugend.

Wir reden über die Enttäuschung sozialistischer Zukunftsträume. Herr Habermann war ursprünglich Lehrer für Mathematik und Physik. Er wurde Ingenieur, als er die politische Gymnastik in der Schule nicht mehr ertragen konnte. »Was die uns alles machen ließen!« »Die« sind Parteifunktionäre, mit denen Herr Habermann eigentlich denselben politischen Glauben teilen sollte. Aber so, wie er von ihr spricht, scheint die Partei in ein »Oben« und »Unten« geteilt, wobei oben »diese betagten Herren« den Kontakt mit der Realität schon lange verloren haben, während unten Leute wie er versuchen, »die Dinge in Bewegung zu bringen«. Lokalpolitisches Engagement war es auch, das zu Herrn Habermanns Schöffenarbeit führte: er hatte selber Wohnungsprobleme, begann, in der öffentlichen Wohnungsverwaltung mitzuarbeiten, wurde Mitglied des Wohnbezirksausschusses der Nationalen Front und schließlich zum Schöffen gewählt.

So zeichnet Herr Habermann das Bild einer Partei, die zwar im Kern verdorrt ist, aber an der Peripherie durchaus noch Lebenskeime vorzuweisen hat. Ich blicke mit einiger Skepsis in sein sanftes Rasputin-Gesicht. Nach allem, was ich gehört habe, sind auch in den meisten örtlichen Partei-organisationen die reformerischen Energien der Genossen lange schon vertrocknet und versiegt. Aber vielleicht ist Herr Habermann einer dieser optimistischen und tatkräfti-gen Menschen, die ihr Leben lang Aufgaben entdecken, die getan werden müssen, und sie ohne langes Gefackel auch tun. Meine Vermutung scheint Bestätigung zu finden, als ich nach seiner gegenwärtigen Arbeit frage. Herr Habermann wurde bei der Privatisierung seines Ingenieurbetriebes ar-beitslos, aber ist jetzt Unternehmer. Unternehmer? Ja, er hat eine Lücke im nagelneuen Markt entdeckt. Nach der Wende mochten ostdeutsche Papiergeschäfte nicht mehr die be-scheidenen grauen Schulhefte verkaufen, die man früher für 10 Pfennig bekam, sondern nur noch die buntglänzen-den Hefte aus Westdeutschland, die jetzt mindestens 50 Pfennig kosten. Nun hat Herr Habermann einen großen Po-sten alter Hefte aufgetrieben, die er für ein paar Pfennig pro Stück an ostdeutsche Schulen verkauft, die über die Erspar-nisse froh sind und sie an ihre Schüler weitergeben. Ein oder zwei Monate wird sein Vorrat wohl noch reichen, denkt er. Bis dahin hat er hoffentlich neue Arbeit gefunden. Als Schöffe wird er ja nicht mehr gebraucht.

Herr Habermanns Kollege, Herr Daschke, entspricht schon eher meiner Vorstellung von einem Schöffen: ein gra-der, amtlich aussehender Herr im beigen Sonntagsanzug. Ich treffe ihn in Frau Schomburgs Richterzimmer. Als ich hereinkomme, nehmen die beiden gerade mit freundschaft-licher Umarmung Abschied voneinander. Heute ist Herrn Daschkes letzter Tag am Stadtgericht, nach 37 Jahren Schöffentätigkeit.

Herr Daschke, jetzt 62, war früher einmal Tischler. Er be-gann seine gesellschaftliche Karriere als Vertrauensmann seiner Gewerkschaftsgruppe, wurde Sicherheitsinspektor und schließlich hauptamtlicher Gewerkschaftsfunktionär. Das Recht scheint seine große Liebe zu sein: er ist nicht nur Schöffe, sondern vertritt auch Arbeitnehmer vor Gericht und hilft zweimal in der Woche bei der gewerkschaftlichen Rechtsberatung mit. Anfang der fünfziger Jahre, als in der DDR die aus bürgerlichen und faschistischen Zeiten über-nommenen Richter durch in Schnellkursen ausgebildete

»Volksrichter« ersetzt wurden, wäre Herr Daschke beinahe auch Richter geworden. Aber er verdiente damals zuviel Geld mit der Tischlerei.

Warum dieses Interesse am Recht? Weil Recht für Arbeitnehmer unentbehrlich ist. Viele Kollegen machen Gebrauch von Herrn Daschkes Rechtsbeistand, und er glaubt, ihnen nützlicher sein zu können als ein Rechtsanwalt, der die Arbeitsverhältnisse und die Kollektivverträge in einem Betrieb oft gar nicht kennt. Würde er auch den Fall eines Kollegen übernehmen, der Herrn Daschkes Ansicht nach seinen Rechtsstreit eigentlich verlieren sollte? Ja, natürlich. »Recht ist Recht«, und jeder Arbeitnehmer, findet er, hat Anspruch auf Vertretung. Jedenfalls das Arbeitsrecht, scheint mir, wird von Herrn Daschke durchaus als Schutzmittel des Einzelnen gegen den Betrieb verstanden.

Und wie sieht er die gesellschaftliche Rolle des Rechts im Sozialismus? Hat es seine Sache gut gemacht? Recht, für Herrn Daschke, ist Arbeitsrecht. Doch, lange Zeit hielt das Recht jedermann zufrieden. Aber es gelang ihm nicht, den in den achtziger Jahren einsetzenden Verfall der Arbeitsdisziplin aufzuhalten. Vor allem die Bestimmungen über »materielle Verantwortlichkeit« blieben ohne die gewünschte Wirkung. Das DDR-Arbeitsgesetzbuch machte einen Arbeitnehmer zwar für Schäden verantwortlich, die er seinem Betrieb durch Nachlässsigkeit, schludrige Arbeit, Feierschichten und dergleichen zugefügt hatte. Aber weil es dem AGB weniger um Schadensausgleich als um Erziehung ging, maß es die »materielle Verantwortlichkeit« des Sünders nicht an dem tatsächlich erlittenen Schaden des Betriebes, sondern belegte Bummelanten mit einer Strafe, deren Höhe in der Regel nur einen Bruchteil ihres jeweiligen Monatslohns ausmachte und die dazu oft noch in winzigen Raten abgestottert werden konnte. Arbeitgeber waren an der Zahlung dieser Strafe kaum interessiert und Arbeitnehmer durch sie kaum beeindruckt.

Trotzdem, findet Herr Daschke, hätten ostdeutsche Manager das Schadensersatzrecht des AGB zum mindesten dazu benutzen sollen, im Betrieb »Konfrontationen« zu inszenieren, die die Belegschaft wachrütteln und zu besserer Arbeitsdisziplin hätten erziehen können. Statt dessen zogen

Manager es vor, entweder einen Schaden zu schlucken (warum sollten sie in einer Wirtschaft, in der Arbeitskräfte sehr viel wertvoller waren als Geld, um ein paar Mark willen ein zeitraubendes Verfahren anstrengen?) oder einen unverbesserlichen Arbeitnehmer (meistens rechtswidrig) zu feuern. Wen kann es wundern? Aber Herr Daschke mißbilligt ein Rechtsverständnis, das die Befolgung von Rechtsvorschriften von *cost-benefit*-Berechnungen abhängig machen will. »Wer soll denn das Fehlverhalten eines Arbeitnehmers korrigieren, wenn nicht sein Betrieb?« fragt er mich. »Der Markt«, bin ich in Versuchung zu antworten. Nein, Herr Daschkes Arbeitsrecht wollte auf persönlichere Weise wirken als durch die anonymen Zwänge des Markts. Nicht die »unsichtbare Hand« nach Adam Smith, sondern die sichtbaren Bemühungen von Betrieb und Arbeitskollektiv sollten einen Missetäter wieder auf den rechten Weg zurückleiten. Ich muß daran denken, was ein Richter in diesem Hause neulich zu mir sagte: »Das Arbeitsgesetzbuch war zu gut zu uns.«

Ich frage Herr Daschke, warum er so viel Zeit und Mühe auf seine Rechtsarbeit verwendet. »Wir sind alles Leute, die nicht beiseite stehen wollen«, sagt er. Er spricht in gleicher Weise von der Partei wie Herr Habermann: beschreibt den Abstand zwischen »oben« und »unten«; erzählt, wie Kritik von unten auf dem Wege nach oben verloren ging; wie Berichte auf jeder Sprosse der hierarchischen Leiter »immer schöner wurden«. »Die Partei hatte immer Mitglieder und Genossen«, sagt er. Die Genossen, soll das heißen, waren Leute wie er: Arbeiter im Weinberg.

Ich habe Schwierigkeiten, der idyllischen Beschreibung Glauben zu schenken. Aber dann fällt mir ein: Herr Habermann und Herr Daschke können keine typischen Schöffen sein. In diesen letzten Lebenstagen der DDR kommen die meisten Laienrichter gar nicht mehr ins Gericht. Sie haben Wichtigeres zu tun, haben das System schon abgeschrieben oder haben sich ihm nie sonderlich verpflichtet gefühlt. Herr Habermann und Herr Daschke müssen dem sozialistischen Recht größere Loyalität entgegenbringen als die meisten ihrer Kollegen. Ich finde eine indirekte Unterstützung für meine Erklärung, als ich mich nach Herrn Daschkes Telefonnummer erkundige. Es stellt sich heraus, daß er kein Telefon hat: seit 1975 steht er auf der Warteliste. »Jetzt könnte ich wahrscheinlich eins kriegen, aber es wäre zu teuer«, sagt er entschuldigend. Aber hätte er als berufsmäßiger Gewerkschaftsfunktionär nicht ein paar Beziehungen spielen lassen können? Die Tatsache, daß Herr Daschke nach all diesen Jahren noch immer ohne Telefon ist, bestätigt meinen Eindruck von ihm als dem selbstlosen Diener eines Rechtssystems, das Selbstlosigkeit von seinen Bürgern erwartete, aber diese Erwartung nur selten bestätigt fand. Denn es war ja nicht nur so, daß das Arbeitsgesetzbuch »zu gut« zu seinen Bürgern war. Sozialistisches Recht hätte nur funktionieren können, wenn auch die Bürger »zu gut« gewesen wären, um wahr zu sein: selbstlos, fleißig, jederzeit bereit, die Interessen des Kollektivs für wichtiger als die eigenen zu halten. Aber wie viele Habermanns und Daschkes kann es in einem Lande geben?

Nachmittags

Ein Interview mit Klaus Petzoldt, Zivilrichter am Stadtgericht, 31 Jahre alt. Anders als die meisten Richter, die ich bis jetzt in diesem Hause getroffen habe, kommt er nicht aus einer Arbeiterfamilie. Beide Eltern sind Juristen: Die Mutter ist Staatsanwältin, der Vater – jetzt pensioniert – war Militärrichter. Herr Petzoldt hat den gelassenen Charme eines Menschen, dem die Dinge immer leicht gefallen sind.

Wie wurde man Richter in der DDR? Man brauchte gute Zensuren und eine einwandfreie (oft auch nur unauffällige) politische Abstammung. Aber daß nur eine dieser beiden Vorbedingungen erfüllt war, genügte meistens nicht. Ein oder zwei Jahre vor dem Abitur bewarb man sich um die Zulassung zum Studium. Natürlich hatte kaum ein Schüler zu diesem Zeitpunkt eine realistische Vorstellung vom Recht. Während viele Richter zur Juristerei stießen, »weil sie nie Mathe konnten«, wurde mir auch erzählt, daß jemand auf Rechtswissenschaft verfallen sei, weil er die amerikanischen Gerichtsdramen im westdeutschen Fernsehen so faszinierend gefunden habe: der Klassenfeind, gleich doppelt, als Rollenmodell. Herr Petzoldt wußte durch seine Eltern besser, worum es bei seiner Berufswahl ging.

Studenten, die Richter oder Rechtsanwalt werden wollten, wurden an der Humboldt-Universität in Berlin ausgebildet (zukünftige Wirtschaftsjuristen gingen nach Halle oder Leipzig, zukünftige Staatsanwälte nach Jena). Aber das Justizministerium kontrollierte den Zulassungsprozeß. Oberschüler bewarben sich beim Kreisgericht und wurden, wenn alles seinen Lauf gegangen war, von einem Angehörigen des Ministeriums interviewt, dem es vor allem auf die politische Loyalität eines Bewerbers anzukommen schien. Keiner der Richter, die ich danach befragte, scheint dieses Gespräch heikel oder bedrohlich gefunden zu haben; jeder sah es als einen simplen Test seiner Fähigkeit, offenbar erwünschte Antworten identifizieren und glaubwürdig artikulieren zu können. Keiner fand das Verfahren peinlich.

Bevor er mit dem Studium begann, war Herr Petzoldt drei Jahre beim Militär. Weibliche Studenten arbeiteten im Büro oder in der Produktion. Man mußte proletarische Solidarität bewiesen haben, bevor man sich intellektuellen Zielen zuwenden durfte. Das Studium der Rechtswissenschaft dauerte vier Jahre. Es war weitgehend durchgeplant; Studenten eines Jahrganges besuchten die meisten Vorlesungen zusammen. Im Unterricht standen allgemeintheoretische Fragen im Vordergrund; praktische Übungen und Fallbesprechungen waren seltener. Etwa ein Drittel der Lehrstunden befaßten sich mit dialektischem Materialismus, der Geschichte der Arbeiterbewegung und ähnlichen Vergnügungen. In der Regel vermieden Professoren peinliche Themen. Die stalinistische Unterdrückung und Rechtsbeugung in den schlimmen fünfziger und sechziger Jahren in der DDR wurden nie erwähnt. Außer über Grenzdelikte wurde auch über politisches Strafrecht kaum gesprochen. Die meisten Jurastudenten waren schon beim Studienbeginn in der Partei. Die übrigen wurden irgendwann im Laufe ihrer Studienjahre Mitglied. Für alle zukünftigen Juristen schien der Eintritt in die Partei eine so natürliche und unvermeidbare Entscheidung, daß weder Herr Petzoldt noch sonst einer meiner Gesprächspartner sich an irgendwelchen äußeren Druck oder inneren Aufruhr in diesem Zusammenhang erinnern kann.

Im dritten Studienjahr wurden Studenten auf ihre zukünftige Spezialisierung – Richter oder Rechtsanwalt – »gelenkt«.

Viele Studenten an der Humboldt-Universität wären lieber Anwalt geworden: Rechtsanwälte verdienten mehr Geld als Richter, genossen größere Unabhängigkeit und waren nicht wie Richter in einem Beruf gefangen, aus dem der Staat sie nur bei drastischem Fehlverhalten wieder herauslassen würde. Aber in einem Land mit 592 privaten Anwälten und keinen Aussichten, daß die Regierung ihre Zahl entscheidend erhöhen würde, konnten die Anwaltskollegien wählerisch sein, wenn sie sich ihre neuen Mitglieder aussuchten. Sie nahmen nur Studenten mit guten Beziehungen oder den allerbesten Zensuren (und mehr Männer als Frauen). Für Klaus Petzoldt brauchte das alles nicht wichtig zu sein: er wollte ohnehin Richter werden.

Warum gerade Richter? Weil er dazu erzogen wurde, Gerechtigkeit zu lieben. Und was versteht er unter Gerechtigkeit? Wenn in einem Staat »alles seine gesetzliche Ordnung hat«. Herr Petzoldt zögert einen Augenblick. »Und jeder das bekommt, was ihm zusteht«, fügt er hinzu. »Aber nicht auf Kosten anderer.« Eine Mischung aus alt und neu: sozialistische Rechtsdisziplin und der bürgerliche Respekt vor dem Einzelnen. Aber die Reihenfolge seiner Antworten sagt etwas über Hern Petzoldts richterliches Selbstverständnis. Er sieht sich vor allem als Ordnungshüter, als Wächter über den gesellschaftlichen Frieden und erst in zweiter Linie als Verteidiger individueller Interessen.

Ich frage nach Herrn Petzoldts politischen Erfahrungen: empfand er das Fehlen von Redefreiheit in der DDR als sehr belastend? Nein, eigentlich nicht. Für Klaus Petzoldt war der politische Druck von außen weniger wichtig, als man denken sollte, weil er im Schutze seines eigenen Kollektivs immer so sprechen konnte, wie ihm der Schnabel gewachsen war. Er gibt zu, daß diese interne Redefreiheit nur selten zu irgendwelchen Veränderungen führte (und wie konnte sie, denke ich bei mir, da sie doch offenbar unter sicherem Verschluß gehalten wurde). Kritik an den politischen Verhältnissen in der DDR scheint eher eine therapeutische Funktion gehabt zu haben: sie machte es möglich, sich selbst und andere zu respektieren. Jedenfalls waren Unterhaltungen unter Herrn Petzoldts Kollegen so offen, daß es ihm einen Schock versetzte, nach der Wende zu erfahren, daß jemand an einem anderen Gericht sein Amt wegen bestimmter Äußerungen verloren hatte, die in Herrn Petzoldts Gruppe gang und gäbe waren. Jetzt, im Nachhinein, sieht er dieses Gericht – oder eher: sieht er das Dutzend Kollegen, das sein Arbeitskollektiv ausmachte – als eine zivilisierte und vernunftbestimmte Enklave in einem verlogenen und repressiven Staat. Hierher konnte er sich von der unfreundlichen politischen Außenwelt zurückziehen. Ein engumgrenztes, bescheidenes, zufriedenes Berufsidyll.

Später, als ich unsere Unterhaltung noch einmal überdenke, fällt mir vor allem Klaus Petzoldts Sprache auf: weder defensiv noch aggressiv, sondern einfach, unverstellt, menschlich. Ich bin wohl überrascht darüber, weil Herr Petzoldt der erste Mann unter den Richtern ist, die ich in diesem Hause interviewt habe. Offensichtlich hatte ich einen »männlicheren« Ausdrucksstil erwartet. Aber das Gespräch mit ihm bestätigt den Eindruck, den ich auch in anderen Begegnungen mit Richtern und Staatsanwälten in der DDR gewonnen habe: sie klingen nicht wie Juristen. Ganz bestimmt nicht wie Juristen in den Vereinigten Staaten. Ich höre keine Ironie, keine scharfen Seitenhiebe; entdecke keinen Versuch, den Gegner nach Punkten zu besiegen; erlebe nicht, daß jede Unterhaltung in einen Wettbewerb der Intellekte umfunktioniert wird. Und es gibt noch einen anderen bemerkenswerten Unterschied: männliche und weibliche Juristen in der DDR sprechen dieselbe Sprache.

Ich habe zu lange im Ausland gelebt, um über westdeutsche Juristen ein Urteil abgeben zu können. Aber in den Vereinigten Staaten argumentieren bei juristischen Gesprächen Männer oft anders als Frauen. In der *faculty lounge* meiner Universität ist der Ton schnell, scharf, kritisch und weitgehend negativ, wenn die Männer die Unterhaltung beherrschen. Die Frauen, wenn sie unter sich sind, klingen anders: entspannter, wärmer, sprunghafter, eher bereit, der anderen Seite entgegenzukommen. Wenn Männer und Frauen ein Thema zusammen debattieren, machen die Männer gern »männliche« und die Frauen »weibliche« Gesichtspunkte geltend. In der juristischen Literatur kann ich oft schon aus dem Titel eines Aufsatzes erraten, ob er von einem Mann oder von einer Frau geschrieben wurde: Männer schreiben über Rechtsstrukturen und Begriffe, Frauen – vor allem die Feministinnen – über menschliche Beziehungen: über die Rolle des Mitgefühls im Recht zum Beispiel oder über das Recht als Ausdruck sexueller Dominierung.

Hier im Stadtgericht in der Littenstraße sprechen Männer und Frauen die gleiche Sprache. Im guten wie im schlechten Sinne: ihre Beweisführung kann unprätentiös, geradlinig, konkret, am Ergebnis orientiert sein, aber auch unintellektuell, unkritisch, schwammig. Aber ich kann aus den Worten allein nie erraten, ob sie von einem Mann oder einer Frau gesprochen wurden. Der Gesprächston innerhalb einer Gruppe von Männern oder Frauen verändert sich nicht, wenn ein Vertreter des anderen Geschlechts zu der Unterhaltung hinzustößt. Anders als unter meinen westlichen Kollegen scheinen Sprecher hier hinter ihren Argumenten zu verschwinden. Sie nehmen sich selbst weniger wichtig als West-Juristen. Ich entdecke wenig Eitelkeit bei den Männern und kein Selbstmitleid bei den Frauen. Beide, Männer und Frauen, scheinen weniger Gedanken darauf zu verschwenden, was für einen Eindruck sie auf ihr Gegenüber machen, als ihm einfach zuzuhören.

Es überrascht mich, so erfolgreiche menschliche Kommunikation in einem Lande anzutreffen, in dem Sprache seit vierzig Jahren unter so riskanten Bedingungen operieren mußte. Vielleicht war es gerade die Verzerrung und Unterdrückung von Sprache in ihrem politischen Alltag, die ostdeutsche Bürger lehrte, genau auf das Gesprochene hinzuhören. Es ist auch möglich, daß die Gegenwart so vieler Frauen in der DDR-Justiz (etwas mehr als die Hälfte aller Richter sind weiblich) zur Entspannung des Umgangstons zwischen Richtern und Richterinnen beigetragen hat. Aber der Hauptfaktor in Klaus Petzoldts beruflicher Sozialisierung, glaube ich, war nicht die Gegenwart so vieler Frauen unter seinen Kollegen, sondern das sozialistische Recht selbst.

Feministinnen in der Bundesrepublik und den USA beschuldigen unser Recht gern, «männlich» zu sein: abstrakt, hierarchisch, negativ, kaltherzig vernünftig. Man ist versucht, sozialistisches Recht im Vergleich dazu «weiblich» zu nennen: konkret, kooperativ, fürsorglich, um kollektive Wärme bemüht. Daher vielleicht die «andere Stimme» ostdeutscher Juristen, denen es – so wie Carol Gilligan es für die moralischen Überlegungen von Frauen beschrieben hat[4] – weniger um «Gerechtigkeitsmathematik» als um die Erhaltung eines komplexen Netzwerkes gesellschaftlicher Beziehungen zu gehen scheint.

Aber auf den zweiten Blick verliert die Gegenüberstellung von «männlichem» kapitalistischem und «weiblichem» sozialistischem Recht ihre Überzeugungskraft. Schon auf unser eigenes Recht bezogen, hilft das Begriffspaar «männlich – weiblich» unserem Verständnis nicht mehr weiter. Höchstens auf dem klassischen Gebiet des Privatrechts – also etwa bei der Analyse von Eigentums- oder Vertragsansprüchen – kann das Wort «männlich» vielleicht noch benutzt werden, um diejenigen Eigenschaften unseres Rechtsdenkens zu beschreiben, die sowohl Feministinnen wie Sozialisten zuwider sind: die Verherrlichung individueller Selbstbestimmung, die Ausschließlichkeit von Rechten, die Unterteilung der Welt in Gewinner und Verlierer. Aber auf neuere Rechtsgebiete paßt die Metapher nicht. In vielen familien- und verwaltungsrechtlichen Prozessen zum Beispiel fungieren auch westliche Richter schon lange nicht mehr als kühldistanzierte Entscheidungsfinder zwischen Recht und Unrecht, sondern als Manager, die ein Problem im gesellschaftlichen Kontext und nicht im luftleeren Raum lösen müssen; die nicht nur vergangenen, sondern auch zukünftigen Entwicklungen Rechnung tragen und denen es weniger um den Schutz einzelner Rechte als darum geht, soziale Beziehungen so zu arrangieren, daß es allen daran Beteiligten zum Wohle gereicht.

Es scheint mir hilfreicher, statt zwischen «männlichem» und «weiblichem» Recht zwischen einem «streitorientierten» und einem «administrativen» Stil der Entscheidungsfindung zu unterscheiden. Das sozialistische Recht (wie inzwischen gelegentlich auch unser eigenes) verstand einen Richter vor allem als gesellschaftlichen Krisenmanager. Erst in zweiter Linie ging es um die Entscheidung privater Streitigkeiten. Die DDR-Justiz sollte also nicht so sehr die Rechte einzelner als vielmehr das Gemeinwohl schützen: wichtiger als die

Ansprüche der Parteien war die Gesellschaftspolitik der Partei. Daher auch die Einbeziehung so vieler Laien in den ostdeutschen Rechtsprechungsbetrieb, die das gesellschaftliche Interesse an jedem Rechtsstreit symbolisieren und durchsetzen sollten. Daher die vielfachen Querverbindungen zwischen Gerichten und Verwaltungsbehörden in der DDR. Und daher die Tatsache, daß sich die Richter, mit denen ich spreche, so oft nicht wie Juristen, sondern wie Sozialarbeiter anhören. Sie *waren* Sozialarbeiter.

Man könnte, um bei Carol Gilligans feministischer Analyse zu bleiben, die Einstellung ostdeutscher Richter zu den Menschen in ihrem Gerichtssaal eine «Ethik der Fürsorge» statt der Gerechtigkeit nennen, wenn nicht die Ausreiser wären, die «Asozialen» und all die anderen Stiefkinder des Regimes, die eine sehr gegensätzliche «Unethik der Zurückweisung» erfahren mußten. Aber auf jeden Fall ist die «andere Stimme», mit der ostdeutsche Richter sprachen und sprechen, keine «weibliche» Stimme. Es ist eher die Stimme von Untergebenen, Mitarbeitern, Verwaltungsbeamten. Amerikanische Kritiker Carol Gilligans haben geltend gemacht, daß ihre Beschreibung nicht so sehr die Unterschiede zwischen Männern und Frauen erhellt als zwischen denen, die mächtig, und denen, die abhängig sind.[5] So gesehen, läßt sich Gilligans Analyse der «anderen Stimme» sehr viel besser auf ostdeutsche Richter anwenden: sie sprechen nicht wie Menschen, die Herren ihrer eigenen Entscheidungen sind, sondern wie solche, deren Aufgaben von einer anderen, höheren Autorität gestellt wurden: dem Staat.

Obwohl auch bei uns die Streitschlichtungsaufgaben des Rechts zunehmend hinter seinen Verwaltungsaufgaben zurücktreten, werden unsere Juristen immer noch im klassischen Geist der Streitlust und des Widerspruchs erzogen. Sie lernen, nichts unbesehen zu glauben, Gegenansichten automatisch in Frage zu stellen, die Richtigkeit des eigenen Standpunkts herauszustreichen und immer recht haben zu wollen. Wen könnte es überraschen, wenn bei diesem Training unsere Juristen in der Regel Menschen sind, die von der eigenen Person eine hohe Meinung haben. Klaus Petzoldt und seine Kollegen haben dagegen gelernt, nicht an die eigene Unfehlbarkeit, sondern an die einer höheren Autorität zu glauben. Sie sahen es als ihre Aufgabe an, Regeln zu befolgen, Richtlinien zu beachten, ihren Vorgesetzten zu berichten und auf ihre Weise dazu beizutragen, daß die Bürger der DDR sicher, warm und trocken ihre Arbeit taten. Sie dienten nicht sich selbst, sondern der Sache. Kein Wunder, daß ihr juristischer Stil bescheidener, unkritischer, konzilianter und kooperativer ist als der der West-Juristen. Kein Wunder auch, daß die schnelleren und selbstbewußteren Wessis auf sie herabblicken. Aber wenn ich für irgendein mühseliges, langwieriges, unglamoröses Projekt Mitarbeiter bräuchte, wäre ich glücklich, Klaus Petzoldt für mein Team gewinnen zu können.

26. September 1990

Ich besuche Frau Tauchnitz in ihrem Richterzimmer und finde sie mitten im Packen. Sie zeigt mir den Brief, in dem die Senatsverwaltung für Justiz sie endlich über Einzelheiten ihrer bevorstehenden Suspendierung informiert. Es ist nur ein Rundschreiben. «Ich bitte um Verständnis, daß bei herausgehobenen Tätigkeiten (bezieht sich das auch auf erstinstanzliche Richter wie Frau Tauchnitz?) die Prüfung intensiv erfolgt», schreibt die Justizsenatorin. Und: «Die freiwillige Teilnahme an den angebotenen Kursen wird als Zeichen Ihrer Lernbereitschaft und Initiative verstanden, bedeutet aber keine Vorentscheidung für eine künftige Weiterverwendung.» Frau Tauchnitz plant auf jeden Fall, an den Kursen teilzunehmen: sie kosten nichts, erlauben ihr, noch drei Monate länger mit alten Kollegen Kontakt zu halten, und erleichtern ihr den Zugang zu dem neuen Rechtssystem, über das sie so viel wie möglich lernen will. Aber die Richterin macht sich keine Illusionen über ihre «künftige Weiterverwendung».

Frau Tauchnitz bittet mich, die Unordnung zu entschuldigen, gräbt in einer ihrer Kisten herum, fördert Tassen und Teebeutel zutage, stellt den Tauchsieder an und ist bereit, mir Rede und Antwort zu stehen. Warum läßt sich jeder hier so willig auf meine Fragen ein? Ich brauche mich nur vorzustellen, nur zu erklären, worum es mir geht, und schon bittet man mich herein, bietet mir eine Tasse Kaffee an, schiebt gerade laufende Arbeit beiseite und läßt mich mit meinem

Interview beginnen. Und die Befragten sind großzügig mit ihrer Zeit: sehen nicht nach der Uhr, drängen nicht auf den Abschluß des Gesprächs, erinnern mich nicht daran, daß sie dieses oder jenes noch zu erledigen hätten. «Jetzt habe ich so viel von Ihrer Zeit in Anspruch genommen», sagte nach einer langen Unterhaltung eine Richterin entschuldigend zu mir, obwohl ich es doch war, die *ihr* zur Last gefallen war. Warum?

Zwar haben die Richter und Richterinnen hier in der Littenstraße jetzt eine Menge Zeit. In dieser letzten Woche vor dem Weltuntergang bleibt für sie außer dem Packen und Aufräumen nur noch das Warten. Aber vor allem, glaube ich, läßt sich die Redebereitschaft meiner Ostberliner Kollegen mit meiner Herkunft erklären. Ich bin weder Ossi (und daher nicht in dieselben Ängste und Zwiespältigkeiten verwickelt wie sie) noch Wessi (und daher nicht, wie sie sonst argwöhnen würden, darauf aus, sie aus diesem Hause zu verdrängen). Für Menschen, die noch vor einem Jahr nie in den Westen reisen durften, komme ich aus geradezu exotischer Ferne. Ich bin neutral und ungefährlich. Mein Zuhören scheint die Fragen anzuspornen, die meine Gesprächspartner sich in diesem letzten Jahr und wohl auch schon in den Jahren davor immer wieder stellen mußten: wie konnte dies alles geschehen, wie war es möglich, daß sich ihr Rechtssystem so weit verirren konnte, was war ihre eigene Rolle in den Ereignissen, was ist von ihren Idealen noch übrig geblieben, was soll aus ihnen werden?

Unsere Gespräche sind eindringlich und konzentriert, mit einem starken existenziellen Beigeschmack. «Mir ist, als ob ich eines Morgens aufwache und entdecke, daß ich querschnittsgelähmt bin«, sagte eine Richterin zu mir. Weil in der Nischengesellschaft DDR den meisten Menschen ihr Privatleben wichtiger als ihr Berufsleben war, scheinen meine Gesprächspartner wesentlich besser als ich in langen, seelenerforschenden Unterhaltungen geübt. Sie sind offener und mitteilsamer, als ich es wohl an ihrer Stelle wäre; lassen sich mehr Zeit; haben nicht wie ich das Bedürfnis, nach einer Weile unter ein Thema einen Schlußstrich zu ziehen und zu dem nächsten Punkt überzugehen. Manchmal habe ich bei diesen Begegnungen das Gefühl, mich in ein Tschechow-

Stück verirrt zu haben, in dem die Helden, vom Wandel der Zeiten verwirrt und nutzlos zurückgelassen, ihrem Leben nur noch durch Reden Halt und Wirklichkeit verleihen können. Nach zwei oder drei Stunden, wenn mein Gegenüber noch in voller Fahrt ist, beginne ich zu ermatten; aufgerieben ohne den gewohnten Schutz von Förmlichkeit und *small talk*. Ehrlich gesagt, macht mir auch das viele Kettenrauchen zu schaffen. Aber schließlich ist mein Leben nicht plötzlich aus der Bahn geworfen. Mein berufliches Gewissen ist rein, mein Arbeitsplatz gesichert, meine Miete bezahlt.

27. September 1990

Heute ein sehr unbefriedigendes Interview mit einem Staatsanwalt. Die Generalstaatsanwaltschaft von Ost-Berlin ist in demselben Gebäude untergebracht wie das Stadtgericht; beide Behörden teilen sich sogar einen Korridor. Aber in der Mitte des Ganges versperrt ein hohes eisernes Gitter mir den Weg, und ich muß das Gerichtsgebäude verlassen, fünfzig Schritte zu einem anderen Eingang gehen und mir am Pförtnerhäuschen einen Passierschein ausstellen lassen, der den Grund und die Stunde meines Besuches angibt, bevor ich mich mit Staatsanwalt Rewoldt treffen kann, Direktor der Abteilung III (allgemeine Kriminalität), mit dem ich mich für heute verabredet habe.

Herr Rewoldt empfängt mich mit nun schon erwarteter Freundlichkeit. Aber unsere Unterhaltung kommt nicht recht vom Fleck. Es liegt nicht an Herrn Rewoldts bösem Willen, sondern daran, daß er und ich über verschiedene Dinge reden wollen. Ich möchte etwas über die technischen Einzelheiten seiner Arbeit erfahren: wer gab ihm Anweisungen, in welcher Form, was waren seine Spielräume? Herr Rewoldt möchte seine Arbeit beiseite schieben und über seine menschliche Verfassung sprechen.

Es ging mir gestern ähnlich, als ich mich mit einer Kollegin von Herrn Rewoldt unterhielt, einer runden mütterlichen Frau Mitte fünfzig, deren Gesicht aufleuchtete, als wir auf ihre Enkelkinder zu sprechen kamen. Auch diese Staatsanwältin war an den Befehlsstrukturen ihrer Behörde nicht interessiert. Sie schien ein wenig irritiert, als ich von dem Thema nicht lassen wollte; was sie anbetraf, war es nicht besonders wichtig, durch wen und in welcher Form sie ihre Anordnungen erhielt. Es ging um die Einstellung der Generalstaatsanwaltschaft zu Ausreiserproblemen. Eine der Hauptaufgaben sozialistischer Staatsanwälte war die Kontrolle der «allgemeinen Gesetzlichkeit»: sie hatten dafür zu sorgen, daß alle Verwaltungsbehörden die Gesetze sorgfältig befolgten und verwirklichten. In diesem Zusammenhang war es auch eine wichtige Aufgabe der Staatsanwaltschaft, Beschwerden von Bürgern entgegenzunehmen. Aber wenn ein Ausreisebewerber sich bei der Staatsanwaltschaft über die schlechte Behandlung beklagte, mit der die DDR-Behörden auf Ausreiseanträge zu reagieren pflegten, war die Staatsanwaltschaft angewiesen, den Beschwerdeführer zum Gericht zu schicken. DDR-Gerichte waren jedoch in den allermeisten Fällen gar nicht dafür zuständig, die bemängelte Verwaltungsentscheidung zu überprüfen – erst seit Juli 1989 gab es eine sehr begrenzte gerichtliche Kontrolle von Verwaltungsakten in der DDR. Und selbst in Fällen, in denen der Gerichtsweg an sich gegeben war – etwa bei Arbeitsrechtsstreitigkeiten –, vermieden ostdeutsche Gerichte es, wie ich jetzt weiß, Ausreiserklagen der Sache nach zu entscheiden. Natürlich wußte das auch die Generalstaatsanwaltschaft. Sie führte Ausreiser, die es wagten, sich zu beschweren, also absichtlich in die Irre. Die Methode scheint mir typisch für die Art und Weise, in der der DDR-Staat das Recht mißbrauchte: lieber durch Ausflüchte als durch direkte Konfrontation; lieber durch bürokratische als durch physische Gewalt, und in den allermeisten Fällen nicht blutig, sondern nur verlogen. Ich fragte die Staatsanwältin danach, wie sie von dieser Verfahrensweise unterrichtet worden sei. «Das haben wir immer so gemacht.» Ja, aber wie erfuhren Sie davon? «Es wurde mir mitgeteilt.» Und von wem? «Von meinem Vorgänger, als ich diese Stelle übernahm.»

Auch Herr Rewoldt ist heute nur zögernd bereit, sich über die politischen Abhängigkeiten seines Amtes auszulassen. Alle Richter, mit denen ich bisher in diesem Hause sprach, scheinen das Verhältnis von Recht und Macht in der DDR als Problem empfunden zu haben. Zwar sahen sie es nicht als ihre Aufgabe, die Politik allgemein aus dem Recht herauszuhalten – alles Recht ist in ihren Augen politisch –, aber sie fühlten sich doch durch ihr Amt verpflichtet, sich im Einzelfall politischer Beeinflussung zu widersetzen. Auch Recht, das seinem eigenen Selbstverständnis nach politisch ist, sollte sich ihrer Meinung nach an allgemeine Regeln halten. Aber für die beiden Staatsanwälte scheinen zwischen «Recht» und «Macht» keine Spannungen zu bestehen. Ihre Berichte klingen eher so, als ob sich beide Begriffe weitgehend decken.

Natürlich folgte Herr Rewoldt Anweisungen des Generalstaatsanwalts: forderte zum Beispiel, wenn ihm das gesagt wurde, eine härtere Strafe. Wenn die Anklage von ihm selber abhing, beantragte Herr Rewoldt «mittlere Strafen»: nicht zu hoch, denke ich mir, aber doch noch hoch genug. Bei «ungesetzlichem Grenzübertritt» konnte das ein Jahr Gefängnis in einfachen Fällen und zwei bis drei Jahre in «schwereren» Fällen heißen, in denen der Ausreißer seine Flucht etwa «in einer Gruppe» oder unter «Ausnutzung eines Verstecks» geplant hatte. Noch im Frühjahr 1988 beschrieb ein «gemeinsamer Standpunkt» des Obersten Gerichts und des Generalstaatsanwalts als «besonders schwer» den hypothetischen Fall eines Fluchtwilligen, der sich im Auto eines Freundes zu verstecken plante, aber verhaftet wurde, bevor er es erreichen konnte.[6] Herr Rewoldt wäre wohl nicht Leiter seiner Abteilung, wenn er derartige Anweisungen unvertretbar gefunden hätte.

Ich frage, ob seitens der Partei gelegentlich Wünsche an ihn herangetragen worden seien. «Derartiges kam vor», gibt Herr Rewoldt zu. Normalerweise enthielt ein Telefonanruf keine direkten Befehle, sondern nur Anregungen: «Man sollte nicht vergessen, daß X der Schwiegersohn von Y ist.» Meistens ging es dem Anrufer darum, daß ein Angeklagter nicht strenger, sondern milder behandelt werden sollte – eher gutartige als bösartige Korruption. Herr Rewoldt erzählt mir von einem Vorfall, bei dem er ein derartiges Ansinnen zurückgewiesen habe, aber während ich ihm zuhöre, kann ich nicht umhin, Vermutungen über andere Vorfälle anzustellen, von denen er mir vielleicht nicht so gern erzählen würde. Ich erkundige mich nach seinen Beziehungen zu den Ia-Staatsanwälten, die für politische Straftaten zuständig waren. «Oh, da gab es keine Probleme», sagt Herr Rewoldt. Er erklärt mir, wieso: «Die blieben unter sich.» Die meisten Juristen in der DDR scheinen sich heute darüber einig zu sein, daß es für die Ia-Abteilungen (und deren enge Zusammenarbeit mit der Stasi) keine Entschuldigungen geben kann. Aber als dunkler Hintergrund, von dem andere Justizangehörige in der DDR sich vorteilhaft abheben können, spielen sie doch noch eine Rolle. Nicht für die Ia-Abteilung gearbeitet zu haben, deutet Herr Rewoldt an, und nicht einmal mit ihren Angehörigen in der Cafeteria am selben Tisch gesessen zu haben, absolviert ihn von einer Schuld, die im Falle der Ia-Leute unbestreitbar ist.

Wir sprechen über die bevorstehende Überprüfung aller Richter und Staatsanwälte durch die Richterwahlausschüsse. Hält Herr Rewoldt es für richtig, daß jetzt jeder auf seine Beteiligung an Unrechtsentscheidungen unter dem alten Regime durchleuchtet wird? Politisch gesehen kann Herr Rewoldt es verstehen, wenn die Wessis ostdeutsche Justizangehörige nicht unbesehen übernehmen wollen (ich muß an den bockigen Ausspruch eines jungen Richters hier im Hause denken, der damit rechnen mochte, die Prüfung nicht zu bestehen: «Wenn die Entwicklung umgekehrt verlaufen wäre, wäre es uns nicht im Traume eingefallen, Sie zu übernehmen.») Aber als ich dränge, Herr Rewoldt möge doch ein paar Kriterien nennen, nach denen sich schwarze und weiße Schafe trennen ließen, bleibt er mir eine Antwort schuldig. Glaubt er, daß DDR-Juristen «anders» waren als ihre Kollegen in der Bundesrepublik? Höchstens insoweit, als sie daran gewohnt sind, im Kollektiv zu arbeiten, während westdeutsche Juristen vor allem «Einzelkämpfer» sind. Irgendwelche Unterschiede zwischen ost- und westdeutschen Argumentationsweisen? Eigentlich nicht: «Die Arbeitsmethoden des Juristen sind überall dieselben.» Kennt er Staatsanwälte hier im Hause, deren Benehmen in der Vergangenheit sie für die Übernahme in den Rechtsstaat disqualifizieren müßte? Nein, außer den Ia-Leuten fällt ihm niemand ein. «Im Grund sind wir alle Juristen», sagt Herr Rewoldt.

Aber er weiß, daß die Wessis ihm nicht glauben werden. Er will zwar die angebotenen Kurse zum West-Recht mitmachen, aber hat wenig Hoffnung, am Ende auch wieder als

Staatsanwalt übernommen zu werden. Könnte er nicht Anwalt werden? Viele von Herrn Rewoldts Kollegen, darunter auch der Generalstaatsanwalt, haben diesen Weg schon beschritten. So kommt es, daß im Augenblick nur noch 70 der vormals 130 Ostberliner Staatsanwälte überhaupt im Amt sind und daß sich diese Zahl täglich verringert. Aber Herr Rewoldt ist nicht sicher, ob er den Wettbewerb mit jüngeren Kollegen und mit den «Einzelkämpfern» aus dem Westen bestehen kann. Übrigens ist auch seine Frau Staatsanwältin. Wie sollen sie ihre Familie ernähren? Sechs Monate lang gibt es immerhin noch 70% der alten Bezüge. Aber dann? Herr Rewoldt vertraut mir an, daß seine Frau nachts kaum noch schlafen kann und daß sie noch nicht den Mut gefunden haben, ihren Kindern von der bevorstehenden Arbeitslosigkeit zu erzählen.

Ich sehe in sein bekümmertes Gesicht und verstehe, warum Herr Rewoldt es so viel einfacher findet, über sich selbst als über seine Arbeit zu sprechen. Ich weiß nicht, ob er Grund hat, mit seiner eigenen Amtsführung unzufrieden zu sein. Es würde mich wundern, wenn es in Herrn Rewoldts beruflicher Vergangenheit nichts gäbe, dessen er sich jetzt schämen müßte. Aber seine Arbeit ist zu Ende, fertig, von den Ereignissen zur Seite gefegt und bald nicht einmal mehr Stoff für Erzählungen. Er selbst bleibt zurück. Der Staatsanwalt mag sich niemals eingestehen, in was für ein Netz der Parteilichkeit und Unterdrückung er eigentlich verwickelt war. Aber der Mensch wird nicht umhin können, den Sorgen um Arbeitslosigkeit und sozialen Abstieg ins Gesicht zu sehen. Ich entdecke, daß es mir sehr viel leichter fällt, dem Menschen zu glauben als dem Staatsanwalt.

Was hat er alles unternommen, um Arbeit zu finden? Herr Rewoldt hat es bei der Sozialversicherung versucht und vielen Versicherungsgesellschaften geschrieben. Bis jetzt noch keine Antwort. Er kann auch nicht mit Computern umgehen und ist nicht sicher, ob er es noch lernen wird. Und sonst? Herr Rewoldt erwähnt etwas von einer möglichen Stellung als Manager in einem Geschäft einer Lebensmittelkette. Aber er mag nicht darüber sprechen; aus Angst, glaube ich, daß auch diese kleine Hoffnung sich verflüchtigen könnte.

Ich wünsche ihm alles Gute.

28. September 1990

Ich merke, daß das Ende naht. In der Littenstraße wirft man seine Bücher weg. Heute morgen, als ich durch die Flure des Stadtgerichts gehe, finde ich neben überfließenden Papierkörben Berge von Handbüchern, Kommentaren, Gesetzestexten und sonstigem amtlich aussehendem Druckwerk aufgestapelt; dazwischen verwelkte Topfblumen und Schreibtischramsch. Leicht geniert durchstöbere ich die Haufen nach Titeln, die ich behalten möchte: ein zweibändiges Lehrbuch zum Zivilrecht, eine Textausgabe zum Wirtschaftsrecht, Karl Polaks *Dialektik in der Staatslehre,* dritte Auflage, 1963.

Ich freue mich vor allem über den Polak; ich hätte nicht erwartet, ihn hier noch vorzufinden. Karl Polak war Walter Ulbrichts juristischer Mentor und Ghostwriter. Zusammen mit Ulbricht war er bald nach Kriegsende aus dem sowjetischen Exil zurückgekehrt, um den ersten sozialistischen Staat auf deutschem Boden mit aufzubauen. Ein brillanter Mann; «völlig verrückt», wie jemand, der ihn persönlich kannte, mir einmal erzählte; ein Stalinist, wie er im Buche stand, und jemand, dessen Theorien bis zum Schluß das rechtswissenschaftliche Klima in der DDR vergifteten. Ich entdecke so etwas wie historische Gerechtigkeit darin, sein Buch zwar nicht «auf dem Kehrichthaufen der Geschichte», aber doch dieses Gerichtsgebäudes gefunden zu haben.

Später, als ich zum Obersten Gericht in einem Seitenflügel dieses Hauses hinübergehe, genau das gleiche Bild. Ich frage Oberrichter Rudi Beckert, einen der wenigen Mitarbeiter des Gerichts, der noch nicht den Dienst quittiert hat, ob er mir zu einer Sammlung von OG-Entscheidungen verhelfen kann. Herr Beckert will seine eigene Ausgabe zwar behalten, aber ich dürfte keine Schwierigkeiten haben, das Gewünschte in den Korridoren zu finden. Zusammen durchwühlen wir die Papierkörbe des höchsten Gerichts im Lande nach weggeworfenen Bänden seiner eigenen Entscheidungen.

1. Oktober 1990

Um die Zeit bis zu einer Nachmittagsveranstaltung im Stadtgericht auszufüllen, wandere ich zum Zentralen Staatlichen

Vertragsgericht in der Behrenstraße hinüber. Vertragsgerichte – in anderen sozialistischen Staaten «Arbitrage» genannt – hatten die Aufgabe, Rechtsstreitigkeiten innerhalb der volkseigenen Wirtschaft zu schlichten. Zwar wurden mit der Einführung der Währungseinheit und der Marktwirtschaft in der DDR am 1. Juli 1990 die Vertragsgerichte aufgelöst und ihre Richter neuen Handelskammern bei den Zivilgerichten zugeordnet. Aber die Büros der Richter blieben im alten Haus in der Behrenstraße, und ich müßte hier eigentlich jemanden finden, der mir etwas über die Rolle des Rechts in der ostdeutschen Wirtschaft erzählen kann.

Wie in anderen sozialistischen Planwirtschaften wurden auch in der DDR Austauschbeziehungen zwischen einzelnen volkseigenen Betrieben nicht einfach durch Befehle von oben ins Leben gerufen. Vielmehr mußten alle Staatsbetriebe ihre jeweiligen Planaufgaben in vertragliche Beziehungen zu anderen Staatsbetrieben übersetzen. Dieses sogenannte «Vertragssystem» brachte sozialistischen Betrieben allerdings wenig Vertragsautonomie: sie mußten ihre Verträge mit den vom Plan vorgesehenen Inhalten und oft auch mit den vom Plan vorgesehenen Vertragspartnern abschließen, ob sie wollten oder nicht. Aber es erlaubte eine gewisse Flexibilität – je nach gerade vorherrschender Zentralisierungs- oder Dezentralisierungspolitik konnte den Betrieben beim Vertragsabschluß weniger oder mehr Entscheidungsspielraum zugestanden werden –, und es erleichterte die Kontrolle der Planerfüllung: nicht nur der Staat, sondern auch die Vertragspartner selbst, an ihren eigenen vertraglichen Rechten und Pflichten vermutlich interessiert, sollten die Einhaltung der Verträge (und damit gleichzeitig die Erfüllung der in ihnen enthaltenen Planziele) überwachen und, wenn nötig, gerichtlich erzwingen.

DDR-Vertragsgerichte waren für diese innerhalb der volkseigenen Wirtschaft entstehenden Vertragsstreitigkeiten zuständig. Weil aber jeder Vertrag gleichzeitig das Gefäß für wichtige Planziele war, konnten sie nicht, wie Gerichte in einer Marktwirtschaft, einfach darauf warten, ob und wie die Vertragsparteien ihre ihnen zustehenden Rechte auch im Prozeß erzwingen wollten. Wenn der Plan ordnungsgemäß erfüllt werden sollte, *mußten* sozialistische Wirtschafts-

verträge abgeschlossen und verwirklicht werden. Vertragsgerichte hatten daher eine doppelte Funktion: sie mußten
dafür sorgen, daß Verträge überhaupt und in plankonformer
Weise geschlossen wurden, und sie mußten bei Vertragsver-
letzungen die Rechte der geschädigten Partei beschützen.
Um beiden Aufgaben gerecht werden zu können, hatten sozialistische Vertragsrichter sehr viel weiterreichende prozessuale Mittel zur Verfügung als Zivilrichter in einer
Marktwirtschaft. Sie konnten ein Verfahren aus eigener Initiative eröffnen, waren nicht an die Anträge der Parteien
gebunden, konnten Konflikte auch über den jeweiligen
Streitpunkt hinaus umfassend aufklären und konnten für
die Lösung eines Konflikts, wenn nötig, auch mit Verwal-
tungs- und Planungsbehörden zusammenarbeiten. Kein
Wunder, daß trotz ihres Namens Vertragsgerichte in der
DDR nicht der Justiz, sondern der Verwaltung zugerechnet
wurden.

Als ich in der Behrenstraße ankomme, ist das Gebäude des
alten Vertragsgerichts verödet und verwaist. Leere Gänge,
verschlossene Türen, eine Sekretärin beim Packen, eine andere, deren Vorgesetzter eine Besprechung in Westberlin
hat. Ich bin schon dabei, meine Pläne aufzugeben, als ich am
Ende des Korridors einen jungen Mann erspähe. Ja, er ist
Vertragsrichter. Ja, er ist gerne bereit, mit mir zu reden.

Nach allem, was ich über DDR-Wirtschaftsrecht weiß, erwarte ich eine Geschichte voller Frustrationen und Mißerfolge. Schließlich ist die ostdeutsche Wirtschaft zusammengebrochen, ohne daß das Recht den Kollaps verhindern
konnte. Wie sollte es auch? Aus der Sicht eines ostdeutschen
Betriebsleiters konnte das Vertragssystem kaum attraktiv
sein. Es zwang ihn, Verträge abzuschließen, über deren Inhalt er keine nennenswerte Kontrolle hatte. Wenn ein Vertragspartner seine Verpflichtungen verletzte, erlaubte es
ihm, Geldforderungen einzuklagen, für die er im Falle eines
Sieges wenig Verwendung hatte: Ersatzgüter oder -dienste
ließen sich in der von Knappheit geplagten und verplanten
DDR-Wirtschaft kaum kaufen. Kein Wunder, daß allem Anschein nach ostdeutsche Manager ihre Wirtschaftsverträge
oft lustlos und zögernd abschlossen und nur ungern gerichtlich durchsetzten.

Dem sozialistischen Vertragssystem fehlte – hatte ich immer gedacht – sozusagen die Seele, die Grundüberzeugung, ohne die die zentrale Stellung des Vertrags in unserem Rechtssystem gar nicht zu erklären wäre: nämlich der Glaube an die Autonomie des Einzelnen und an die Legitimität des Eigennutzes. Wie sollte Recht je wirklichen Einfluß in einer Wirtschaft gewinnen, in der man weder an die Macht des Geldes noch des Marktes glaubte? Mußte nicht ein Richter, der in diesem System seine Arbeit tat, jeden Tag aufs neue daran Anstoß nehmen, daß das Recht dem Plan zu dienen hatte und nicht umgekehrt?

Aber Rainer Hannemann, der junge Vertragsrichter, in dessen winzigem und überheiztem Arbeitszimmer wir uns unterhalten (wie in vielen Ostberliner Gebäuden läßt sich die Heizung nicht herunterstellen), scheint alles andere als frustriert oder enttäuscht von seiner Arbeit. Im Gegenteil: sie scheint ihm bestens bekommen zu sein. Anders als viele der Richter, die ich bis jetzt interviewte, strahlt er Energie, Autorität und Selbstvertrauen aus. Während ich seinen Erzählungen zuhöre, beginne ich auch zu verstehen, warum.

Zwar stimmt es, daß in den sieben Jahren, die Herr Hannemann jetzt am Vertragsgericht ist, das Wirtschaftsrecht der DDR immer ohnmächtiger und nebensächlicher wurde. Die ostdeutsche Planwirtschaft (die die Kontrollierbarkeit aller wirtschaftlichen Entwicklungen implizierte) befand sich auf einem Kollisionskurs mit der Mangelwirtschaft (in der Ressourcen und Erträge immer unberechenbarer wurden), bei dem das Recht auf der Strecke bleiben mußte. Vertragsrichter, die Streitigkeiten zwischen Parteien schlichten sollten, die sich weder auf ihre Planvorgaben verlassen noch ihre eigene Vertragserfüllung beeinflussen konnten, konnten nicht einfach in Gesetzestexten nach der richtigen juristischen Antwort suchen. Sie mußten ihre eigenen, unorthodoxen und oft auch außerrechtlichen Lösungen finden.

Aber während Herr Hannemann und seine Kollegen am Vertragsgericht sich mit immer unkonventionelleren Methoden durch die wirtschaftsrechtlichen Konflikte in der DDR hindurchmogelten, verlor ihre Arbeit zwar an juristischer Genauigkeit, gewann aber gleichzeitig neue Autorität. Weil jeder Aufschub einer Lösung die geplagte Volkswirtschaft der DDR teuer zu stehen kam, mußten Vertragsrichter schnell arbeiten: 85% aller Streitigkeiten waren innerhalb eines Monats zu entscheiden, und Herrn Hannemanns Gericht schaffte es, dieses Soll zu erfüllen. Vertragsgerichte durften keine einstweiligen Verfügungen erlassen – zu zeitraubend, denn sie hätten die endgültige Lösung eines Konflikts nur auf ein späteres Datum hinausgeschoben. Auch Gutachten waren nicht erlaubt – ebenfalls zu zeitraubend –, so daß Herr Hannemann und seine Kollegen sich technisches Wissen selbst aneignen und sich im übrigen auf ihre Fachbeisitzer verlassen mußten. Oft fanden die Verhandlungen des Gerichts in einem der beteiligten Betriebe statt, damit die Richter an Ort und Stelle Einblick in die praktischen Dimensionen eines Konflikts gewinnen konnten. Vor allem bei Gestaltungsverfahren, in denen es darum ging, wie die Verträge zwischen den Parteien aussehen sollten, verhandelte Herr Hannemann oft nicht nur zwischen den unmittelbar Beteiligten, sondern zog auch ihre Zulieferer hinzu, so daß am Ende nicht nur eine vertragliche Zweierbeziehung, sondern ein ganzes Netzwerk von Austauschbeziehungen, in dem jeder von jedem abhängig war, neu arrangiert werden konnte.

Kein Wunder, daß das, was schwarz auf weiß im Gesetz geschrieben stand, für Herrn Hannemanns Arbeit von untergeordneter Bedeutung war. Manchmal wurde der Gesetzestext einfach ignoriert. Weil Vertragsstrafen und Schadensersatzansprüche unter anderem auch die wichtige Funktion hatten, die Planer auf Schwachpunkte im System aufmerksam zu machen, waren volkseigene Betriebe nicht nur berechtigt, sondern auch verpflichtet, ihnen zustehende Vertragsansprüche einzuklagen. Taten sie es nicht, so konnte das Vertragsgericht die Ansprüche im Interesse des Staates selbst geltend machen. Aber wenn es ging, zog Herr Hannemann es vor, von solchen Fällen «nichts zu wissen». In den letzten Jahren vor der Wende leitete er auch ohne Antrag keine Kooperationssicherungsverfahren mehr ein. Obwohl das Gesetz es anders sah, «gab es praktisch keine Vertragsabschlußpflicht mehr». Überhaupt habe ich den Eindruck, daß in dem ständigen Tauziehen zwischen Planungsbürokratie und Betrieben Herr Hannemann und seine Kollegen durchaus nicht so eindeutig auf seiten des Planes standen, wie der Gesetzgeber es ursprünglich beabsichtigt hatte. Eher sahen sie, wie auch die Betriebe, staatliche Bevormundung und Verwaltungspedanterie als den gemeinsamen Feind. «Unser Selbstverständnis hatte sich geändert», sagt Herr Hannemann.

So zeichnet er das Berufsbild von Männern und Frauen, die weder Richter noch Verwaltungsbeamte waren, sondern Unterhändler im Krieg zwischen den Fronten; oft auch Sanitäter, die einer immer gebrechlicher werdenden Wirtschaft Erste Hilfe leisteten. Für ihre Arbeit brauchten sie vor allem einen klaren Kopf und gute Beziehungen zu allen Beteiligten. So griffen sie «mildernd ein, wenn das Gesetz Unmögliches verlangte»; vermittelten zwischen Betrieben, bevor es überhaupt zum Streit kommen konnte; subsumierten nicht Fälle unter Paragraphen, sondern brachten Leute zusammen, die bei Engpässen am ehesten einen für alle akzeptablen Ausweg finden konnten. In einer Volkswirtschaft, die immer mehr unter der Tendenz der Wirtschaftsleitung litt, jedes Problem durch Verwaltungseingriff von oben lösen zu wollen, beruhte die Autorität von Vertragsrichtern auf ihrer Fähigkeit, beweglich und pragmatisch zu bleiben.

Während ich zuhöre, wird mir plötzlich klar, daß der Arbeitsstil eines Vertragsrichters eigentlich außerordentlich gut mit den rechtsphilosophischen Prämissen des Sozialismus übereinstimmt. Vielleicht fühlt Herr Hannemann sich auch deswegen so wohl in seiner Haut. Dem Sozialismus lag immer mehr an «materieller» als an «formeller» Gerechtigkeit; mehr am Ergebnis als an dem Verfahren, das ihm vorausgeht. Nicht die Autonomie des Einzelnen, sondern das Wohlergehen aller war sein Ziel. Auch Rainer Hannemann ging es um das Gesamtinteresse. Seine unorthodoxen Verhandlungsmethoden mußten es für die an einem Rechtsstreit beteiligten Betriebe schwer machen, die Erfolgschancen ihrer Ansprüche verläßlich abzuschätzen – insofern verminderte die Flexibilität des Verfahrens also die Kontrolle der Verfahrensbeteiligten. Aber sie erleichterte gleichzeitig das Finden einer Lösung, die nicht entweder der einen oder der anderen Seite recht gab, sondern beiden Parteien (und oft auch noch einer Reihe Drittbeteiligter) zu besseren Ergebnissen verhalf. Herrn Hannemanns enge Zusammenarbeit mit der Wirtschaftsbürokratie verwischte zwar die Grenze zwischen Exekutive und Judikatur – aber es war eine Grenze, die der Sozialismus mit seiner Doktrin der Gewalteneinheit ohnehin nicht respektierte. Während für andere Richter in der DDR die Verwaltung eine ständige und uneingestandene Bedrohung darstellte, war sie für Vertragsrichter ein selbstverständlicher Arbeitspartner.

Alle die Züge des sozialistischen Rechts, die seine Brauchbarkeit als Schutzmittel des Einzelnen in der DDR beeinträchtigen mußten – die Biegsamkeit des Rechts, das Fehlen exakter Verfahrensvorschriften, die Ungenauigkeit der Begriffe, die enge Symbiose von Recht und Macht –, trugen dazu bei, Herrn Hannemans berufliche Autorität zu stärken. Seine nonchalante Art, mit Gesetzestexten umzugehen, konnte sich nur ein System erlauben, dem das gesellschaftliche Gesamtresultat wichtiger als die Rechte der einzelnen Beteiligten war. Als ich Herrn Hannemann nach seiner Definition von «Gerechtigkeit» frage, bietet er mir eine ganze Liste erstrebenswerter Haltungen und Ziele an: «Schadensvorbeugung», «die Vermeidung von Härten», «die Durchsetzung berechtigter Ansprüche im gesellschaftlichen Kontext», «Rücksicht auf die Probleme anderer», «Konfliktvorbeugung», «Kompromisse». Ich bin über die Zusammensetzung der Liste überrascht. Was hätte ich geantwortet, wenn ich von Herrn Hannemann gefragt worden wäre? «Fairness» wahrscheinlich, «Gleichbehandlung», «die unvoreingenommene Befolgung von allen akzeptierter Spielregeln». Vielleicht auch «suum cuique», das berühmte «jedem das Seine», das einen natürlich auch nicht weiterbringt, denn *was* steht einem zu? Auf jeden Fall wäre es meiner Antwort um die Autonomie des Einzelnen und die Gleichheit vor dem Gesetz gegangen. Herrn Hannemanns Antwort ist konkreter, fürsorglicher, mehr an Harmonie als an Selbstbestimmung interessiert. Eher die Antwort eines Familienvaters, denke ich, als die eines Richters.

Wie wird er in die neue westdeutsche Rechtsordnung hineinpassen – falls man ihn haben will? Herr Hannemann glaubt nicht, daß seine bisherige Arbeit ihn für eine Übernahme durch die Wessis gut vorbereitet hat. DDR-Recht war sehr «populistisch» und «technisch einfacher» als West-Recht: «Das Knifflige fehlte.» Er würde als Zivilrichter wohl auch die Freiräume vermissen, die ihm als Vertragsrichter zur Verfügung standen. Aber trotzdem freut Herr Hannemann sich auf das neue Recht. Die Monate, die er seit dem 1. Juli mit westdeutschem Handelsrecht verbracht hat, waren «spannend» und haben ihm viel Spaß gemacht. Die neue Arbeit ist begrifflich anstrengender als die alte, aber sie gefällt ihm. «Die Routine ist raus», sagt er befriedigt.

Vielleicht liegt es an den sieben ungebundenen und schöpferischen Jahren am Vertragsgericht, daß Herr Hannemann der Zukunft so viel selbstbewußter entgegensieht als viele seiner Kollegen von der ordentlichen Gerichtsbarkeit. Aber er erscheint auch ein besseres politisches Gewissen zu haben als die meisten Richter, mit denen ich bisher sprach. «Wenn sie jemanden nehmen, dann mich», sagt er, als wir auf die Richterwahlausschüsse zu sprechen kommen. Es klingt nicht selbstgefällig, sondern eher kritisch, denn Herr Hannemann ist mit den Auswahlkriterien der Ausschüsse nicht einverstanden. Aber nach diesen Kriterien, glaubt er, müßte er die Prüfung eigentlich bestehen.

Er erzählt mir die Geschichte, von der er meint, daß sie die Wessis von seiner weiteren Verwendbarkeit überzeugen wird. Vor fünf Jahren besuchte die Stasi Rainer Hannemann, um ihn als informellen Mitarbeiter am Vertragsgericht anzuwerben. Er sagte nein. Eine Woche später kam ein höherrangiger Offizier, um die Aufforderung noch einmal zu wiederholen. Herr Hannemann bestand darauf, daß seine Frau bei der Unterhaltung dabei war, und sagte wieder nein. «Ich hatte Angst», sagt er – nicht um seine Sicherheit, sondern um seine Karriere –, und als nichts passierte, «war ich ein bißchen stolz auf mich». Er wußte von anderen, die ähnlichen Aufforderungen widerwillig Folge geleistet hatten. Das Wissen kühlte seine Beziehungen zu einigen Kollegen am Vertragsgericht ab. Aber er machte sich nie Gedanken darüber, ob er selber bespitzelt würde. «Ich wollte doch nicht schizophren werden», sagt Herr Hannemann. Ich erzähle von einem Freund in New York City, der zu meinem ständigen Erstaunen nichts Ungewöhnliches daran sieht, sich täglich hinter einer Wohnungstür mit vier verschiedenen Sicherheitsschlössern zu verschanzen. War das Leben unter der Stasi mit dem Leben unter der ständigen und ständig verdrängten Furcht vor Einbrüchen und Überfällen vergleichbar? Rainer Hannemann, der aus einer sicheren und geordneten Welt kommt, findet meinen Vergleich schockierend. «Es war eher ein Leben hinter einem Schloß», sagt er.

Aber das Stasi-Erlebnis scheint Herrn Hannemann früher als andere auf die politische Verlogenheit des Realsozialismus aufmerksam gemacht zu haben. Im September 1989 kam es zu «Schwierigkeiten mit der Partei», weil er sich in einem Brief an Honecker über Unregelmäßigkeiten bei den Mai-Wahlen beklagt hatte. Herr Hannemann organisierte Arbeitsgruppen am Vertragsgericht, um eine Neufassung des SED-Statuts auszuarbeiten. Im November trat er aus der Partei aus, der er als achtzehnjähriger beigetreten war. «Ich habe grundsätzliche Entscheidungen zu spät getroffen», sagt er.

Wie sollte man es anstellen, um bei den Richterüberprüfungen in den neuen Ländern die «guten» und «schlechten» Richter zuverlässig auszusortieren? Herr Hannemann ist auch der Meinung, daß es ohne Überprüfung nicht geht. Es besteht die reale Gefahr, fürchtet er, daß diejenigen Richter, die in der Vergangenheit den Machthabern nach dem Munde redeten, es unter anderem politischen Vorzeichen auch in Zukunft tun könnten. Aber die Art und Weise, in der die Richterüberprüfungen jetzt stattfinden, bestärkt eher noch die alte sozialistische Neigung zum «vorauseilenden Gehorsam». Die – wie Herr Hannemann glaubt – absichtliche Demütigung ostdeutscher Richter in den Überprüfungen kann nur dazu führen, daß auch die letzten Reste ihres Selbstrespekts verlorengehen. Ohne Selbstvertrauen kann kein Richter wirklich unabhängig sein. «Dies ist der falsche Weg zu einer demokratischen Justiz!» Aber was der richtige Weg wäre, kann Herr Hannemann mir auch nicht sagen. Mir fällt die pessimistische Prognose einer Richterin aus der Littenstraße ein: «Wie sie's auch machen werden, es kommen garantiert die Falschen durch.» Ich will doch hoffen, nicht im Falle Rainer Hannemanns.

14 Uhr. Das letzte Zusammentreffen von Richtern und Verwaltungspersonal im Gerichtsgebäude in der Littenstraße. Es findet im «Kultursaal» hinter der Cafeteria statt: einem kahlen, mit Stuhlreihen vollgestellten Raum, in dem eine würdige Stimmung nicht recht aufkommen will. Etwa fünfzig bis sechzig Leute sind anwesend. Dr. Oehmke, in seiner Rolle als amtsführender Direktor des Stadtgerichts, erläutert, wie morgen die Übergabe des Gerichtsgebäudes an die Westberliner Abgesandten vonstatten gehen wird. Die Zuhörer rutschen ein wenig nervös auf ihren Stühlen, schwatzen mit dem Nebenmann, scheinen sich mit gekünstelter Unaufmerksamkeit von dem ganzen Ereignis distanzieren zu wollen.

Dr. Oehmke zählt jedermanns Pflichten auf. «Zehn Kollegen vom Landgericht in Westberlin werden zur Übergabe herüberkommen», sagt er. Das Wort «Kollegen» klingt forciert; wie Heiterkeit an einem Krankenbett. Aber noch ist Dr. Oehmke der oberste Richter in diesem Hause, noch ist er gleichrangig mit den zukünftigen Besetzern, und er scheint entschlossen, das auch zu zeigen. Alle Akten sollen in der Registratur abgegeben werden, erklärt er weiter. «Hochwertige Geräte» sollen, wenn möglich, gegen Quittung ausgehändigt werden. («Ach Gott, die funktionieren doch gar nicht!» sagt meine Nachbarin.) Vorsitzende Richter sollen auf ihren Zimmern bleiben und Dr. Oehmke melden, wenn die Übergabe abgeschlossen ist. Nachmittags um 16 Uhr werden die großen Emailleschilder am Eingangsportal abgeschraubt werden, auf denen die verschiedenen Gerichte dieses Hauses aufgezählt sind. Jeder Mitarbeiter möge seinen Dienstausweis behalten, weil die Arbeitsverhältnisse auch während der Suspendierung weiter bestehen bleiben. Alle Zimmer sollen ordentlich und sauber aussehen. «Und bitte, keine leeren Flaschen!»

Dann verteilt Dr. Oehmke noch ein paar Prämien an verdienstvolle Mitarbeiter (warum sollen die Wessis auch das Bargeld haben? wird der Personalrat gedacht haben, der derartige Dinge jetzt entscheidet) und hält eine kleine Ansprache. Er lobt die Volksverbundenheit der sozialistischen

Justiz. Er entschuldigt sich für «nicht beabsichtigte» Ungerechtigkeiten, erwähnt kurz die moralische Verantwortlichkeit der Richterschaft. Aber: «Wir haben es nicht besser gewußt», sagt Dr. Oehmke. Und: «Das Gute in unserer Arbeit hat uns geprägt.» Und: «Gerechtigkeit und Gesetzlichkeit waren immer oberstes Anliegen unserer Rechtsprechung.»

Nein, Herr Oehmke, denke ich. Schön wär's, aber so einfach lagen die Dinge nicht. Und das wissen Sie auch selbst. Den Zuhörern um mich herum mögen ähnliche Gedanken durch den Kopf gehen; sie brechen auf, noch ehe die Versammlung richtig zu Ende ist. Eigentlich hatte ich erwartet, daß dieses letzte Zusammentreffen ein bewegendes Ereignis werden würde. Ich habe mich geirrt. Die Gruppe war zu groß, zu unpersönlich, um zu ehrlichem Nachdenken über gemeinsame Leistungen und gemeinsames Versagen anzuregen. Es fehlte der Zusammenhalt.

Eine der Fragen, die ich meinen Ostberliner Gesprächspartnern gerne stelle, ist: «Welche Eigenschaften oder Einrichtungen des sozialistischen Rechts würden Sie am liebsten in die neue Zeit herüberretten?» Und eine der häufigsten Antworten ist: «Die Beziehungen zu meinem Kollektiv.» Offiziell gehörte ein Bürger in der DDR mehreren Kollektiven an: der unmittelbaren Gruppe seiner Mitarbeiter (für einen Familienrichter am Stadtgericht waren das zum Beispiel die anderen Familienrichter), dem größeren Kollektiv aller Mitarbeiter in einer bestimmten Einrichtung (für die Richter und Angestellten in diesem Hause waren das die Anwesenden in der heutigen Veranstaltung) und schließlich dem größten und umfassendsten Kollektiv in diesem Lande: der sozialistischen Gesellschaft selbst. Inoffiziell war das wichtigste Kollektiv im Leben eines Bürgers die kleine Gruppe seiner vertrauten und vertrauenswürdigen Kollegen. Offiziell ignorierten Kollektive soziale Schichtungen, die an Klassenunterschiede erinnerten, und umschlossen Richter ebenso wie Buchhalter oder Sekretärinnen. Inoffiziell waren sie meistens Gruppierungen von Menschen mit vergleichbarer Ausbildung und ähnlichen Interessen. Offiziell sollten Kollektive ihre Mitglieder über die größeren Kollektive im gesellschaftlichen Umfeld mit dem Überkollektiv, dem Staat, verbinden und so die Übereinstimmung persönlicher und gesellschaftlicher Interessen widerspiegeln. Inoffiziell schirmten Kollektive ihre Mitglieder gegen die Anforderungen des Staates ab. Wenn die heutige Versammlung so unfähig scheint, der gemeinsamen Krise auch nur ins Gesicht zu sehen, liegt es daran, glaube ich, daß sich die Anwesenden hier bestenfalls als Mitglieder eines offiziellen Kollektivs zusammengefunden haben.

Wie so viele andere Einrichtungen im Sozialismus – wie die offizielle Planwirtschaft und der Schwarze Markt; wie Ost-Mark und richtige, harte Westwährung; wie hölzernes Partei-Chinesisch und das unverstellte, menschliche Alltagsdeutsch, das man abseits der Staatssphäre sprach – gab es also auch die Kollektive in der DDR in zwei Formen: als offizielle Gruppierungen, die am 1. Mai unter demselben Banner an Parteitribünen vorbeizogen oder die bei Wahlen schon früh am Morgen geschlossen zum Wahllokal marschierten, und als inoffizielle, enge, vertrauensvolle Zusammenschlüssen von Menschen, die die gleiche Arbeit teilten. Manchmal deckten sich beide Erscheinungsformen: wenn Kollektive die Hilfsbereitschaft und Solidarität an den Tag legten, die nicht nur ihren eigenen Mitgliedern den Alltag bestehen halfen, sondern die auch von der Partei als sozialistische Kameradschaft gewürdigt wurden. Vor allem die Frauen, mit denen ich mich unterhalte, preisen die Verläßlichkeit ihres Kollektivs. Männer mochten auch ohne Kollektiv zurechtkommen. Aber wie sollte eine junge Richterin mit zwei kleinen Kindern in einer verarmten und verbraucherfeindlichen Volkswirtschaft die Doppelbelastung von Haushalt und Beruf bewältigen, ohne auf Kolleginnen vertrauen zu können, die da waren, wenn man sie brauchte? «Wie oft wir an diesem Tisch gesessen und Babysitting-Pläne ausgeknobelt haben!» sagte Frau Fischer, als wir auf die Beziehungen in ihrem Kollektiv zu sprechen kamen. Dies war Solidarität auch im Sinne der Partei.

Aber oft führte genau die gleiche Solidarität dazu, die Autorität der Partei zu untergraben. Mitglieder eines Kollektivs unterstützten einander auch auf Weisen, die für die Machthaber bedrohlich waren: sie deckten Kollegen, die zu spät zur Arbeit kamen oder während der Arbeitszeit Einkäufe machten; sie fanden Entschuldigungen für die hundert kleinen Tricks, mit denen sozialistische Bürger täglich ihren Staat bemogelten; sie behielten politische Unterhaltungen für sich, die in der Außenwelt als staatszersetzerisch gegolten hätten. Indem sie ihre Mitglieder gegen die Appelle einer offiziellen sozialistischen Moral abschirmten, vereitelten Kollektive den Anspruch des totalitären Staates, vom ganzen Menschen Besitz ergreifen zu wollen. In ihrer inoffiziellen Erscheinungsform waren Kollektive Teil der Nischengesellschaft, zu der die DDR geworden war: eine Ansammlung isolierter Enklaven, die es dem Einzelnen erlaubten, sich vom Staat zurückzuziehen. In dieser Form verkörperten Kollektive nicht etwa eine gemeinsame sozialistische Moral, sondern eher das Fehlen einer solchen Moral: was für den einzelnen Bürger zählte, waren nicht die offiziellen Verlautbarungen der Partei, sondern die Auffassungen seines jeweiligen Kollektivs darüber, wie man sich zu verhalten habe.

Daher auch die paradoxe Erfahrung, die mich auf meinen Vor-Wende-Reisen in der DDR immer wieder verblüffte: daß dieser Staat, der so außerordentliches Gewicht auf eine gemeinsam befolgte Ideologie legte, es nicht vermocht haben sollte, einen echten ideologischen Zusammenhalt unter seiner Bürgerschaft herzustellen. In den USA, wo jeder glauben und sagen kann, was er will, teilen selbst die Außenseiter der Gesellschaft, selbst die Ärmsten, die es aus eigener Erfahrung eigentlich anders wissen sollten, noch die Grundüberzeugung der Unabhängigkeitserklärung, daß jeder das Recht und die Möglichkeit habe, «life, liberty and happiness» aus eigener Kraft zu verfolgen. Aber in der DDR hielt kein gemeinsamer politischer Glaube das Volk zusammen. Der Sozialismus, der ausgezogen war, um die Aufspaltung des Menschen in den *bourgeois* und den *citoyen* zu überwinden, schuf am Ende eine Gesellschaft, die tiefer und unheilbarer in eine öffentliche und eine private Sphäre gespalten war als in jedem anderen Land, das ich kenne. Nirgendwo sonst habe ich eine solche Diskrepanz zwischen einer tönenden und hohlen öffentlichen Moral und den alltäglichen Überzeugungen privater Männer und Frauen angetroffen. Die Kollektive in der DDR, das heißt: die wirklichen Kollektive, die stückweise und in Ansätzen die politische Kultur produzierten, die es im öffentlichen Leben der DDR nicht gab, waren gleichzeitig Ausdruck des moralischen Verfalls des Sozialismus selbst, ohne den sein rasanter physischer Kollaps nicht möglich gewesen wäre.

Die heutige Versammlung im Kultursaal erinnert mich wieder einmal an das Fehlen eines öffentlichen Dialogs in der DDR. Dr. Oehmke gelingt es in seiner Rede nicht, den Ton zu treffen, der eine gemeinsame Resonanz unter seinen Zuhörern wecken könnte. Ein paar Fragen werden gestellt, aber sie betreffen vordergründige und praktische Details. Dieselben Männer und Frauen, die in ihren eigenen Kollektiven offen und selbstkritisch über die Ereignisse reden können, finden bei dieser Gelegenheit keine öffentliche Stimme. Aber ich fürchte, daß auch der Zusammenhalt innerhalb ihrer kleinen Gemeinschaften nicht von langer Dauer sein kann. Viele meiner Gesprächspartner teilen die Besorgnis. Sie haben Angst davor, daß unter dem Zwang zur Selbstbehauptung und zum Wettbewerb im Kapitalismus die alte kameradschaftliche Wärme und Fürsorglichkeit auf der Strecke bleiben wird. Noch finden sie aneinander Halt. Aber ihre Kollektive erinnern mich an Krustentiere, die nicht durch ein Knochengerüst von innen, sondern durch Schalen von außen zusammengehalten werden. Unter dem Druck eines totalitären Staates wurden die Schalen sozialistischer Kollektive hart und widerstandsfähig. Aber mit dem Nachlassen politischer Zwänge werden sie weich und verletzlich werden. Schon jetzt, scheint mir, geht es vielen Leuten in diesem Hause vor allem darum, die eigene Haut zu retten. Wenn ich mich umsehe, kommen mir die Männer und Frauen auf den Stühlen neben mir nicht wie Genossen vor, die einander solidarisch verbunden sind. Sie sehen vereinzelt und alleingelassen aus.

2. Oktober 1990

Der letzte Lebenstag der sozialistischen Justiz in diesem Hause; der letzte Tag des Sozialismus, oder was davon noch übrig ist, in diesem Lande. Der letzte Lebenstag dieses Landes. Heute um Mitternacht, wenn die Wiedervereinigung mit Musik und Tänzen und Feuerwerk gefeiert werden wird, wird die DDR aufhören zu existieren.

Die meisten Leute, mit denen ich hier spreche, haben nicht vor, bei den Festlichkeiten dabeizusein. Alle haben sich über die Wende gefreut. Fast alle, trotz ihrer gegenwärtigen Verunsicherung und ihrer Sorgen um die Zukunft, würden ihr früheres Leben nicht gegen ihr jetziges zurücktauschen wollen. Aber sie sind zu enttäuscht über die Art und Weise, in der sie sich, schon wieder, in die Rolle von Objekten der Politiker gedrängt sehen, statt endlich Subjekte sein zu dürfen, als daß ihnen nach Festivitäten zumute wäre. «Etwas Schlechtes soll man nicht feiern!» sagte Klaus Petzoldt streng, als ich ihn nach seinen Plänen für heute abend fragte. Meine Gesprächspartner fürchten auch die Konfusion und Gewalttätigkeit, die sich bei der Ansammlung großer Menschenmassen in einer Gesellschaft ereignen könnten, in der sich öffentliche Demonstrationen nicht so sorgfältig inszenieren lassen wie im Sozialismus. So werden die meisten meiner Ostberliner Kollegen die geschichtsträchtige Nacht zu Hause verbringen, vielleicht auch «auf dem Grundstück» am Stadtrand, «weit weg von allem».

Als ob die gedrückte Stimmung darauf abgefärbt hätte, kommt mir das Gerichtsgebäude in der Littenstraße heute morgen trostlos und stumm vor. Am Eingangstor konferieren vier oder fünf Herren in grauen Anzügen mit dem Pförtner – das müssen die Abgesandten aus Westberlin sein. Sonst keine Seele auf den Korridoren. Dr. Oehmke, der gestern einen Tag erzwungener Muße vorausgesehen und vorgeschlagen hatte, ich solle doch auf einen Schwatz bei ihm vorbeikommen, muß sich um die Westberliner kümmern und verschwindet. Während ich in seinem Zimmer auf seine Rückkehr warte, kommt eine elegante Frau um Anfang vierzig herein, die ebenfalls nach Dr. Oehmke sucht. Wie sich herausstellt, ist sie Dr. Heidrun Quilitzsch, Vizedirektorin des Stadtgerichts und Vorsitzende Richterin des Senats für Verwaltungsrechtssachen. Genau die richtige Gesellschaft.

Frau Quilitzschs Senat gibt es erst seit kurzem. Die DDR hatte sich erst als allerletzter Staat in Osteuropa entschließen können, eine gerichtliche Kontrolle von Verwaltungsakten zuzulassen; später (was zu erwarten war) als das liberalere Polen oder Ungarn, aber auch später als repressivere Staaten wie Rumänien oder Bulgarien. Das ostdeutsche «Gesetz über die Zuständigkeit und das Verfahren der Gerichte zur Nachprüfung von Verwaltungsakten» wurde erst im Dezember 1988 erlassen und trat am 1. Juli 1989 in Kraft, vier Monate vor dem Fall der Mauer.

Bevor es das Gesetz gab, konnten ostdeutsche Bürger, die sich durch irgendeine amtliche Entscheidung in ihren Rechten verletzt fühlten, sich nur beschweren. Zu diesem Zwekke legte man zunächst bei der Verwaltungsstelle, die die bemängelte Entscheidung erlassen hatte, eine Eingabe ein und wandte sich, wenn das nichts nützte, mit einer zweiten Eingabe an die übergeordnete Behörde. Da es praktisch keine anderen Rechtsbehelfe gab, wurde das Eingabensystem viel benutzt; nach ostdeutschen Schätzungen richtete jedes Jahr mindestens ein Bürger unter zehn eine Eingabe an den Staat. Eingaben hatten, im Vergleich zu Klagen, sogar ein paar Vorteile. Sie waren an keine Formvorschriften gebunden (die meisten Eingaben ergingen mündlich); konnten ohne Anwalt erledigt werden; kosteten nichts und setzten – anders als westdeutsche Verwaltungsrechtsklagen – auch nicht voraus, daß der Beschwerdeführer in seinen eigenen Rechten verletzt worden war: alle konnten sich über alles beschweren. Gelegentlich waren Eingaben auch erfolgreich. Aber weil die Verwaltung immer Richter in eigener Sache war, war das Verfahren sozusagen zahnlos: keine dritte Gewalt konnte die Verwaltung zur Korrektur ihrer Fehler zwingen, und ob eine Eingabe Erfolg hatte oder nicht, hing vor allem vom Wohlwollen und der Einsichtsfähigkeit der Behörde selbst ab.

Im Laufe der Jahrzehnte hatte sich allerdings herausgestellt, daß das Eingabensystem weder den Bedürfnissen des Staates noch denen seiner Bürger gerecht wurde. Es ließ zuviel Raum für Behördenwillkür, als daß dadurch der Bevölkerung Vertrauen zur Regierung eingeflößt werden konnte, und es machte den Staatsdienern das Vertuschen eigener Sünden zu leicht, als daß dadurch das Interesse der Partei an einer ordnungsgemäßen Verwaltung durchgesetzt werden konnte. Jeder in der DDR, sagt Frau Quilitzsch, kannte die «miserable Behördenarbeit» aus eigener Erfahrung. Die Ergebnisse einer Untersuchung zur Rechtskenntnis und Gesetzestreue örtlicher Verwaltungsfunktionäre aus dem Jahre 1987, von höchsten Stellen gefördert, «müssen erschreckend gewesen sein» – Dr. Quilitzsch kennt sie nur vom Hörensagen. Als im Jahre 1988 endlich die erste gerichtliche Überprüfung von Verwaltungsakten eingeführt wurde, standen nicht nur Akademiker hinter der Reform (ein paar standfeste Verwaltungsrechtler hatten schon seit Jahrzehnten Justizkontrollen über die Verwaltung gefordert), sondern auch das Außenministerium der DDR (dem es um den internationalen Ruf des Landes ging) und das Justizministerium. 93 neue Richter und mehr als 8000 neue Schöffen wurden gewählt, um der zu erwartenden Klagen Herr zu werden. Hier am Stadtgericht erhielt Dr. Quilitzsch die Aufgabe, elf dieser neuen Verwaltungsrichter anzuleiten. Endlich, so hoffte man, würden sozialistische Gerichte einer immer selbstherrlicheren Bürokratie auf die Finger klopfen können.

Aber die kurze Geschichte der neuen Gesetzgebung zeigt, wie unwillens und am Ende auch wie unfähig der DDR-Staat war, sich von seinen eigenen Gerichten überwachen zu lassen. Von Anfang an war die Überprüfungsmacht ostdeutscher Verwaltungsrichter eng begrenzt. Kleinlicher als die meisten anderen osteuropäischen Verwaltungsgerichtsgesetze, erlaubte das DDR-Gesetz Klagen gegen den Staat nur in einigen wenigen, gesetzlich aufgezählten Fällen. Und wenn es zu einer Klage kam, durfte das Gericht nur prüfen, ob die beanstandete Verwaltungsentscheidung dem Buchstaben des Gesetzes entsprach; nicht etwa, ob die Behörde bei der Anwendung des Gesetzes ihr Ermessen mißbraucht oder überschritten hatte.

Diese letzte Einschränkung machte die Wirksamkeit der Reform von Anfang an zunichte. Fast alles Verwaltungshandeln – Ost wie West – beruht nicht auf eindeutigen Anweisungen des Gesetzes (etwa: mit achtzehn Jahren ist ein Bürger mündig), sondern auf offeneren, ein bestimmtes Ziel nur in Umrissen beschreibenden Formulierungen des Gesetzgebers, die es der Verwaltung erlauben sollen, bei der Anwendung einer Regel auf den Einzelfall situationsbedingte Einzelheiten in Betracht zu ziehen (etwa: Gebäude sind «bei Gefahr» zu räumen; «ungeeignete» Bewerber sind abzulehnen). Sozialistische Gesetzgebungsakte sind eher noch vager formuliert als bürgerliche Gesetze, weil ein totalitärer Staat besonders ungern seinen eigenen Handlungsspielraum durch exakte rechtliche Definitionen einengt. Wenn ostdeutsche Richter tatsächlich Verwaltungswillkür kontrollieren sollten, mußten sie das Recht haben, nicht nur die Anwendung strikter Rechtsvorschriften, sondern auch die Ausnutzung von Ermessensspielräumen durch die Verwaltung jedenfalls in Ansätzen zu überprüfen. Experten im DDR-Justizministerium, Professoren und Richter hatten bei den Vorarbeiten zur Reform daher gefordert, daß die neue richterliche Kontrolle sich auch auf Ermessensentscheidungen der Behörden erstrecken müßte.

Aber einer der Fälle, in denen das neue Überprüfungsgesetz DDR-Bürgern ein Klagerecht gegen die Verwaltung einräumte, betraf die Erteilung von Ausreiseerlaubnissen nach der Reiseverordnung von 1988. Ausreisesachen waren in die Liste aufgenommen worden, sagt Dr. Quilitzsch, um dem Westen mit der Unerschrockenheit der Reform zu imponieren. Wie nicht weiter verwunderlich, ermächtigte die Reiseverordnung die Abteilung Inneres, Ausreisegesuche auf der Basis höchst ungenau gefaßter Bestimmungen abzulehnen. So brauchte ein Antrag nicht bewilligt zu werden, wenn keine «humanitären Gründe» für ihn sprachen, wenn «gesellschaftliche Interessen» die Ablehnung erforderten oder wenn «die Prinzipien der sozialistischen Moral» einer Ausreise entgegenstanden. Alles Formulierungen, mit denen die Abteilung Inneres jedes gewünschte Ergebnis rechtfertigen konnte. Praktisch machte sie sich oft nicht einmal die Mühe: viele ablehnende Bescheide ergingen ohne Begründung.

Und nun sollte diese Verwaltungspraxis der Überprüfung durch Gerichte unterworfen werden? Wenn Richter dabei nur die wörtliche Anwendung des Gesetzes kontrollieren durften, bestand für die Verwaltung keine Gefahr: sie brauchte sich für die Ablehnung einer Ausreiseerlaubnis nur auf einen der vielen im Gesetz genannten Gründe zu berufen. Aber Richtern zu ermöglichen, derartige Entscheidungen gründlicher abzuklopfen – also etwa zu fragen, was und wie gewichtig denn das «gesellschaftliche Interesse» sei, das einer Ausreise des Klägers angeblich entgegenstehe –, war eine andere Sache. Eine so weitgehende richterliche Kontrolle hätte den Staat in einem seiner empfindlichsten Bereiche dem öffentlichen Blick und der Kritik von außen ausgesetzt.

Da waren sie also wieder, die Ausreiser. Ihnen zu erlauben, die Ablehnung eines Ausreiseantrags vor Gericht erfolgreich anzufechten, hieß nichts anders, als es geradezu als das Recht sozialistischer Bürger zu bezeichnen, der besten aller möglichen Gesellschaften den Rücken kehren zu dürfen. Es war mehr, als die Partei verkraften konnte. Das Oberste Gericht produzierte eine seiner Anleitungen, in der Verwaltungsrichter angewiesen wurden, bei Rechtsstreitigkeiten zur Reiseverordnung die Auslegung der in der Verordnung genannten Gründe durch die Abteilung Inneres nicht zu überprüfen. Bei einer Veranstaltung im Roten Rathaus belehrten Ostberliner Magistratsvertreter eine Versammlung von Verwaltungsangestellten dementsprechend. Frau Quilitzsch, die dabei war, erzählt, daß «ein Seufzen der Erleichterung» durch den Saal gegangen sei, als die Vertreter der Zweiten Gewalt erfuhren, daß sie von der Dritten doch nichts zu befürchten hätten.

Und das Ergebnis? Die gerichtliche Kontrolle von Verwaltungsakten wurde «zu einer Farce». Nur wenige Bürger machten von ihrem neuen Klagerecht gegen den Staat Gebrauch: in den ersten drei Monaten nach dem Inkrafttreten des Nachprüfungsgesetzes nur etwa 750 Kläger in der ganzen DDR. Die meisten ihrer Klagen attackierten die Ablehnung von Ausreiseanträgen und mußten abgewiesen werden, weil sich die Rechtswidrigkeit der Entscheidungen nicht feststellen ließ. Die neuen Verwaltungsrichter, sagt Frau Quilitzsch, waren «ohnmächtig». Allenfalls konnten sie versuchen, streitlustigen Bürgern ihre hoffnungslosen Klagen auszureden.

Wie wäre es weitergegangen, wäre die Wende nicht dazwischengekommen? Dr. Quilitzsch ist nicht die erste, die mir von dem Ärger und der Enttäuschung ostdeutscher Richter erzählt, als sich herausstellte, daß das neue Gesetz sie doch nicht befähigen würde, Verwaltungswillkür in der DDR einzudämmen. Innerhalb der Richterschaft gab es zu diesem Thema heiße Debatten. Die Fachrichtertagungen zum Beispiel, zu denen das Oberste Gericht alle stellvertretenden Direktoren der Bezirksgerichte zusammenrief, um sie über die korrekte Auslegung der Reiseverordnung zu belehren, waren keine wortlosen Diktatübungen. Teilnehmer konnten Einwendungen geltend machen und taten es auch. «Meine elf waren nicht einfach Befehlsempfänger!» sagt Frau Quilitzsch. Und: dafür, daß man seine Meinung sagte, «ist in Berlin keinem was passiert!»

Meinungsstreit war also möglich. Aber war er von Belang? Konnte Kritik, die nie über die vier Wände eines Konferenzsaals hinausdringen durfte, je die Politik des Politbüros oder des Ministerrats beeinflussen? Oder diente sie nicht doch nur dazu – und auch Frau Quilitzsch braucht die Worte, die ich in diesem Hause schon so oft gehört habe –, daß «man sich selbst im Spiegel begucken» konnte? Nein, sie glaubt das nicht. Auch rein interne Opposition kann, auf lange Sicht gesehen, Richtungsänderungen bewirken. Die Machthaber hatten Angst vor Richtern, sagte Frau Quilitzsch, weil «wir eben doch Richter waren». Klaus Petzoldt hatte es anders ausgedrückt: «Sie hatten Angst vor uns, obwohl es eigentlich keinen Grund dazu gab.» Ich weiß nicht, wer recht hat. Dr. Quilitzsch berichtet, daß im November 1989, als die Mauer fiel, schon der Entwurf einer Neufassung des Nachprüfungsgesetzes vorgelegen habe, in dem die Überprüfungsrechte der Gerichte wesentlich erweitert worden waren. Vielleicht lag es daran, daß – wie sie sagt – «wir Richter uns in dieser Sache ja völlig einig waren». Vielleicht hatten auch die Tausende von Flüchtlingen der Reform nachgeholfen, die im Spätsommer 1989 DDR-Recht und -Gerichte in den Wind schlugen und stattdessen über Ungarn oder die westdeutsche Botschaft in Prag ihre Freiheit suchten. Als die Neufassung des Nachprüfungsgesetzes am 1. Juli 1990 in Kraft trat, interessierte es niemanden mehr.

Aber wie wirksam auch immer ihre Opposition gewesen sein mag – wenn sie denn diesen Namen verdient –, ich bin nicht mehr so sicher, daß Richter in der DDR weniger «unabhängig» waren als ihre Kollegen in Westdeutschland. So, wie ich die Behauptung eben hingeschrieben habe, sieht sie absurd aus. Aber wenn wir richterliche Unabhängigkeit nicht danach bemessen, wie gut die Gerichte eines Landes gegen Einflüsse von außen abgeschirmt sind, sondern danach, wieviel Energie tatsächlich darauf verwendet wird, Einflüsse abzuwehren – wenn wir Unabhängigeit sozusagen in Widerstandseinheiten messen, in einer Art richterlichem Ohm –, dann müssen viele der Richter, mit denen ich in diesem Hause gesprochen habe, eher mehr denn weniger Widerstand an den Tag gelegt haben als ihre westlichen Kollegen. Sie taten ihre Arbeit unter unvergleichlich größerem politischem Druck. Sie reagierten auf diesen Druck, oder viele taten es jedenfalls, indem sie Einmischungen in Einzelfällen abzuwehren versuchten und indem sie die allgemeine Bevormundung durch eine Partei, die sich letztverbindliche Gesetzesinterpretationen selbst vorbehielt, je nach Mut und Gelegenheit mehr oder weniger vorsichtig kritisierten. In vielen Fällen wird dieser Widerstand richterliche Fehlentscheidungen nicht verhindert haben. Trotzdem wird er, auf unserer Skala richterlicher Ohms gemessen, höhere Werte anzeigen als der Widerstand, den ein westdeutscher Richter bei der Erledigung seiner täglichen Geschäfte aufzubringen hat. Nicht gut genug, werden die meisten Wessis sagen. Gut genug, denke ich doch, um unserer westlichen Selbstgerechtigkeit den Boden zu entziehen.

Die Mittagszeit ist schon lange vorbei. Frau Quilitzsch und ich haben der letzten Tüte Salzstangen auf Dr. Oehmkes Sofatisch den Garaus gemacht. Endlich kommt er, wenn auch nur für ein paar Minuten. Mit einem verlegenen kleinen Lächeln reicht er jeder von uns eine flache schwarze Schachtel mit silbernem Rand. Ich öffne meine und finde eine große goldene Medaille. «Vierzig Jahre Rechtspflege im Dienste des Volkes» steht darauf. Und in einem Kreis darum herum eine Inschrift, bei der zur Zeit der Prägung noch niemand die Ereignisse ahnen konnte, die aus der Verleihung statt einer Ehre einen Scherz machen würden: «8. Dezember 1949 – 8. Dezember 1989».

Auf dem Wege zum Ausgang gehe ich bei Frau Fischers Richterzimmer vorbei. Sie hatte versprochen, mir den Fragebogen zu zeigen, der zur Vorbereitung ihrer Überprüfung von der Senatsverwaltung für Justiz gekommen war. Er fängt harmlos genug an: die üblichen Daten zur Person.

Aber dann kommen die schlimmen Fragen. Waren Sie in der Partei? (Natürlich war Frau Fischer in der Partei; alle Richter waren es.) Waren Sie Mitglied eines Ia-Senats? Wie lange? Haben Sie für das Ministerium für Staatssicherheit gearbeitet? Wurden Sie vom Ministerium für Staatssicherheit auf eine Mitarbeit hin angesprochen? Mit welchem Resultat?

Frau Fischer schüttelt ihren Kopf, während wir durch die Liste gehen: über das häßliche Bild, das die Fragen von ihrer Arbeit zeichnen; über die Tatsache, daß alle diese widerwärtigen Verbindungen bestanden und daß das Bild in manchen Fällen stimmen muß; über die Hoffnungslosigkeit, westlichen Prüfern erklären zu wollen, was es bedeutete, Richter in einem sozialistischen Staat gewesen zu sein. Am Ende des Fragebogens wird sie aufgefordert, mit ihrer Unterschrift darin einzuwilligen, daß sein Inhalt der Senatsverwaltung für Justiz, dem Richterwahlausschuß, dem Präsidialrat der Richtervereinigung „und sonstigen zu beteiligenden Stellen" zugänglich gemacht werden dürfe. «Was können das für Stellen sein?» fragt Frau Fischer mich. Ich habe keine Ahnung. Sie ist zuerst verwundert, wird dann ärgerlich. Wer sonst könnte sich für Einzelheiten ihrer Biographie interessieren? Ist die Formulierung nicht viel zu vage? Muß man ihr nicht mitteilen, wenn Informationen über sie an irgendwelche dritten Stellen weitergegeben werden? Sie wird das nicht unterschreiben, sagt Frau Fischer. Sie wird in einem Zusatz ihre Verweigerung erklären, aber die Einwilligung nicht unterschreiben. Weiß der Himmel, wer mit diesen «sonstigen Stellen» gemeint sein kann. Sie macht da nicht mit. Frau Fischer sieht mich mit zornigen Augen an. «Ich kann doch nicht gleich wieder anfangen, den Kopp einzuziehen», sagt sie.

II.

Anfangsmühen

10. Oktober 1990

Wieder im Stadtgericht (oder jetzt muß ich sagen: im ehemaligen Stadtgericht) in der Littenstraße. Ich will bei den Fortbildungskursen zuhören, die vom Senat für Ostberliner Richter und Rechtsanwälte veranstaltet werden. Und ich bin neugierig, ob sich im Gericht schon Spuren des neuen Rechtsstaats entdecken lassen.

Der Lichthof und das Treppenhaus sehen unverändert aus. Auch die Geruchsmischung aus Desinfizierungsmittel und Bohnerwachs ist die alte. Aber im Erdgeschoß links gibt es jetzt eine Rechtsantragsstelle. «Eintritt erfolgt nach Aufruf» steht an der Tür. Da niemand zu sehen ist, trete ich auch ohne Aufruf ein. Ich möchte fragen, wer die neue Rechtsantragsstelle benutzt und was für Probleme die neuen Bundesbürger in der ersten Woche nach der Wiedervereinigung vor die Gerichte bringen. Aber der Westberliner Beamte, dem ich mein übliches Einführungssprüchlein vortrage, will nicht mit mir reden. Ich solle mich an seinen Vorgesetzten wenden. «Sie müssen das verstehen», sagt er nicht unfreundlich. «Ich krieg sonst eins auf'n Deckel.»

Ich verstehe und suche nach dem eigentlichen Ziel meines Kommens, der Lehrveranstaltung Staatsrecht/Grundrechte für Staatsanwälte. Sie wird in einem kleinen Raum auf der Ostseite des 1. Stockes abgehalten. Mit etwa dreißig Zuhörern, zwei Drittel davon Frauen, ist er gut gefüllt. Fast alle haben ein Grundgesetz vor sich auf dem Tisch liegen. Durchs offene Fenster sehe ich die S-Bahn-Schienen zum Alexanderplatz.

Die Lehrer in diesen Fortbildungskursen sind Rechtsanwälte, Richter, Verwaltungsbeamte oder auch Referendare aus Westberlin, die sich auf Zeitungsannoncen der Senatsverwaltung zur Mithilfe bei der juristischen Neuorientierung ihrer Ostberliner Kollegen gemeldet haben. Bei 150,–

DM Lohn pro Doppelstunde müssen sie sich schon aus idealistischen Motiven zur Mitarbeit am Programm entschlossen haben. Der heutige Vortragende, denke ich mir, ist Rechtsanwalt: ein kleiner, wendiger Mann mit riesigem schwarzem Aktenkoffer. Er beginnt seine Unterrichtsstunde mit praktischen Ratschlägen.

Es mag wohl nötig sein. «Achten Sie auf den Jahrgang beim Bücherkauf!» sagt er. «Ein bis zwei Jahre sind eine lange Zeit! Lassen Sie sich keine alten Bücher andrehen!» Ich denke an die juristische Literatur in der DDR, wo es pro Rechtsgebiet nur ein einziges Lehrbuch gab und seine Neuauflage schon ein Staatsereignis war. Sozialistische Juristen sollten nicht durch Meinungsvielfalt verwirrt werden. Trotzdem klagte 1983 ein Mitarbeiter des DDR-Justizministeriums einem amerikanischen Besucher, daß die juristischen Lehrbücher in der DDR zu gewichtig würden. Zusammen wögen sie inzwischen 70 Pfund, sagte er allen Ernstes. Dabei seien doch etwa 45 Pfund ein ausreichendes und angemessenes Gewicht.[7]

Mir schaudert bei dem Gedanken an das Gewicht der gesamten westdeutschen oder amerikanischen Lehrbuchproduktion. Aber der Vortragende ist schon zur Sache gekommen. Er fängt mit dem Artikel 79 Absatz 3 an, der «Ewigkeitsgarantie» des Grundgesetzes, nach der bestimmte wichtigste Schutzgüter der Verfassung auch durch mit absoluter Mehrheit beschlossene Verfassungsänderungen nicht angetastet werden dürfen. Die Gesichter seiner Zuhörer sind verschlossen. Die Vorstellung, daß Recht auch dann die Macht binden kann, wenn ein ganzes Volk hinter dieser Macht steht, mag nicht nur ehemaligen Sozialisten unglaubwürdig vorkommen. Kann Recht – Klassenrecht, Ausdruck und Verkörperung der Macht, wie die Zuhörer bis jetzt gelernt haben – sich so nonchalant und siegessicher von der Politik abstrahieren? Oder macht das Grundgesetz uns etwas vor? Aber niemand meldet Zweifel an. Kaum jemand schreibt mit. Hinter dem Fenster rasselt die S-Bahn.

Der Sprecher ist inzwischen bei dem Charakter der Grundrechte als subjektive Rechte angelangt. Das Fenster wird zugemacht. Aber noch immer liegen die meisten Schreibgeräte unbenutzt neben den Blöcken. Dabei ist dies wirklich wichtig, denke ich. Die Tatsache, daß es für die Beziehungen zwischen Bürger und Staat Spielregeln gibt, an die auch der Staat sich halten muß. Gerade das fehlte in der DDR. Ich weiß nicht, wieweit die Männer und Frauen in diesem Raum eine realistische Vorstellung von der Macht der Gerichte in einem Rechtsstaat haben. Trauen sie dem Zauber nicht? Erst als der Vortragende die Grundrechte in ihre herkömmlichen Kategorien einteilt, geraten die Kugelschreiber in Bewegung, notieren die Unterschiede zwischen Menschenrechten und Bürgerrechten, zwischen allgemeinen und speziellen Grundrechten, zwischen Freiheits-, Gleichheits- und Verfahrensrechten. Weil die Begriffe zugänglicher und handlicher erscheinen als komplexe Überlegungen über das Verhältnis zwischen Bürger und Staat? Weil Einteilungs- und Abgrenzungsspiele – schön abstrakt und daher politisch meistens ungefährlich – auch in der DDR-Rechtswissenschaft eine große Rolle spielten?

Das Mechanische ist diesen Zuhörern lieber als das Grundsätzliche, denke ich. Sie wollen nicht bekehrt werden, sondern etwas lernen, das sie schwarz auf weiß nach Hause tragen können. Die Vorlesung geht jetzt schon ihrem Ende zu. Der Lehrer möchte sein Pensum erledigen; er spricht eilig und nur noch stichwortartig und verweist auf eine Gliederung, die er schon zu Anfang der Stunde verteilt hat. Die Zuhörer scheinen ermattet von der Stoffülle, machen sich auch schon lange keine Notizen mehr. Nur einmal flackert noch Interesse auf, als der Sprecher die Grundrechtsbindung im Privatverkehr erwähnt und auch ein Beispiel anführt, ein Schild an einer Gastwirtschaft: «Kein Zutritt für Polen». Ist das erlaubt? Ich sehe, daß einige der Anwesenden aufhorchen. Aber die Antwort, die kommt, scheint sie nicht zu befriedigen. Etwas über die Wertentscheidungen des Grundgesetzes, die Unzulässigkeit von Diskriminierung, die grundsätzliche Bedeutung der Vertragsfreiheit. Ja, was ist denn nun? Wieder nichts Eindeutiges; nichts, an dem man klare Verhaltensvorschriften festmachen könnte.

Beim Hinausgehen grübele ich darüber nach, warum so wenig von dem Gesagten mitgeschrieben wurde. War der Stoff für Neulinge zu verwirrend? Zu reichhaltig? Zu wenig an der Praxis orientiert? Am Nachmittag entdecke ich allerdings noch eine andere mögliche Erklärung. Auch in einer Grundrechtsvorlesung, diesmal vor Zivilrichtern, die ein junger Verwaltungsrichter aus Westberlin abhält. Sie findet im ehemaligen Plenarsaal des Obersten Gerichts statt, auch in diesem Hause, einem hellen Raum mit gräßlichen gelb-beigen Gardinen und einem einfachen, kaum erhöhten Richtertisch, der jetzt respektlos beiseite geschoben ist. Auch in dieser Vorlesung schreibt kaum einer mit. Man flüstert mit dem Nachbarn. Aber der Vortragende, dem das Getuschel auffällt, fragt nach der Ursache. Kennen die Zuhörer vielleicht das behandelte Thema schon? Ja. Auch die Rechtsprechung dazu? Das Lüth-Urteil? Ja. Den Blinkfuer-Fall? Ja. Offensichtlich hat der Lehrer aus dem Westen nicht mit dem Fleiß und dem Lesehunger seiner Schüler gerechnet.

15. Oktober 1990

Zu Besuch bei Rudi Beckert, ehemals Richter am Obersten Gericht, der mir noch kurz vorm Untergang der DDR zu meiner Sammlung von OG-Entscheidungen verholfen hatte. Jetzt ist er nicht nur arbeitslos, sondern eigentlich auch ohne Aussicht, neue Arbeit zu finden. Als Richter braucht er sich schon deswegen nicht zu bewerben, weil die Landesjustizverwaltung Mitglieder des höchsten Gerichts der DDR grundsätzlich nicht übernimmt. Anwalt möchte er nicht werden, weil er keine Lust hat, eine Sache, wie er meint, notwendig schlechter als andere Anwälte zu machen. Und wer sonst sollte ihn einstellen, in seinem Alter: einen Oberrichter und Mitglied des Präsidiums des Obersten Gerichts, Strafrechtler, Spezialist für Grundsatzfragen eines ruhmlos untergegangenen Rechtssystem? So flüchtet er sich in die Tätigkeit, für die er jetzt genug Zeit und Spielraum hat: die Aufarbeitung seiner eigenen Vergangenheit.

Meine Fragen kommen ihm daher gelegen. Wie ich ist Herr Beckert an der Verflechtung von Macht und Recht im Justizbetrieb der DDR interessiert. Er hat über das Thema schon immer mehr gewußt als fast jeder andere. Aber jetzt denkt er zum ersten Mal über Dinge nach, die für ihn früher selbstverständlich waren; bohrt in seinem Gedächtnis herum; rekonstruiert mit selbstzerstörerischer Genauigkeit die Zusammenhänge. Ich will von ihm etwas über die Mechanismen erfahren, durch die in der DDR die Übereinstimmung von Gerichtsurteilen mit der Politik der SED erreicht wurde. Bei einem Glas Apfelsinensaft erklärt Herr Beckert mir also die Anleitung der Rechtsprechung durch das Oberste Gericht.

Ich solle mir einen schwierigen Fall vorstellen, in dem ein Richter seines Urteils nicht ganz sicher sei. Aus politischen oder aus juristischen Gründen? frage ich. Aus dem einen oder anderen Grund, sagt Herr Beckert. Er räumt ein, daß es natürlich Fälle gab, in denen ein Richter sich nach oben absichern wollte. Das ließ sich – mit der aus Anstandsgründen nötigen juristischen Verbrämung – zum Beispiel mit einem Anruf bei der SED-Kreisleitung erreichen. Aber eine politische Reaktion konnte man auch anderswo einholen: «Es gab ja einen Parteisekretär in jeder Dienststelle.» Hätte ein Richter sich regelmäßig der Billigung der Parteiführung versichert? Nein, nein: «So viele Unsicherheiten müssen Sie da nicht vermuten.» Er hätte dem Sekretär das Urteil auch nicht vorher unterbreitet. Aber er konnte, wenn er zum Beispiel in einer politisch brenzligen Strafsache mit dem Strafmaß nichts falsch machen wollte, die Parteireaktion vorher testen. «Ja, ich denke, so machst du das richtig», hätte der Sekretär vielleicht gesagt. Damit wäre das politische Risiko einer Fehlentscheidung eingedämmt.

Aber Erkundigungen, die nur der persönlichen Sicherung des Fragers dienten, wurden vom System eigentlich nicht gebilligt. Diese Fälle meint Herr Beckert auch gar nicht. Er denkt eher an eine Situation, in der ein Richter ehrlich unsicher ist, wie er einen Streitfall entscheiden soll. Aus politischen oder juristischen Gründen? frage ich wieder. Vielleicht aus beiden, sagt Herr Beckert. Aber ich merke, daß meine Frage an dem Sachverhalt vorbeigeht. Die Unterscheidung zwischen juristischen und politischen Gesichtspunkten, die mir natürlich vorkommt, kann es für Herrn Beckert so nicht geben. Alles Recht im Sozialismus war politisch. Die Entscheidung eines Richters in der DDR war nur dann juristisch richtig, wenn sie auch «parteilich» war: nicht zugunsten der einen oder anderen Partei vor Gericht, sondern den Werten und Zielen der Partei verpflichtet. Ein im Sinne des Systems guter Richter durfte sich also weder von einem Telefonanruf des Kreissekretärs beeinflussen lassen (Telefonjustiz diente eher den Interessen einzelner Bonzen als denen des Systems) noch der Gefahr erliegen, einen Streitfall unpolitisch, das heißt, ohne Rücksicht auf seine gesellschaftliche Bedeutung, zu entscheiden.

Also angenommen, ein Fall ist wirklich schwer einzuordnen; die Entscheidung könnte so oder so aussehen. Vielleicht geht es in einer Strafsache um die Abgrenzung von Mord und Totschlag. «Dann wird das Gericht um Hilfe rufen.» Zum Beispiel mit einem Telefonanruf beim OG: «Kennt Ihr die Sache vielleicht schon aus der Wochenmeldung?» Die Wochenmeldung, auch Wochenkrimi genannt, war Teil eines Berichtssystems, in dem jedes Gericht in der DDR dem jeweils vorgesetzten Gericht wichtige wöchentliche Vorkommnisse regelmäßig anzeigen mußte. In die Wochenmeldung kamen politisch interessante Fälle; Fälle mit Auslands- und vor allem Westbeteiligung; sich häufende Streitigkeiten, die vielleicht einen Trend verrieten; auch Angelegenheiten von möglicherweise personalpolitischer Bedeutung, wie etwa die bevorstehende Scheidung des Ratsvorsitzenden. Dazu Berichte über Eingaben und über Verwaltungsprobleme aller Art. Die Wochenmeldung ging nicht nur ans nächsthöhere Gericht (also vom Kreis- an das Bezirksgericht, vom Bezirksgericht ans Oberste Gericht), sondern auch ans Zentralkomitee, den Generalstaatsanwalt, ans Innenministerium und natürlich ans Ministerium für Staatssicherheit. Das Berichtssystem sollte helfen, Recht als gesellschaftliches Steuerungsmittel überschaubar, kontrollierbar und planbar zu machen.

In unserem Beispielsfall ist dem Obersten Gericht ein Problem also meistens schon avisiert worden. Wenn dann ein Hilferuf kommt, setzt sich der zuständige Senat zusammen und bespricht die Sache. Vielleicht kann man das Untergericht auf Rechtsprechung oder Literatur verweisen. Vielleicht nutzt der mit der Sache befaßte OG-Richter auch die größeren Ressourcen seines Gerichtes aus, bespricht etwa Aspekte der Zurechnungsfähigkeit mit einem Psychiater «in Konsultationsnähe» zum Gericht. Dann ruft er beim Untergericht zurück und beredet die Angelegenheit noch einmal. Der erkennende Richter erläutert seinen Lösungsvorschlag.

«Ich würde das sehr unterstützen, wenn du's so machen willst», lobt sein Gesprächspartner vom Obersten Gericht vielleicht. Auch Differenzen sind denkbar und (in politisch akzeptablen Grenzen) erlaubt: «Dann mußt du's eben anders machen», mag der OG-Mann sagen, wenn der Unterrichter seine eigene Lösung vorzieht.

Schließlich kann auch das Oberste Gericht selbst Zweifel daran haben, wie ein Fall am besten zu entscheiden ist. Dann wird es seinerseits die Abteilung Staats- und Rechtsfragen, Sektor Justiz, beim ZK der SED konsultieren. Der Sektorenleiter fragt nach dem Vorschlag des Senats: «Was würdet Ihr denn machen ...?» Sein Gesprächspartner beim OG erläutert die Meinung des Kollegiums. Der ZK-Mann wird keine direkten Anweisungen geben. «Das ist eine akzeptable Lösung», ist seine Reaktion vielleicht. Oder auch: «Wir würden empfehlen ...». «Die Töne waren moderat genug», sagt Herr Beckert. Fast befriedigt breitet er die Interna seines Arbeitslebens vor mir aus; wie jemand, der eine Steinplatte im Garten aufhebt und fasziniert auf das Gekrabbel starrt, das er freigelegt hat. Übrigens waren auch in den Beziehungen zwischen dem Obersten Gericht und dem Zentralkomitee Meinungsverschiedenheiten möglich. Im Zweifel, sagt Herr Beckert, war Anfragen und Andersmachen besser als Gar-nicht-Fragen. Man mußte «das Problem erkennen», durfte sich nicht «um eine Auseinandersetzung mogeln» wollen.

Was immer an richterlicher Unabhängigkeit in diesem System vorhanden war, war also strikt auf die Entscheidung im Einzelfall begrenzt. Aber unprovozierte Anordnungen von oben gab es in der Regel nicht; man mußte nicht um Rat fragen; mußte, wenn man fragte, auch nicht das tun, was einem geraten wurde. Es gab keinen Druck – «dann wären die Täter zu sehr Opfer» – oder, wenn es ihn regelwidrig gab, ließ der Druck sich abwehren. «Das System funktionierte besser«, sagt Herr Beckert: durch Berichterstattung, durch Konsultationen, durch die ständige Vermittlung des Bewußtseins, daß alle an der Rechtsprechung Beteiligten zusammen eine wichtige gesellschaftliche Aufgabe zu erfüllen hatten und daher einheitlich vorgehen mußten. In diesem Netzwerk ständiger Kommunikation «merkte man ja, was sie wollten».

Und wenn man es nicht gemerkt hatte, wurde einem das hinterher, bei der Auswertung des rechtskräftigen Urteils in einer der Parteiversammlungen im Gericht, bestimmt gesagt. Dann wurde mit einem «politisch geredet». Einzelabweichungen von der Parteilinie waren wiedergutzumachen. Aber zu viele durften es nicht werden. So wurde dafür gesorgt, daß Richter sich dem System nicht entzogen. Wenn jemand zu aufmüpfig wurde, konnte es auch vorkommen, daß seine Angehörigen mit in die Mühen einbezogen wurden, ihn auf den richtigen Weg zurückzuleiten. «Nimm doch mal Einfluß auf deinen Mann», wurde der Frau des Einzelgängers vielleicht gesagt. Vielleicht wurde er auch auf die Parteischule geschickt, was übrigens auch für Beförderungen nützlich war. «Eine Zeitverschwendung», sagt Herr Bekkert. Aber fast alle Richter waren einmal dort. Im großen und ganzen funktionierte das System reibungslos und erstaunlich schnell. Auch schriftliche Konsultationen brauchten nicht länger als eine Woche. «Das war auch ein Teil der Gesetzlichkeit», sagt Herr Beckert mit einer Mischung aus Spott und Stolz in der Stimme.

Außer den Konsultationen im Einzelfall gab es allgemeine Steuerungsmechanismen der Justiz: neben den Wochenmeldungen vor allem die Inspektionsgruppen. Beide Kontrollformen ergänzten sich. Während im Wochenkrimi sich abzeichnende Probleme von unten nach oben gemeldet wurden, sorgten Inspektionsgruppen für die Überprüfung der Justizarbeit von oben nach unten. Die drei oder vier Inspekteure an jedem Bezirksgericht untersuchten, was an den Kreisgerichten vor sich ging; die Bezirksgerichte ihrerseits wurden von den Inspekteuren des Obersten Gerichts überwacht. In den siebziger Jahren war Herr Beckert ein paar Jahre lang selbst mit dabei. Ging es vorwiegend um politische Verfahren? Jedenfalls nicht zu seiner Zeit. Die Ia-Abteilungen durften ohnehin nicht inspiziert werden. Sie hatten übrigens auch ihr eigenes Meldesystem, das unabhängig und parallel zum Wochenkrimi lief. Nein, die Inspektion sollte ganz einfach Schwachstellen in der Rechtsprechung ermitteln, um Reparaturen rechtzeitig in die Wege leiten zu können.

Wer bestimmte, was zu untersuchen war? Es gab Arbeitspläne, die vom Obersten Gericht zusammen mit dem Justizministerium entworfen wurden. Darauf aufbauend, entwickelten die Bezirksgerichte ihre eigenen Inspektionsvorhaben. Manchmal schickte ein Bezirksgericht seine Inspekteure auch zur Untersuchung eines bestimmten Problemkreises an ein Kreisgericht, etwa zur Überprüfung aller Urteile zu Eigentumsdelikten. Manchmal gab es dem Kreisgericht auf, seinerseits eine Analyse bestimmter Fallgruppen auszuarbeiten, und ließ die Inspekteure des Bezirksgerichts zur Kontrolle einen Gegenbericht anfertigen. In keinem Falle durften Inspektionsgruppen den untersuchten Richtern irgendwelche Anordnungen geben. Sie hatten Akteneinsicht, Zugang zur täglichen Arbeit des untersuchten Gerichts, nicht mehr. Im Nachhinein konnte ein kritischer Inspektionsbericht einem Richter allerdings schon Ärger machen. Um dem vorzubeugen, wurde die Anwesenheit der Prüfer von inspizierten Richtern gelegentlich auch zur Konsultation an Ort und Stelle genutzt.

Wer wurde Inspekteur: die besonders Eifrigen? Eher die Umsichtigen, sagt Herr Beckert; die, die auf vielen Gebieten bewandert waren. Natürlich mußten Inspekteure politisch zuverlässig sein. Aber nicht «superzuverlässig». Vor allem ihr Schreibtalent war wichtig: Inspekteure mußten glaubwürdige und schöne Berichte verfassen können. Denn wenn das offizielle Ziel der Inspektion die Aufdeckung von Schwachstellen in der Rechtsprechungsarbeit war, war es ihr inoffizielles Ziel, die Justiz bei der Partei im besten Licht erscheinen zu lassen. Immer beschrieben die Berichte, wie gut im Grunde alles lief. Fehlentwicklungen, wenn sie denn Erwähnung finden mußten, schienen immer nur auf Einzelfälle begrenzt. Vielleicht war dieser optimistische Berichterstattungsstil auch der Grund dafür, warum andere Richter, die ich nach der Inspektionspraxis befragte, mir versicherten, sich durch sie nie sonderlich beunruhigt gefühlt zu haben.

Und schließlich, erzählt Herr Beckert, leitete das Oberste Gericht die Rechtsprechung durch seine Plenartagungen, durch die darauf basierenden Berichte, die oft jahrelang vorbereiteten Richtlinien (die im Laufe der Jahre, jedenfalls vordergründig, immer «unpolitischer» und juristisch anspruchsvoller wurden), und durch die «Orientierungen»,

«Standpunkte», «Beschlüsse» und sonstigen Anleitungen, mit denen das Oberste Gericht den Untergerichten die Entscheidung bestimmter Rechtsprobleme vorschrieb. Mir fällt die Abweisung von Ausreiserkündigungsklagen ohne mündliche Verhandlung ein, von der ich durch Frau Schomburg erfuhr. Wie wurde diese Spruchpraxis im Obersten Gericht geplant? Woher kam der Anstoß?

Herr Beckert ist Strafrechtler; bei der Ausarbeitung arbeitsrechtlicher Beschlüsse war er nicht dabei. Aber er kann sich vorstellen, wie die Sache ungefähr gelaufen sein muß. Vielleicht hat das Ministerium für Staatssicherheit, durch steigende Ausreiserzahlen beunruhigt, die Initiative ergriffen: könnte nicht die Justiz in der Angelegenheit etwas unternehmen? Auf der «Leiterberatung» wäre das Thema dann vielleicht zur Sprache gekommen. Hier trafen sich, drei bis sechs Mal im Jahr, der Justizminister, der Innenminister, der Präsident des Obersten Gerichts und natürlich ein hoher Stellvertreter des ZK und des MfS beim Generalstaatsanwalt, um wichtigste Probleme auszuhandeln. Von dort wäre die Sache wahrscheinlich an die «Stellvertreterrunde» weitergereicht worden: ein regelmäßiges Treffen der nächsten Garnitur, ebenfalls bei ständiger Anwesenheit eines Vertreters des MfS (der die Beschlüsse allerdings nie mitunterzeichnete). «Laßt euch zu dieser wichtigen Frage etwas einfallen!» hätte man dem Vertreter des Obersten Gerichts auf diese Runde wahrscheinlich gesagt.

Der OG-Mann seinerseits hätte sich dann wohl an den Leiter des Senats für Arbeitsrecht gewandt. Dort wäre man auf den § 28 Abs. 3 ZPO verfallen, mit dem sich die Abwimmlung von Ausreiserklagen ohne mündliche Verhandlung notfalls begründen ließe. Den Rest der Geschichte kenne ich: eine formlose Anleitung, die nur wenigen Leuten zu Gesicht kommen würde; eine Tagung beim Obersten Gericht, zu der die Senatsvorsitzenden der Bezirksgerichte eingeladen würden; Fachrichtertagungen, auf der andere Arbeitsrichter über die korrekte Behandlung von Ausreiserklagen informiert wurden. Die übliche Methode.

Aber ich täte dem Obersten Gericht Unrecht, wenn ich es nur als Handlanger der Politik verstehen wollte. Es selbst sah sich mindestens auch als unabhängiges, fachlich besonders qualifiziertes Entscheidungsgremium. Dasselbe Gericht, das mit ZK- und MfS-Vertretern die wirksamsten juristischen Reaktionen zum Ausreiserproblem besprach, sorgte sich zum Beispiel auf einer Plenartagung im Sommer 1986 um die politische Willfährigkeit der Untergerichte in der DDR. In einer Diskussion «Zu den Aufgaben der Gerichte zur Verwirklichung der Beschlüsse des XI. Parteitages» war auch die allzu große Bereitschaft sozialistischer Richter zur Sprache gekommen, sich von oben Vorschriften machen zu lassen. Der Direktor des Bezirksgerichts Karl-Marx-Stadt hatte in einem Diskussionsbeitrag mehr richterliche Unabhängigkeit gefordert. Er wußte, wovon er sprach: «Die Stärkung der Eigenverantwortung ist nach unseren Erfahrungen im Bezirk mit der persönlichen Konsequenz eines jeden Direktors, mit Standfestigkeit im Territorium verbunden.»[8]

Was hatte eine Richterin, als wir über ihre Unabhängigkeit sprachen, einmal zu mir gesagt? «Ach, am breiten Rükken meines Direktors rutschte so manches ab.» Wenn ein Direktor seine Richter gegen Forderungen von außen abschirmte, brauchten sie Telefonanrufe nicht zu fürchten. Aber es war die Standfestigkeit ihres Vorgesetzten, nicht der Apparat, der sie in diesen Fällen beschützte. Wie konnte das System selbst resistenter gemacht werden? – Vielleicht – so das Ergebnis der Plenartagung – mit einem 19-Punkte-Programm, in dem als erster Punkt beschlossen wurde, «die Eigenverantwortung der Gerichte für die Bearbeitung und Entscheidung der Verfahren zu erhöhen». «Wir wissen, daß wir in der Durchsetzung dieses politischen Prinzips die Unterstützung der leitenden Parteiorgane haben werden», sagte, fast beschwörend, der Diskussionsredner aus Karl-Marx-Stadt, offensichtlich selbst ein Mann mit breitem Rücken. Aber er wußte auch: »Dies ist ein sehr komplizierter Prozeß ...»

In der Tat. Denn war nicht Abhängigkeit ein notwendiger Bestandteil des Systems? Wurde nicht auf der gleichen Tagung beschlossen, daß die Direktoren aller Kreis- und Bezirksgerichte «die uneingeschränkte Übermittlung leitungsrelevanter Informationen ... zu sichern» hatten? Wollten die OG-Richter, die in einem Atem die erhöhte «Eigenverantwortung der Gerichte» und die pünktliche Meldung aller «politisch bedeutsamen, die Bevölkerung beunruhigenden Verfahren» forderten, nicht ihren Kuchen gleichzeitig essen und behalten? In einem Rechtsstaat läßt sich die Unabhängigkeit der Gerichte ohne zu große Schwierigkeiten in die vorhandenen Machtstrukturen integrieren. Wir haben eine verhältnismäßig bescheidene Vorstellung von Gerechtigkeit: sind im Grunde Agnostiker; behaupten nicht, zu wissen, was für andere gut ist; lassen jeden nach seiner Façon selig werden und sind zufrieden, wenn wir uns auf Spielregeln einigen und diese Regeln auch einhalten können. Daher die zentrale Bedeutung des Verfahrens in unserem Rechtsverständnis. Ob dieses unvoreingenommen zelebrierte Verfahren auch tatsächlich das Wohlergehen der einzelnen Beteiligten fördert, geht uns schon nichts mehr an. Das ist deren Sache.

Aber Sozialisten wollten mehr: nicht nur formelle, sondern materielle Gerechtigkeit. Anders als wir wußten sie, was für jeden Bürger gut war. Jedenfalls behaupteten Sozialisten, es zu wissen: von den marxistischen Klassikern; aus den Lehren der Geschichte; von der Partei, die diese Lehren als einzige verbindlich interpretieren konnte. Und weil es eine richtige Antwort auf alle Fragen gab, war es vom sozialistischen Standpunkt aus gesehen vernünftig, dafür zu sorgen, daß die Gerichte sie auch finden würden.

Ich brauche mir nur vorzustellen, daß Gerichte nicht die Aufgabe haben, Streitfälle zu entscheiden, sondern, sagen wir einmal, Brücken zu bauen. Dann wäre die Arbeitsweise der DDR-Justiz – die Richtlinien und Anweisungen, die Berichterstattungspflicht, das Inspektionssystem – plötzlich verständlich. Um Brücken zu bauen, braucht man nicht Unvoreingenommenheit und Fairness, sondern Sachverstand, einen Plan, Qualitätskontrollen. Brückenbau muß nicht gerecht, sondern sachlich richtig sein. Auch der DDR-Rechtsprechung lag weniger an individuell gerechten als an gesellschaftlich richtigen Lösungen. Daher der aufwendige Kontrollapparat. Wenn eine Arbeit richtig gemacht werden soll, muß man den Ausführenden genau auf die Finger sehen.

Es war in diesem System unrealistisch, sich über zu große Anpassungsbereitschaft der Gerichte zu beklagen. Sie war

Teil eines Rechtsverständnisses, nach dem die richtigen Antworten auf alle Fragen zentral bestimmt werden konnten. Das Bemühen der DDR-Gerichte um größere Neutralität, vor allem in den achtziger Jahren, verriet daher auch, daß sozialistische Richter an der Allwissenheit der Partei zu zweifeln begonnen hatten. Dann blieb ihnen in der Tat nichts übrig, als ihr Heil zunehmend statt in richtigen Antworten in formaler Genauigkeit und der sorgfältigen Beachtung von Verfahrensvorschriften zu suchen. Mit dem Verlust an ideologischem Vertrauen wuchs natürlich auch die Sorge der Partei um ihre eigene Autorität. Wurde das politische Klima am Gericht in den letzten Jahren besser oder schlechter? frage ich Herrn Beckert. «Schlechter!» sagt er. Und: «Was meinen Sie, was ich erlebt hätte, wenn ich ohne Parteiabzeichen in die Dienststelle gekommen wäre!»

Obwohl mit dem Parteiabzeichen jetzt auch alles andere den Bach hinuntergeschwommen zu sein scheint, hat Herr Beckert neuen Boden unter den Füßen gewonnen: Ehrlichkeit mit sich selbst. Warum er eigentlich Jurist geworden sei, will ich zum Abschied noch wissen. Weil nur bei den Juristen und den Lehrern Studienplätze frei gewesen waren. Damals schien Jura die bessere Wahl. Aber eigentlich hatte Rudi Beckert Musik studieren wollen.

25. Oktober 1990

Im Plenarsaal des Verwaltungsgerichts in Westberlin, wo heute abend eine Diskussion zum Problem der Übernahme von DDR-Richtern in den Berliner Justizdienst stattfinden soll. Einer der West-Lehrer in der Littenstraße hatte mich auf das Ereignis aufmerksam gemacht. Er war, wie viele seiner Richterkollegen, trotz seiner Bereitwilligkeit, bei der Umerziehung mitzuhelfen, skeptisch. Auf beiden Seiten der Debatte, bei den Befürwortern wie den Gegnern einer großzügigen Übernahme-Praxis, schlagen die Gefühlswogen hoch. Merkwürdigerweise kann ich selbst bei West-Kollegen, die ich kenne, nicht voraussagen, ob sie für oder gegen die Weiterverwendung ehemals sozialistischer Juristen im Rechtsstaat sind. Die üblichen Einordnungskriterien – rechts oder links, Theoretiker oder Praktiker – versagen bei dieser Auseinandersetzung ihren Dienst. Am ehesten, habe ich gefunden, läßt sich noch aus dem Alter eines Gegenüber erraten, ob er für oder gegen die Ossis sprechen wird. Die Jungen sind kompromißloser, moralbetonter; erklären, die laxe Haltung gegenüber alten Nazis nicht wiederholen zu wollen. Die Älteren sind Ansprüchen einer reinen Lehre gegenüber skeptisch; können auch auf genug Fehler im eigenen Leben zurückblicken. Auf jeden Fall bin ich neugierig auf die heutige Debatte.

Die Redner sind Dr. Karl-Heinz Beyer, bis vor drei Wochen noch Senatsvorsitzender am Stadtgericht in Ostberlin, und Professor Horst Sendler, Präsident des Bundesverwaltungsgerichts. Beide sind mir vom Hörensagen schon bekannt. Dr. Beyers Name fiel immer wieder in Gesprächen mit Richtern in der Littenstraße. «Sie müssen mit Dr. Beyer reden!» oder: «Dr. Beyer hätte bei so etwas nie mitgemacht», oder: «Dr. Beyer war unser aller Vorbild.» Ich kann mich nicht erinnern, in einer großen Institution je so einhellig Positives über einen Menschen gehört zu haben. Und auch von Prof. Sendler habe ich durch einen früheren Mitarbeiter ein gutes Bild. Ein kluger, warmer, offener, streitlustiger Mann, so der Bericht; jemand, der aus der eigenen Kraftfülle noch viel Kraft für anderes übrig hat. Bei einem guten Mann auf jeder Seite müßten Ost und West sich eigentlich verständigen können.

Das umstrittene Thema hat heute abend ein volles Haus zusammengebracht. Gut 120 Leute, schätze ich, die meisten Männer; schon am Schnitt ihrer Anzüge als Wessis zu erkennen. Dazwischen ein paar Klüngel von Ost-Richtern: jünger, bunter, studentenhafter als ihre West-Kollegen und natürlich auch mehr Frauen darunter. Dr. Beyer spricht als erster. Er ist jetzt im Vorruhestand; persönlich betrifft ihn die Sache nicht mehr. Aber ich merke bald, daß er um seiner jungen Kollegen willen gekommen ist. Dies sind «bemühte, vernünftige und kundige junge Leute», sagt er, und: «Diese Generation ist etwas wert!» Wie kann er die Wessis davon überzeugen?

Indem er genau und ehrlich die Situation eines Richters in der DDR beschreibt, muß Dr. Beyer sich gedacht haben. Vielleicht sind, wenn man konkret die Umstände darlegt, unter denen DDR-Richter operierten, die realen Abhängig-

keiten verständlicher als die aus einer Mischung von Igno-
ranz und berechtigtem Argwohn nur vermuteten. Eine optimistische Strategie, denke ich. Eine katastrophale Strategie,
wie sich sehr bald herausstellt.

Dr. Beyer beginnt mit der Prämisse der DDR-Rechtsprechung, die ich schon kenne: «Unabhängig von Weisungen,
abhängig vom gesellschaftlichen Richterbild.» Das wurde
«weitgehend in der Richterschaft akzeptiert». Aber innerhalb dieses Rahmens arbeiteten zwei Drittel der Richter,
sagt er, «im toten Winkel der großen Politik». Ihr Alltag wurde von der Arbeit und den Mühen einer überbürokratisier-
ten Wirtschaft geprägt. In diesem Rahmen «haben sie Recht
nicht verbogen, sondern durchgesetzt». In Dr. Beyers vierzig
Jahren im Familien- und Zivilrecht habe es nicht einen einzigen Fall gegeben, in dem jemand von außen in seine Entscheidung eingegriffen hätte. «Wenn Sie mir das glauben
wollen ...», fügt er hinzu, weil er die skeptischen Gesichter
vor sich gesehen haben muß. Eine leise kollektive Rastlosig-
keit im Saal verrät, daß nicht viele ihm glauben wollen. Dr.
Beyer nimmt einen neuen Anlauf. Was es an institutionellen
Einflußnahmen gegeben habe, habe vor allem der Verbesserung der Qualität der richterlichen Arbeit gegolten, sagt er.
«Eine Entscheidung mußte richtig sein!» Daher das Informa-
tionsnetz der Wochenmeldungen, die Zusammenarbeit mit
dem «Konsultationspartner». Unruhe unter den Zuhörern
bei dem Wort «Konsultationspartner». Dr. Beyer ignoriert
sie, versucht, die Notwendigkeit guter Zusammenarbeit zwischen Obergericht und Untergericht an einem konkreten
Fall zu illustrieren. Zum Beispiel an der Verurteilung der
Skinheads, die bei der Schlägerei in der Zionskirche in Berlin im November 1987 beteiligt waren. Deren «viel zu milde»
Strafen wurden auf die Berufung des Staatsanwalts hin in
der nächsten Instanz verdoppelt. Die Richter am Stadtbezirksgericht waren ganz erstaunt gewesen: Wir hatten das
doch so mit dem Stadtgericht und dem Obersten Gericht
beraten? Aber die Anleitung hatte eben nicht richtig funktioniert!

Um Himmels willen, denke ich. Er hätte für seine Zwecke
kein schlimmeres Beispiel finden können. Die Vorstellung,
daß eine Gerichtsentscheidung nicht primär dem Einzelnen

gerecht werden, sondern für die Gesellschaft richtig sein soll, muß für westdeutsche Richter doch vor allem im Strafrecht unannehmbar sein, in dem, unserer Meinung nach, die Strafe so genau wie möglich der Verantwortlichkeit des Täters entsprechen soll. Warum ist Herr Beyer nicht bei Zivil- oder Familienrechtsfällen geblieben, an denen er seinen West-Zuhörern die anderen Zielvorstellungen sozialistischer Richter weniger anstößig hätte erläutern können? Aber Dr. Beyer kämpft sich weiter durchs ideologische Gestrüpp. Die Unterrichter schätzten die Anleitung durch Argumente, sagt er. Sie wollten lieber übergeordnete Richter als andere um Rat fragen. Die Verantwortung für die Entscheidung blieb ja bei ihnen. «Ich selber habe das doch hundertmal gemacht.» Lautes Gemurmel im Saal.

Es nützt auch nichts, daß Dr. Beyer zugibt, jetzt eingesehen zu haben, daß auch Anleitungen ein Eingriff in die richterliche Unabhängigkeit sind. Spöttisches Lachen, als er berichtet, Konsultationen seien nach der Wende eingestellt worden. Noch ein letzter Versuch, die Lernbereitschaft und den Rechtsstaatshunger seiner jungen Kollegen zu beschreiben, die den Zusammenbruch des Sozialismus ja längst erkannt und akzeptiert hätten. «Ich sehe überhaupt nicht, wie ihre Weiterbeschäftigung die demokratische Justiz gefährden kann», sagt Herr Beyer noch tapfer in die feindselige Skepsis hinein, die ihm entgegenschlägt. Er ist am Ende seines Vortrags angelangt. Gerade noch höflicher Beifall.

Ein Fiasko. Hätte es sich vermeiden lassen? Ich bin überzeugt, daß fast alle West-Richter in diesem Raum davon ausgehen, daß DDR-Richter im Grunde dieselben Aufgaben hatten wie sie selbst, und daß sie diese Aufgaben nur voreingenommener, unreflektierter und duckmäuserischer ausführten, als sie es von einem der ihren je für denkbar halten würden. Diese Gleichsetzung – Richter gleich Richter – scheint mir, hätte Herr Beyer attackieren müssen. Er hätte versuchen sollen, seinen Zuhörern zu erklären, wieviel näher ein DDR-Richter der Verwaltungsarbeit, vor allem der Sozialarbeit stand als sein Kollege in der Bundesrepublik. Er hätte die Richterprofile vergleichen sollen: im Westen gereifte Herren der oberen Mittelklasse, mit langjähriger Ausbildung, gutem Einkommen und hohem Sozialstatus; im Osten rund die Hälfte weiblich und unter fünfunddreißig, mit halb so vielen Ausbildungsjahren wie ihre West-Kollegen und mit dem Gehalt von Busfahrern oder Postbeamten. Die Tatsache, daß Richter in beiden Deutschlands eben nicht das gleiche taten, oder doch nur teilweise das gleiche, und daher jetzt weniger um- als neulernen müssen, scheint mir wichtig nicht nur für die moralische Beurteilung ihres Verhaltens in der DDR, sondern auch für ihre Verwendbarkeit im Rechtsstaat.

Als Herr Sendler jetzt sein Plädoyer für eine entgegenkommende Übernahme-Praxis unternimmt, merke ich allerdings, daß auch er nicht aus der Einsicht in die Verschiedenartigkeit der Rechtssysteme argumentiert, sondern aus der Wärme einer großzügigen Natur heraus. So bleibt ihm wirklich nur der Appell an die Menschlichkeit seiner Zuhörer, an die politischen Kosten einer Ausgrenzung der Ost-Richter und an unser aller Fehlbarkeit, die uns unter gleichen Umständen nicht hätte anders handeln lassen als diejenigen, die wir jetzt verurteilen. Wir müssen «integrieren statt ausgrenzen», sagt er. Jeder solle sich selbst befragen, ob seine Abwehrhaltung vielleicht vom «Futterneid der Arrivierten» bestimmt werde. Wir dürften unsere Ost-Kollegen «nicht in die falschen Arme treiben». Vor allem müßten wir jedem «Lernfähigkeit, auch in moralischer Hinsicht», zugestehen. Auch als Professor Sendler fertig ist, nur höflicher Beifall.

Und jetzt die Diskussion. Aber niemand meldet sich. Es können doch nicht alle einverstanden sein? Der Veranstaltungsleiter schlägt eine Pause von zehn Minuten vor: zum Gedankensammeln. Aber auch nach der Pause abwartendes, fast bockiges Schweigen im Saal. Ein paar Willige melden sich schließlich doch noch, aber ihre Bemerkungen widersprechen den beiden Hauptrednern eigentlich nicht. Westdeutsche Gastrichter brauchen die Ost-Kollegen, um den sozialen Hintergrund von Rechtsstreitigkeiten in den neuen Ländern verstehen zu können, sagt ein junger westfälischer Richter, der jetzt in Potsdam arbeitet. Am besten wäre ein Austausch von Richtern zwischen West und Ost, sagt ein anderer Gastrichter, jetzt in Gera. Professor Sendler ergreift noch einmal das Wort. «Ich würde für keinen hier im Raum meine Hand ins Feuer legen wollen, keinen», sagt er eindringlich. «Mich selbst nicht ausgeschlossen.» Immer noch kein Widerspruch.

Unzufrieden mache ich mich auf den Weg zur S-Bahn.

23. November 1990

Ich nutze eine Reise nach Hamburg aus, um Professor Hein Kötz zu besuchen, Direktor am Max-Planck-Institut für Rechtsvergleichung und Internationales Privatrecht, der mit dabei war, als vorigen Monat eine Gruppe von rund zwanzig Wissenschaftlern im Auftrag des westdeutschen Wissenschaftsrats das Institut für Rechtswissenschaft an der Akademie der Wissenschaften in Ostberlin begutachtete. Bis zum 1. Februar dieses Jahres hieß es noch «Institut für Theorie des Staates und des Rechts». Der «Staat» ist jetzt nicht nur aus dem Namen verschwunden. Von der Evaluierung durch Herrn Kötz und seine Kollegen wird abhängen, ob jedenfalls das Institut überleben wird.

Draußen dämmert es schon. Auf Herrn Kötz' Schreibtisch wartet ein Porzellanstövchen mit blauweißer Teekanne, daneben zwei Tassen. Die Stövchenkerze flackert. Aber Hein Kötz' Bericht ist alles andere als gemütlich. Einen Tag lang war er an der Akademie, und er ist immer noch ganz aufgeregt, wenn er darauf zu sprechen kommt. «Schrecklich», sagt er, «einfach schrecklich.» Die Arbeit miserabel, die vorgelegten Forschungspläne für die Zukunft indiskutabel. Die wollen etwas über Japan machen, können kein Japanisch, waren nie im Lande! Können sie Englisch, will ich wissen. «Gott, nur nicht fragen.» Professor Kötz erwartet nichts von den Ostberlinern. «Alles weg!» sagt er immer wieder.

Ich kenne Hein Kötz schon lange und weiß, daß er lieber den Bürgerschreck spielt als den erschrockenen Bürger. Es müsse doch auch brauchbare Wissenschaftler am Institut geben, wende ich also ein; kein Grund anzunehmen, daß die Intelligenzquotienten drüben niedriger gewesen seien als hier. Sollen sie an die ostdeutschen Universitäten gehen, sagt Herr Kötz. Aber die nehmen doch nur Leute aus dem Westen! Ja, das kann er auch nicht ändern.

Ich gebe zu erwägen, ob man den Wissenschaftlern in der DDR, vor allem den jungen, nicht einen Hoffnungsbonus geben müsse. Das System habe nicht gute, sondern schlechte Arbeit gefördert. Brauchten DDR-Juristen jetzt nicht eine schöpferische Pause, in der sie zeigen könnten, wozu sie fähig sind? Aber Hein Kötz sieht keinen Grund, für vage Hoffnungen auf künftige Produktivität knappe Forschungsgelder auszugeben. Ich finde es nicht einfach, ihm zu widersprechen. Wenn ich an die Dürftigkeit der Diskussion in den juristischen Zeitschriften der DDR denke – an die ständig wiederholten politischen Floskeln; das Fehlen von Widerspruch und Kritik; den Mangel an Präzision, an Empirie, an praktischen Beispielen, sogar an Zitaten zum eigenen Fallrecht –, scheint die Rechtswissenschaft in der ehemaligen DDR wirklich kein vielversprechendes Investitionsobjekt. Was galt zum Beispiel als Rechtsvergleichung? Die Beiträge unter dem Titel «Staat und Recht im Imperialismus» in der *Neuen Justiz* (eine der zwei, oder, wenn man sehr großzügig rechnen will, fünf juristischen Zeitschriften im ganzen Lande), in denen auch Leute aus dem jetzigen Institut für Rechtswissenschaft unter Titeln wie «Das historische Schicksal der Lehre von der Gewaltenteilung» oder «Die Klassenauseinandersetzung um den Abbau der gewerkschaftlichen Rechte in den USA» den unausbleiblichen Untergang bürgerlicher Insitutionen voraussagten. Oder die Rubrik «Bei anderen gelesen», ebenfalls in der *Neuen Justiz,* in der – gelegentlich aus Bruderzeitschriften wie der *Humanité* oder dem *Morning Star,* aber vorzugsweise direkt aus dem Bulletin des Presse- und Informationsamtes der Bundesregierung – unerfreuliche und im Rechtsstaat leicht zugängliche Fakten über den Kapitalismus zusammengetragen wurden.

Natürlich gab es auch ehrgeizige Arbeiten. Aber eigenes Denken mußte im Wissenschaftsbetrieb der DDR so vorsichtig zwischen den Zeilen versteckt werden, daß die schöpferische Energie des Schreibenden sich hauptsächlich auf das Unterlaufen des Zensors zu richten schien. So wog die Verpackung weit mehr als das, was sich am Ende als Erkenntnis herausschälen ließ. DDR-Rechtswissenschaftler – wenigstens in der Literatur – schienen eifrig damit beschäftigt, die Matratzen aufzutürmen, damit die Prinzessin Partei die Wahrheitserbse nicht spüren würde, die ganz unten versteckt war. Aber selbst wenn die Täuschung gelang, ließ sich als Resultat eben doch nur eine kleine Erbse vorzeigen.

Trotzdem bin ich mit Herrn Kötz' «Alles-weg»-Radikalkur nicht einverstanden. Zum einen ist dies immerhin eine Wiedervereinigung: was für die eine Seite recht ist, müßte für die andere Seite billig sein. Wie viele westdeutsche Forschungsinstitute – das Max-Planck-Institut nicht ausgenommen! – würden bei einer gründlichen Evaluierung durch den Wissenschaftsrat nicht Unmengen längst erkalteter Schlacke zutage fördern? Alle, gibt Herr Kötz mir zu. Zum anderen dürfe man nicht vergessen, daß es hier um lebendige Menschen gehe; um zehn, zwanzig, dreißig Jahre ihres Lebens, die sich nicht mehr zurückholen lassen. Wie kann man – an einem einzigen Tag – auch das kritikwürdigste Lebenswerk anderer einfach abtun? «Ja, hätten wir drei Tage brauchen sollen?» fragt Hein Kötz irritiert.

2. Dezember 1990

Erster gesamtdeutscher Wahltag und Sonntagnachmittagskuchen bei Professor Hermann Klenner und seiner Frau in Ostberlin. Anders als die allermeisten seiner juristischen Kollegen müßte Hermann Klenner jetzt eigentlich fein raus sein. 1958, nach der berüchtigten Babelsberger Konferenz, wegen Revisionismus für zwei Jahre als Bürgermeister in den Oderbruch verbannt; 1968, nunmehr als «Rückfälliger», noch einmal in die Wüste geschickt (diesmal von der Humboldt-Universität an das Zentralinstitut für Philosophie an der Akademie der Wissenschaften), dazu Rechtsphilosoph und Historiker (der also Tagesfragen, zum mindesten dem Anschein nach, umgehen und bei den großen Geistern der Vergangenheit Zuflucht suchen konnte), hat Hermann Klenner es geschafft, seinen akademischen und moralischen Ruf auch über den Untergang der DDR hinüberzuretten. Dabei war er, wie besonders aufsässige und brillante Sprößlinge es oft sind, gleichzeitig Sorgenkind und Liebling des Systems; nicht nur gescholten und in die Ecke gestellt, sondern auch gelobt und gefördert: Reisekader (wenn auch mit Unterbrechungen), Vorzeige-Intellektueller, mit Ämtern bedacht (auch wenn sie ihm wieder weggenommen wurden), sogar

Nationalpreisträger. In dem Hin und Her hat er sich mehr Kontakt mit Entwicklungen im Westen und mehr geistige Unabhängigkeit bewahren können als die allermeisten anderen Juristen in der DDR. 1986, anläßlich einer Savigny-Tagung in Kalifornien, hatte er auch meine Law School in Texas besucht. Einer meiner Kollegen bat Hermann Klenner damals, zu den Studenten seiner Verfassungsrechtsvorlesung zu sprechen. «Das ist kein Sozialist», sagte der Gastgeber hinterher zu mir, angetan, aber auch ein bißchen enttäuscht. «Das ist ein ganz normaler Liberaler!» Klenner würde bestimmt widersprochen haben. Trotz allem gehörte er dazu, fühlte sich – auf seine bissige Weise – dem System verbunden. Ich kann mich noch gut an ein Gespräch Ende November 1989 erinnern. Was soll denn nun aus dem sozialistischen Rechtssystem werden, fragte ich damals. «Jetzt fangen wir erst richtig an!» sagte Hermann Klenner wie jemand, der in die Hände spuckt, um einen Karren aus dem Sand zu schieben.

Die Klenners wohnen am Prenzlauer Berg, in einem nur auf den ersten Blick unscheinbaren Vorkriegsmiethaus: es ist von Taut entworfen, und wenn man über bröckelnden Putz und schmuddelige Farbe hinwegsieht, erkennt man es auch an der mageren Grazie seiner Linien. In der Wohnung kein Fleckchen an der Wand, das nicht mit Büchern vollgestellt wäre. Zum Teil stehen sie schon doppelt, aber er habe ein System, sagt Hermann Klenner, um sich zurechtzufinden.

Wir kommen auf die Akademie zu sprechen. Hermann Klenner ist böse über die rücksichtslosen Inspekteure des Wissenschaftsrats. Wenn der Vorsitzende, Professor Dieter Simon aus Frankfurt, schon Wochen vor dem Gutachterbesuch in der *FAZ* mit deutlicher Spitze gegen die Juristen schreiben konnte, daß «überflüssig gewordenen Experten die Möglichkeit verbaut werden müsse, durch Umetikettierung und semantische Korrekturen anderswo dringend benötigte Ressourcen an sich zu ziehen», und daß daher am besten «auf Überleitungen aller Art zu verzichten» sei,[9] könne von einer unvoreingenommenen Evaluierung keine Rede mehr sein. Und wenn bei dieser Haltung dann nur ein Tag gebraucht werde, um über das Institut für Rechtswissenschaft den Stab zu brechen, habe das Ergebnis offenbar schon vorher festgestanden.

Trotzdem scheint Hermann Klenner der Akademie, immerhin seit über zwanzig Jahren sein Unterstand im politischen Wechselwetter, nicht nachweinen zu wollen. Aber er will Respekt und Gerechtigkeit für die Mitarbeiter – bei den Juristen seiner Schätzung nach ein gutes Drittel –, die auch im Sozialismus fundierte und interessante Arbeit geleistet hätten. So widerspricht er meinem Vorschlag, auch solchen Akademie-Mitgliedern eine Atem- und Hoffnungspause einzuräumen, deren bisherige Arbeit nicht sonderlich beeindruckt habe. Warum denn nur? Weil sich im Sozialismus kaum gute Arbeit machen ließ, sage ich, und weil zum mindesten die Jungen Zeit brauchten, um jetzt ihre eigenen Fähigkeiten kennenzulernen und unter Beweis zu stellen. Nein, das will Hermann Klenner nicht gelten lassen. Richtiges Forschertalent bräche immer durch. Die Dürftigkeit der vergangenen Jahre sei keine Entschuldigung für schlechte Leistung. Zur Not hätte man eben für die Schublade schreiben müssen.

Ich glaube nicht, daß er recht hat. Gute wissenschaftliche Arbeit muß gelernt werden: durch Lesen, Vorbilder, Diskussion, Kritik, Widerspruch, Freude an eigenen Erfolgen. Dazu braucht man Zugang zur Literatur, öffentliche Debatten, kritische Leser, unabhängige Verlage – Meinungsfreiheit. Ich stelle mir einen jungen Juristen vor, der in der DDR an seiner Dissertation arbeitet – nicht, wie Hermann Klenner, in einer windgeschützten Ecke wie Rechtsgeschichte oder Philosophie, sondern auf einem Gebiet nahe am Zentrum der Macht: im Strafrecht, Wirtschaftsrecht oder Verwaltungsrecht. Für den viele Fragen tabu sind und viele Antworten bereits amtlich feststehen. In dessen Universitätsbibliothek westliche Literatur, wenn überhaupt, nur im «Giftschrank» zu finden ist, zu dem man nur mit besonderer Genehmigung Zugang hat. Der weder in den Westen reisen noch mit westlichen Wissenschaftlern Kontakt halten darf. Für den es selbstverständlich ist, daß man bei mündlichen Prüfungen sein FDJ-Hemd trägt. Und dem bekannt ist, daß seine Dissertation zum mindesten auch nach ihrer «Verarbeitung sowjetischer Erfahrungen» und der «Auseinandersetzung mit bürgerlichen Auffassungen» beurteilt werden wird. Wie sollen dieser junge Mann oder diese junge Frau gute wissenschaftliche Arbeit lernen? Der Druck von außen kann sich doch am eigenen Schreibtisch nicht einfach abschütteln lassen.

Auch das in der DDR für die Schublade Geschriebene zeigt, wie mir scheint, die Spuren der Schere im Kopf. Jetzt, wo diese verbotenen Artikel mit vielen Jahren Verspätung gelegentlich veröffentlicht werden, wird deutlich, wie in Zeiten allgemeiner Ängstlichkeit das neu definiert wird, was als Mut zu gelten hat. Auch von Hermann Klenner ist vor kurzem ein Schubladenartikel erschienen: »Gesetzgebung und Gesetzlichkeit», ein Aufsatz aus dem Jahre 1956 über die Notwendigkeit, auch die Arbeit des sozialistischen Gesetzgebers durch Vorschriften über die Verteilung von Gesetzgebungskompetenzen oder die Rangordnung von Normen an gewisse Regeln zu binden. Die Zeitschrift *Staat und Recht,* die den Aufsatz damals zurückwies, hat ihn jetzt, ein Vierteljahrhundert später, da es ihr selbst bald an den Kragen gehen wird, veröffentlicht.[10] Aber es geht mir mit diesem Aufsatz ebenso wie mit anderen Schubladenartikeln, die jetzt wie vergilbte Photographien von längst vergangenen Aufregungen zeugen: wenn mir nicht vorher angekündigt worden wäre, daß ich im Begriff sei, etwas Aufrührerisches und Riskantes zu lesen, würde ich es kaum bemerkt haben. So muß ich den Text zweimal lesen, um zu erraten, warum seine Veröffentlichung damals einem besorgten Redaktionskollegium zu gewagt erschien. Auch hier ist die Kritik an den herrschenden Zuständen zu diskret, zu sehr auf Randerscheinungen ausgerichtet. Klenner plädiert zwar für eine Gesetzgebung, die sich an Regeln hält. Aber auch diese Regeln hätten es dem sozialistischen Bürger nicht erlaubt, sich mit Hilfe des Rechts gegen den Staat zur Wehr zu setzen. Auch Hermann Klenner wollte nicht an der Gewalteinheit rütteln. Auch er wußte damals zu gut, wer die Macht hatte. Wenn er heute glaubt, daß «Qualität» die Zauberformel ist, mit der sich bei der Beurteilung seiner Kollegen die Spreu vom Weizen scheiden lasse, scheint mir dieser Glaube auch ein Zeichen dafür zu sein, daß selbst jemand wie Hermann Klenner das Ausmaß der vom Sozialismus angerichteten geistigen Verheerung nicht zugeben kann.

3. Dezember 1990

Herr Beckert gab mir neulich die Namen zweier junger Kolleginnen vom Obersten Gericht, die jetzt zusammen in Ostberlin ein Anwaltsbüro eröffnet hätten und mit denen ich mich einmal unterhalten solle. Natürlich steht das Büro noch nicht im Telefonbuch. So mache ich mich zu Fuß auf den Weg in die Scharnhorststraße, in einem unentschlossen häßlichen Winkel hinter der Charité: Baustellen, Wohnsilos, noch immer ungenutzte ehemalige Ruinengrundstücke und an einer Ecke, als West-Beitrag zum Quartier, ein Beate-Uhse-Schuppen. Das Büro selbst, in einem niedrig gebauten Steinklotz neben dem alten Regierungskrankenhaus, ist nicht gleich zu finden. An der Straße verweist ein Anwaltsschild auf einen Seiteneingang. Dahinter ein kahler Flur. Alles riecht nach Farbe. Aber da entdecke ich eine Bleistiftnotiz, die auf den 2. Stock verweist. Hier macht mir eine große, schlanke junge Frau auf, die sich nicht als Sekretärin, sondern als Dr. Ilona Maria Eichhorn entpuppt und mich gleich in ihr nagelneues Büro führt. Frische weiße Wände, Sparmöbel, ein Poster an der Wand, ein paar Pflanzen. Alles sieht billig, hübsch und voller Hoffnung aus.

Frau Eichhorn war nicht lange am Obersten Gericht. Wie viele andere hatte sie eigentlich Anwältin werden wollen. Warum? Weil sie den schwarzen Talar schick fand (den man zwar nicht in der DDR, aber im West-Fernsehen trug), weil sie an Naturwissenschaften nicht interessiert und zum Lehrerberuf zu ehrgeizig war und weil ihre Zeugnisse gut genug waren, so daß sie auch als Intelligenzkind ohne Schwierigkeiten einen Studienplatz bekommen konnte. Das juristische Studium fiel Frau Eichhorn leicht. Aber dann gab es bei den Anwälten keinen Platz, und die junge Diplomjuristin wurde zur Justiz «gelenkt». Dreimal versuchte Frau Eichhorn, aus dem Richterdienst in die Universität oder die Wirtschaft auszubrechen. Einmal hatte sie sogar schon einen schriftlichen Vertrag mit der Humboldt-Universität in der Tasche. Aber jedesmal scheiterten die Pläne daran, daß sie von der Justiz nicht freigegeben wurde. Es gab zuwenig

Richter. So schloß Frau Eichhorn schließlich ihren Frieden mit dem Obersten Gericht, zumal ihr Vertrag ihr auch erlaubte, zu promovieren. Es gab viel zu tun. Zwar hatte man kaum Kontakte mit Leuten in anderen Senaten. «Ein merkwürdiges Kollektiv», sagt Frau Eichhorn. Aber man versuchte, mehr juristische Qualität in die Urteile zu bringen, «das stand auf dem Tapet», und Frau Eichhorn machte die Arbeit Spaß.

Dann kam Gorbatschow, die Empörung über das *Sputnik*-Verbot, der geistige und politische Aufruhr von 1989. War es ein gutes Jahr? Nein, ein schreckliches Jahr. So viele Diskussionen, so viel Streit; die jungen Leute im Zank mit den alten; die schlimmen Rehabilitierungssachen, die jetzt auf sie zukamen, zusammen mit der wachsenden Einsicht, daß das, was man erst als West-Propaganda abgetan und dann, mit Abstrichen, vielleicht doch für möglich gehalten hatte, in Wirklichkeit immer noch viel schlimmer gewesen war.

Man stritt sich um die Notwendigkeit und die Möglichkeit von Reformen; fühlte sich mutig, wenn man die *Neue Zeit* offen auf dem Schreibtisch liegen hatte; geriet sich politisch so sehr in die Haare, daß es am Gericht manchmal fast zu Tätlichkeiten kam. Und dann stellte sich heraus, daß die Stellungen, die man heldenmütig zu riskieren geglaubt hatte, ohnehin verloren waren, daß das System, das man sanieren wollte, schon lange verrottet war und daß man nicht an der Spitze einer Bewegung stand, sondern nutzlose und alberne Nachhutscharmützel in ihrem Schatten focht. Zum Schluß, als viele der Alten schon das Oberste Gericht verlassen hatten, war Frau Eichhorn nur noch geblieben, weil irgend jemand ja die Rehabilitierungssachen machen mußte. Nein, kein gutes Jahr.

Ich will Frau Eichhorns Meinung über die Wiederverwendbarkeit sozialistischer Richter im Rechtsstaat hören. Sie will nicht für andere sprechen. Aber sie selbst ist erleichtert, nicht mehr Richterin zu sein. Sie hat sich in der Vergangenheit so bequem auf ihre Arbeit beschränkt, so schnell die Fehler des Systems als Schwächen einiger alter Männer abgetan, sich so unbekümmert darauf konzentriert, «ihren Schreibtisch in Ordnung zu halten», daß sie sich nicht mehr traut. Offensichtlich hat sie Unrecht nicht bemerkt, das auch schon damals klar zu Tage lag. Wer garantiert ihr, daß sie in Zukunft verläßlicheren politischen Instinkt und mehr Rückgrat zeigt? Anwältin ist besser. Sie wollte ja ohnehin schon immer Rechtsanwältin werden. Ihre Zulassung ist zwar noch nicht da. Aber die Gerichte sind jetzt großzügig und erlauben ihr, auch ohne Zulassung schon Parteien zu vertreten. Und die Klienten kommen: die Nähe des Regierungskrankenhauses erweist sich als Plus. Sie und ihre Kollegin werden es schon schaffen.

Nein, Frau Eichhorn ist mit ihrem Schicksal zufrieden.

4. Dezember 1990

Vergangenheitsbewältigung bei den Juristen der Humboldt-Universität in Ostberlin. Die Veranstaltung findet im Senatssaal im 1. Stock statt, einem Raum von gedämpfter Vornehmheit: Parkettfußboden, eine holzverkleidete Empore für die Professoren, ein großer Flügel, Pflanzenschmuck. Der Saal ist brechend voll. Die Professoren vom Fachbereich sind alle da; Leute vom Mittelbau, Gäste von der Freien und von der Technischen Universität in Westberlin und vor allem Studenten, von denen viele schon stehen müssen. Niemand setzt sich auf die leeren Professorenstühle der Empore.

Professor Rosemarie Will spricht die Einführungsworte. Sie ist die umstrittene Dekanin des Fachbereichs Rechtswissenschaft der HUB. Im Westen mißtraut man ihr wegen ihres Werdegangs: natürlich SED; bis zum Finanzskandal auch Angehörige der PDS; Mitglied des «Dritten Wegs» (einer Gruppe von SED-Außenseitern, die schon vor der Wende nach einer grundsätzlichen Reform des Sozialismus suchten) und während der Wende dann am Runden Tisch beteiligt. Zu diesem Lebenslauf paßt in den Augen ihrer Kritiker auch Frau Wills jetzige Haltung. Sie will die DDR-Vergangenheit nicht einfach abschreiben, sondern austilgen, was verdorben ist, übernehmen, was brauchbar ist, aus Fehlern lernen und die geistige Erneuerung ihrer Fakultät unter Einbeziehung der Betroffenen selbst zuwege bringen. Vor allem Frau Will ist es zu verdanken, daß der juristische Unterrichtsbetrieb an der Humbold-Universität schon völlig umgekrempelt worden ist. Neue Lehrpläne führen ehemalige DDR-Studenten in westdeutsches Recht ein, wobei die Studenten des 4. und letzten Studienjahrgangs, die als einzige noch im nächsten Sommer nach der alten DDR-Studienordnung ihr Examen machen werden, besonders viel aufzuholen haben. Sie werden daher auch vorzugsweise von den vielen westdeutschen Gastprofessoren unterrichtet, die auf Einladung von Frau Will jetzt an der HUB durch die Gänge schwärmen. Die Humboldt-Juristen ihrerseits assistieren den West-Kollegen, hören selber mit, unterrichten die jüngeren Jahrgänge, in deren Köpfen weniger umzumodeln ist, oder konzentrieren sich aufs Abendstudium. Die älteren unter ihnen kramen die BGB-Kenntnisse hervor, die sie vor dem Erlaß des ostdeutschen Zivilgesetzbuches von 1975 auch in der DDR noch gebraucht hatten. Und alle lernen, lernen.

«Ja, wenn Rosi Will nicht wäre ...», höre ich überall, wo Juristen sich über die Zukunft der Humboldt-Universität unterhalten. Manchmal klingt es gedehnt: wenn Rosi Will nicht wäre, würde vieles einfacher sein: weniger Aufregungen, weniger Anstrengungen, das Ruder selbst in die Hand zu bringen. Im Westen klingt es scharf: wenn Rosi Will nicht wäre, könnten sich Ostberliner Rechtswissenschaftler nicht länger der Illusion (oder auch nur der Ausrede?) hingeben, sich tatsächlich am eigenen Schopfe aus dem Sumpf ziehen zu wollen. Bei Professoren und Studenten der Humboldt-Universität klingt der Satz auch dankbar: «Ja, wenn wir Rosi Will nicht hätten», gäbe es kaum noch Hoffnung, an der HUB zu überleben, geschweige denn das selbst angerichtete Schlamassel auch wieder selbst in Ordnung zu bringen. Auch Frau Will weiß oft nicht weiter. Dies ist ungewohntes Terrain für sie; dauernd muß sie lavieren, überreden, abblocken, anordnen, vermitteln, und immer ist sie von der Berliner Senatsverwaltung abhängig, in der nur wenige ihre Mühen mit Sympathie beobachten. Und die Spielregeln sind neu. «Ich kann nicht sagen, was alles man in dieser neuen Gesellschaft mit Geld steuern kann», hörte ich sie neulich auf die Frage eines Studenten nach dem Zusammenhang zwischen der Haushalts- und der Universitätspolitik des Senats antworten. Auch mit der eigenen Vergangenheit kann Rosi Will nicht immer zufrieden sein. «Ach, ich habe ja mitgemacht», sagte sie einmal traurig. Was nicht heißt, daß sie jetzt nicht für das kämpfen soll, was sie für richtig hält. Und sie kämpft: hartnäckig, rigoros, mit gesundem Menschenverstand und einer fast kindlichen Direktheit und Unverblümtheit, die Wessis entweder verprellt oder in ihren Bann zieht. Jetzt sitzt sie also im roten Pullover am Moderatortisch und hofft, daß aus dem heutigen Unternehmen der Selbstbesinnung etwas werden wird.

Es läßt sich nicht gut an. Eigentlich sollten die Professoren des Fachbereichs Rechtswissenschaft sich ja den Fragen ihrer Studenten stellen. Da gäbe es schon einiges zu fragen. Was haben Sie wirklich geglaubt? Welche Kompromisse haben Sie geschlossen? Was haben Sie getan, womit Sie heute besonders unzufrieden sind? Aber keine Frage kommt. Statt dessen meldet sich als erster einer der Humboldt-Juraprofessoren zu Wort. Er möchte «sehr persönliche Anmerkungen» zur Lage machen, sagt er. Aber das Manuskript, das er jetzt aus der Tasche zieht und abliest, ist alles andere als persönlich. Im Gegenteil: wir hören einen sorgfältig komponierten Text, der nicht Sorgen und Hoffnungen beschreibt, sondern «Befindlichkeiten ausloten» und «subjektive Lauterkeit» anstreben will. Nicht: Dies habe ich falsch gemacht. Davor hatte ich Angst. Warum so umständlich? frage ich mich. Ich weiß ein wenig über den Sprecher; er ist mir als bemühter und nachdenklicher Mann beschrieben worden. Ich glaube nicht, daß er sich herausreden will. Vielleicht sind die Umstände, um die es jetzt geht, zu überwältigend, als daß man unverklausuliert über sie sprechen könnte. Vielleicht ist er auch noch in der Zweisprachigkeit der alten DDR gefangen; schafft es nicht, in diesem öffentlichen Forum seine spontane, menschliche, private Sprache zu benutzen. Jedenfalls erreicht er seine Hörer nicht. Zum Schluß kommt noch etwas über «die uns anvertrauten jungen Menschen». Die jungen Menschen klatschen etwas gelangweilt und reserviert.

Kommen nun ihre Fragen? Keineswegs. Zwar steht ein Student auf und liest seinerseits etwas ab, in dem es unter anderem um die Notwendigkeit geht, «Fragen jenseits der Schmerzgrenze zu stellen». Aber nicht hier, nicht von mir, scheint jeder zu denken. So springt, da alles schweigt, einer der West-Professoren in die Bresche. Ich kenne ihn; wir sprachen neulich noch darüber, wieviel lebendiger die Arbeit für ihn an der Humboldt-Universität als an seiner eigenen Hochschule in Westberlin sei, weil hier die Leute betroffener und unverstellter seien und weil hier das, was er anzubieten habe, wirklich gebraucht werde. Ihm liegt das Verstellen nicht. «Ich bin hier bewußt brüsk», erklärte er mir, «weil Zartgefühl in dieser Situation nur dem Takt des Beerdigungsunternehmers gleichkommt.» Auch heute ist er geradeheraus. Er sei gegen all die Mühen um Vergangenheitsbewältigung, sagt mein West-Kollege. Straftaten seien eine Sache für die Staatsanwaltschaft und politisches Unrecht falle in die Zuständigkeit der Ehrenkommission, die jetzt auf Antrag das Verhalten von Fakultätsmitgliedern im Sozialismus überprüft. Im übrigen sei Charakter Privatsache. Die moralischen Ansprüche der Studenten seien peinlich. Nur Leistung dürfe zählen. Für seine Leistungsfähigkeit solle jeder Professor jetzt Beweis erbringen. Leistung sei das einzige Kriterium, das Aussagekraft auch für die Zukunft habe. Die Vergangenheitsbewältigung könne später kommen, «wenn man einmal sehr viel Zeit hat».

Erst zögerndes Gemurmel, dann lebhafter Beifall im Saal. Ich freue mich, daß ein Student widerspricht: mit der Vergangenheit ins reine zu kommen sei doch gerade fürs Weitermachen wichtig! Und übrigens gelte die Forderung nicht nur den Professoren; auch die Studenten müßten «sich an die Nase fassen»! Jetzt scheinen wir auf dem Weg zur Diskussion zu sein. Aber da mischt sich Professor Heckelmann, der Präsident der Freien Universität, ein und steuert den Abend wieder in die falsche Richtung. Er hat andere Sorgen als die Vergangenheit: nämlich die zukünftigen Beziehungen zwischen der Humboldt-Universität und der FU. Wenn die Humboldt-Universität überleben wird, müssen HUB und FU lernen, in einer Stadt zusammenzuleben. Was wird die Rolle der FU in der Symbiose sein? Sie ist sehr viel reicher als die HUB, muß also zugunsten der Ostberliner Gelder sparen. Sie ist überfüllt, will also, daß die Humboldtianer ihren Teil dazu tun, die Studentenmassen zu bewältigen. Also, so Professor Heckelmann, hat die FU auch Interesse an der Juristenausbildung Unter den Linden. Und hier liege das Problem: die Kooperationsbereitschaft der HUB-Juristen sei «nicht übermäßig ausgeprägt». Ratschläge von FU-Vertretern wären «nicht rübergekommen». Das von westdeutschen (aber kaum von Westberliner) Gästen getragene Lehrprogramm sei «ein Flickenteppich»: zu viele bekannte Namen, aber kein gutes Querangebot. Und die von der FU gespendeten Gelder für Buchbestellungen seien falsch ausgegeben worden: «Viel zu wenig Staatsrecht, zu viel Genossenschaftsrecht!»

Mit anderen Worten: Wir wissen es besser, und ihr habt uns nicht gefragt. In einer Beziehung, denke ich, paßt Herrn Heckelmanns Beitrag doch zum Thema: zur Frage nämlich, ob der juristische Fachbereich der Humboldt-Universität seine Reform aus eigener Kraft betreiben kann. Ja, hatte die Dekanin Will gesagt und sich die Gastdozenten, die ihrem Erneuerungskonzept entsprachen, selbst in Westdeutschland zusammengesucht. Nein, sagt jetzt Professor Heckelmann, ihr könnt es nicht allein und tut daher gut, auf uns zu hören. Und bei dem Muster – Wessis erklären Ossis, was zu tun sei – bleibt es heute abend. Ein West-Professor spricht mit fester Stimme davon, daß die Selbstbesinnung «geleistet werden müsse» und zitiert warnend die mangelnde Bewältigung der Nazi-Vergangenheit («Ach, Kinder», seufzt leise eine Frau in der Reihe hinter mir). Ein anderer bemängelt die Fülle des Lehrangebots an der HUB, das mit Tages-, Abend-, Fernstudium und einem Programm für arbeitslose Juristen gar nicht zu bewältigen sei. Ein Gastdozent aus Westdeutschland stellt sich als «Flicken» auf dem bemängelten Flickenteppich vor und verteidigt den HUB-Lehrplan: die Uneinheitlichkeit sei eher ein Gewinn als ein Problem, weil es gut sei, wenn «das Ringen um das richtige Recht» für die Studenten auch sichtbar sei. Langer, warmer Beifall. Und keiner der West-Redner braucht ein Papier, um seine Sache vorzutragen. Alle sprechen entspannt und frei, selbstbewußt, artikuliert, witzig, mit der Leichtigkeit der Herrschenden. »So möchte ich auch einmal reden können», muß jeder Student im Auditorium denken.

Von den Studenten kommt nun nicht mehr viel. Nur einmal, als jemand aus dem 1. Studienjahr bemängelt, er kenne die Vergangenheit seiner BRD-Professoren ja auch nicht, lautes Klatschen. Ein junger Mann im 3. Studienjahr steht schließlich auf und sagt: «So haben wir uns die Diskussion nicht vorgestellt.» Er und seine Freunde machen sich Sorgen. Lernen sie auch genug? Wo nehmen ihre Ost-Professoren ihr Wissen her? Wie sollen die HUB-Studenten durch die Prüfung kommen? Und an einen Vertreter des Justizprüfungsamts gewandt, der zu Beginn des Abends als einer der Westberliner Gäste vorgestellt worden war: wird man im Examen auf ihre Ausbildung im Sozialismus Rücksicht nehmen? Wird es ein «Contergan-Examen» werden, das auf dem Markt nichts zählt? Der Mann vom Prüfungsamt erklärt und beschwichtigt.

So habe ich mir die Diskussion auch nicht vorgestellt.

7. Dezember 1990

Heute ein Besuch im Institut für Rechtswissenschaft an der Akademie der Wissenschaften, von dessen Begutachtung Herr Kötz neulich berichtete. Das Institut liegt nicht, wie das Hauptgebäude, am schönen Platz der Akademie (früher, und sicherlich bald wieder, der Gendarmen-Markt), sondern in der Otto-Nuschke-Straße (die wohl auch bald ihren Namen verlieren wird), einer traurig-düsteren Seitenstraße, von der man über große Fernheizungsrohre zwischen Straße und Bürgersteig steigen muß, um in ein ähnlich trauriges Bürogebäude zu gelangen, in dem die Rechtswissenschaftler jetzt noch ihre Bleibe haben. Im wackligen Fahrstuhl hängen die «Außer-Betrieb»-Schilder, die hier oft benötigt werden, vorsichtshalber schon an einem Haken. Aber heute geht er.

Ich habe mich mit Roswitha Svensson verabredet: Juristin, vierzig Jahre alt, A-Promotion 1977, B-Promotion (die ostdeutsche Habilitation) 1986; dazwischen eine Delegierung in die Parteileitung; 1988 Professorin, seit Juni 1990 stellvertretende Direktorin des Instituts. Frau Svenssons Name fiel in den letzten Wochen immer wieder, wenn ich Genaueres über Richter in der Ex-DDR wissen wollte. Sie leitete eine Arbeitsgruppe an der Akademie, die eine empirische Untersuchung über die Herkunft und Einstellungen ostdeutscher Richter durchführt – die erste und letzte Befragung sozialistischer Richter in Deutschland. Das Projekt wird auch vom Justizministerium in Bonn unterstützt. Darüber muß sie später einmal erzählen. Heute bin ich vor allem gekommen, um etwas über das Institut und seine Evaluierung zu erfahren. Sozusagen als Gegenstück zu Professor Kötz' Beschreibung. Wie war es denn?

Ja, wie war es. Vom Wissenschaftsrat war eine Liste von Fragen gekommen, die das Institut mit einem Bericht über Aufgaben und Arbeitsbereiche, Personal, Ausstattung, Altersstruktur und dergleichen und eine Beschreibung seiner zukünftigen Forschungspläne beantwortet hatte. Jemand vom Wissenschaftsrat hatte angerufen und für den Tag der «Begehung» ein Beratungszimmer, Kaffee und Brötchen bestellt. Dann, am besagten Tag, waren morgens um 9 Uhr die westdeutschen Gutachter gekommen, rund zwanzig Leute, nur vier oder fünf davon Rechtswissenschaftler, glaubt Frau Svensson; darunter auch Professor Simon, der Präsident des Wissenschaftsrats, dessen Aufsatz in der FAZ jeder am Institut gelesen haben mußte. Professor Kase, ein Volkswirtschaftler, war Vorsitzender der Gruppe.

Er hatte nur Herrn Röder, dem Institutsdirektor, guten Tag gesagt – sonst gab es keinerlei Begrüßungen –, und die Gutachter hatten sich bis 11 Uhr in ihr Beratungszimmer zurückgezogen. Dann wurde die Leitung des Instituts dazu gerufen: Direktor, stellvertretende Direktoren (Frau Svensson und Professor Hölzer, ein Europa-Rechtler), die Leiter der verschiedenen Arbeitsbereiche und Professor Heuer als Vorsitzender des wissenschaftlichen Rates, eines neuen Selbstverwaltungsorgans des Instituts. Auf der einen Seite des langen Tisches hatten die Westbesucher gesessen, auf der anderen die kleinere Gruppe der Ostberliner. Dann kamen die Fragen. Wie wir denn glaubten, konkurrenzfähig sein zu können? Woher wir die Berechtigung nähmen, gewisse Themen noch bearbeiten zu wollen? Was die von uns vorgeschlagenen Schwerpunktprojekte zur Rechtssoziologie und Rechtsgeschichte der DDR denn inhaltlich zusammenhalten solle? Unsere Familiarität mit den Entwicklungsprozessen in der DDR, hatte Herr Heuer vorgeschlagen. Ja, hieße das denn nicht den Bock zum Gärtner machen, sagte da Professor Kötz.

«Und dann setzte das Gestammel ein.» Keiner der Institutsvertreter wußte sich zu wehren. Keiner wagte es richtig.

Ein paar mutlose Versuche hier und da, die von den Gutachtern mit Leichtigkeit pariert wurden. Zwei der jüngeren Inspekteure hatten hinter vorgehaltener Hand getuschelt und gelacht. Keiner der Institutsangehörigen war aufgestanden und hatte eine flammende Rede gehalten, mit der er den Westdeutschen ihre Freiheiten, ihre Erfolge und den intellektuellen Luxus ihres beruflichen Lebens zusammen mit ihrer Selbstgerechtigkeit ins Gesicht zurückgeworfen hätte. Woher sollte auch die Kraft für eine solche Rede kommen? Ich kann mir das Treffen vorstellen: ein Zusammenstoß von Artgenossen, die auf freier Wildbahn aufgewachsen sind, mit solchen, die aus dem Gehege kommen. Zu einer inhaltlichen Diskussion der von den Ostberlinern vorgeschlagenen Projekte war es gar nicht gekommen.

Dann war Mittagszeit. Sind Ost- und Westdeutsche gemeinsam zum Essen gegangen? Nein, nein. Die Gutachter begaben sich zu vorbestellten Plätzen ins Restaurant, nur von einem jungen Mitarbeiter des Instituts begleitet, weil von den Gästen nicht erwartet werden konnte, den «Club der Kulturschaffenden» auf eigene Faust zu finden. Der junge Mann war mit einem verschreckten Bericht über die unterwegs gehörten Unterhaltungen zurückgekommen. Nachmittags verteilten sich die Inspekteure dann auf die einzelnen Arbeitsbereiche im Institut, um mit den Mitarbeitern zu sprechen. Frau Svensson kennt diesen Teil des Programms nur vom Hörensagen, weil sie als Professorin bei den Gesprächen nicht dabeisein durfte. Die Berichte der Befragten waren unterschiedlich. Einige erzählten von freundlichem Interesse und einer offenen Atmosphäre, in der man sie erzählen ließ. Andere glaubten, Herablassung und Abwertung verspürt zu haben. Übrigens waren die Mitarbeiter des Instituts für Rechtswissenschaft nicht die einzigen, die den Ansprüchen der Gutachter nicht zu genügen schienen. Auch einige West-Wissenschaftler, die die Ostberliner zur Zusammenarbeit an Forschungsprojekten gewonnen hatten, wurden von den Revisoren abfällig abgetan. Ich kenne sie so gut: die hochgezogenen Augenbrauen, den wegwerfenden Ton, das zufriedene Lächeln bei den Urteilssprüchen, die Professoren über ihre abwesenden Kollegen fällen. Auch den Verlierern will man gerne imponieren.

Schließlich, nach dem Ausschwärmen, noch einmal eine gemeinsame Sitzung der Gutachter mit den Projekt- und Bereichsleitern des Instituts, auf der die Ostberliner erklären sollten, warum sie für ihr Vorhaben die vorgeschlagene Zahl von Stellen benötigten. Auch diese Sitzung nach Frau Svenssons Beschreibung ein Fiasko. Danach, um 17 Uhr, wurden die Institutsvertreter noch einmal hinausgeschickt. Bis nach 19 Uhr hätten die Besucher noch getagt. Zum Schluß ein Gespräch unter vier Augen zwischen Professor Kase und dem Institutsdirektor, Professor Röder. Das Ergebnis der Evaluierung sei für alle erkennbar von Anfang an beschlossene Sache gewesen, beklagte sich Herr Röder. Vehementes Bestreiten durch Herrn Kase. Vielleicht können Sie sich in unsere Situation versetzen, soll Professor Röder gesagt haben. Was bleibt uns denn noch? «Das ist der Preis, den wir zu zahlen haben, damit unsere Kinder in einem freiheitlichen Staat aufwachsen können», war Professor Kases Antwort gewesen.

Ja, das war's. Als die Gutachter gegangen waren, hatten die Institutsmitglieder müde und vom vielen Warten aufgerieben noch eine Weile bei Kaffee und Wein zusammengesessen. Frau Svensson war um 8 Uhr nach Hause gegangen; nicht die letzte. Eine Woche später wurde das Ereignis in einer Dienstbesprechung ausgewertet. Niemand glaubte mehr, daß das Institut noch überleben könne. Seitdem heißt die Devise: «Rette sich, wer kann.»

Vielleicht ist das politische Wechselbad des letzten Jahres mit daran schuld, daß auch das Institut für Rechtswissenschaft so schnell zerfallen konnte. Der rasante Übergang vom Aufruhr über die Befreiung zu neuen Abhängigkeiten, von Verwirrung über wilde Hoffnungen zu neuen Ängsten, scheint viele der Protagonisten zermürbt und zynisch zurückgelassen zu haben. Aber das Institut war schon immer ein heterogenes Kollektiv, sagt Frau Svensson. Juristen gibt es erst seit verhältnismäßig kurzer Zeit an der Akademie der Wissenschaften. Erst Ende 1967 war die «Arbeitsstelle für Rechtswissenschaft» unter Professor Hermann Klenners Leitung eingerichtet und ein Jahr später, nach Klenners angeblich revisionistischem Sündenfall, schon wieder aufgelöst worden. Nach einer Desinfektionspause von drei Jahren kam dann die Gründung des «Instituts für Theorie des Staates und des Rechts» an der AdW unter Professor Wolfgang Weichelt: Vorsitzender des Verfassungs- und Rechtsausschusses der Volkskammer und immer treuer Diener des Systems. Professor Weichelt scheint die sechzehn Jahre seiner Herrschaft mehr als parteipolitische und bürokratische denn als wissenschaftliche Aufgabe verstanden zu haben. Das Institut betrieb «Grundlagenforschung». Empirie war wegen «sicherheitspolitischer Bedenken» nicht gefragt. Kritik und Diskussion fanden intern statt – «genug, um anderes wegzustecken», sagt Frau Svensson –, aber durften auf keinen Fall nach außen dringen. «Man bewegte doch nichts», wie Professor Hölzer, Frau Svenssons Kollege am Institut, mir später eingestand. Und: «Entscheidungsprozesse haben wir kaum beeinflußt.»

Aber mit Gorbatschows Aufstieg in der Sowjetunion veränderte sich das Klima. Jüngere Leute kamen in fast alle Institutsbereiche. Diskussionen belebten sich. Forschungspläne wurden ehrgeiziger. Nicht, daß aus den Vorhaben auch immer etwas geworden wäre. Eine 1985 geplante Richterbefragung wurde von Justizminister Heusinger abgeblasen und kam über den Entwurf eines Fragebogens nicht hinaus. Eine «Studie über Abgeordnete», im Herbst 1988 der Abteilung Staat und Recht im ZK vorgelegt, wurde an die Abteilungsspitze gar nicht erst weitergereicht. Professor Weichelt, damals schon krebskrank, mußte das Dokument persönlich wieder abholen. «Im Interesse des Betriebsfriedens will ich es nicht gesehen haben», wurde ihm im ZK gesagt.

Aber auch die Mißerfolge waren nützlich. Man konnte nach einem verunglückten Forschungsprojekt hinter den einmal erreichten Diskussionsstand nicht wieder zurückgehen. Still und unauffällig begannen sich die Parameter der Forschungsarbeit am Institut zu verschieben. Die vom ZK verworfene Abgeordnetenstudie wurde unter der Hand an Kollegen weitergereicht, «wenn sie diskret waren». «Bitte, mißverstehen Sie mich nicht; das war kein Widerstand», hatte Professor Hölzer, von dem ich die Geschichte erfuhr, sofort hinzugefügt. «Alle haben sich als gute Sozialisten verstanden, nur eben als unbefriedigte.» Man wollte das System nicht angreifen, sondern verbessern. Aber wie nach langer Dürrezeit vom Regen aufgeweckt, begann auch die Akademie, hier und da grüne Schößlinge zu treiben.

Als dann die Wende kam, waren jedenfalls eine Reihe von Leuten am Institut auf Veränderungen begierig und vorbereitet. Frau Svenssons Justizprojekt nahm Ende 1989 die ersten Umrisse an; seit Januar 1990 ist es in vollem Gange. Die endlich ungezügelten Empiriker machten sich mit Enthusiasmus an ihr Projekt. Weil nicht genug Geld da war, finanzierte man die Voruntersuchungen zum Teil aus eigener Tasche; übernachtete zum Beispiel bei Studienkollegen, als die Fragebögen in anderen Städten getestet wurden. Eine „Projektgruppe Kriminologie», wie Frau Svenssons Forschungsgruppe schon im Januar 1990 aufgebaut, begann, ein Kriminalprofil der DDR und eine differenzierte Beschreibung ihrer Kriminalpolitik zu erarbeiten. Man nahm Kontakte zu westdeutschen Wissenschaftlern auf. Die Institutsstruktur wurde demokratisiert: ein neuer Direktor bestellt, eine «Mitarbeitervertretung» gewählt, ein «wissenschaftlicher Rat» ernannt, der das Forschungsprogramm des Instituts beraten sollte, das früher vom Direktor, den Bereichsleitern und «denen oben» entschieden worden war. Im Frühjahr 1990 tagte der neue Rat beinahe jede Woche.

Fast alle Mitarbeiter freuten sich über den Neuanfang. Aber selbst im Rausch der neuen Möglichkeiten wollten die allermeisten keinen Umsturz, sondern einen Übergang. Die Wahlen zum wissenschaftlichen Rat, sagt Freu Svensson, führten zu «überraschenden Ergebnissen». Um die 15 Sitze hatten sich rund 25 Kandidaten beworben. Einige der alten Bereichsleiter blieben draußen. Es wurden die moderaten Reformer gewählt, «die Leute, von denen man meinte, die krempeln nicht alles um». Professor Röder, der einzige Kandidat für das Amt des Direktors, wurde um seiner Sicherheit, seines gewandten Auftretens, seiner Erfahrungen in der Außenwelt willen gewählt – nicht wegen seiner Wissenschaftsphilosophie. Der Neuanfang sollte nicht einfach alles Alte abschreiben und verdammen. Auch ein verpflanzter Baum braucht Wurzeln, um zu wachsen. Man wollte seine eigene Vergangenheit, so unzulänglich sie auch war, behalten.

Es gab auch so genug zu lernen. Die Literatur! Die Kontroversen! Der Wettbewerb! Man übte sich in praktischer Demokratie. Herr Klenner, der in der Akademie auch mit dabei war, erzählte neulich von einem Beispiel. Eine Sitzung in irgendeinem neuen Gremium; man will über eine Entscheidung abstimmen. «Offen oder geheim?» fragt jemand. «Laßt uns über das Procedere zuerst abstimmen», sagt jemand anderes. «Nein, nein», kommt ein Einwand, «wenn auch nur einer eine geheime Abstimmung will, müssen wir es geheim machen.» Es wird geheim gemacht.

Aber schon im Sommer 1990 kursieren die Gerüchte von bevorstehender Evaluierung und Abwicklung. Im Institut für Rechtswissenschaft beginnt man sich zu fragen, welche Forschungsprojekte am ehesten vor westlichen Augen bestehen können. Es kommt zu verdeckten Kämpfen ums Überleben. Im September beruft der wissenschaftliche Rat des Instituts ein «Kuratorium» vor allem westdeutscher und ausländischer Wissenschaftler ein, das die Ostberliner bei ihrer Forschungsplanung beraten und ihnen bei der erwarteten Auseinandersetzung mit dem Wissenschaftsrat zur Seite stehen soll. Das Kuratorium entwickelt Vorschläge dafür, wie das Institut mit Straffungen und Kürzungen die Evaluierung überstehen könne und solle. Was hatten denn die Gutachter von diesen Vorschlägen gehalten? Wir hätten uns die «falschen Berater» ausgesucht, hatte Herr Simon gesagt. Jetzt müßte der Wissenschaftsrat nur all das niederreißen, was die aufgebaut hätten.

Ja, und jetzt? Vom Wissenschaftsrat ist noch keine offizielle Nachricht gekommen. Ein Budget gibt es nur noch bis zum Jahresende. Die Zusammenarbeit mit westlichen Fachkollegen ist seit der Wiedervereinigung völlig zusammengebrochen. Die Ostdeutschen sind nicht mehr interessant. Von den Institutsmitgliedern flieht, wer nur irgend andere Arbeit finden kann. Wie zu erwarten, gehen die Guten zuerst. Im Institut sind die Gänge verwaist, die meisten Zimmer leer. Es gibt nur noch einen Telefonanschluß nach draußen. Im Haus in der Otto-Nuschke-Straße beginnen sich westdeutsche Anwaltsbüros niederzulassen. Einer der Anwälte, erzählt Frau Svensson, macht nur Konkurse.

11. Dezember 1990

Noch einmal im Institut für Rechtswissenschaft, um dessen Bericht zur «Beantwortung der Fragen des Wissenschaftsrats» zu lesen, die wissenschaftliche Selbstdarstellung der Ostberliner, für die neulich keine Zeit mehr blieb. Ich darf im Zimmer des Direktors sitzen, der krank ist; eine freundliche Mitarbeiterin bringt Kaffee. Das Zimmer könnte überall sein: ein moderner Konferenztisch, eine Sitzecke, ein Schreibtisch, ein Safe. Draußen schneit es.

Was macht Ihr, das andere nicht auch machen können, hatte der Wissenschaftsrat von den Institutsmitgliedern wissen wollen. Gibt es wichtige Gründe dafür, gerade Euer Institut überleben zu lassen? Eine beängstigende Frage, die ich ungern selbst gestellt bekäme. Drei oder vier Stunden brüte ich in Herrn Röders Zimmer über den Antworten, nur mit einer kurzen Mittagsunterbrechung bei Brot und Würstchen in der Kantine des Hauses, in der man mir kein Wasser servieren will, weil es hier gesundheitsschädlich sei. Was konnte der Wissenschaftsrat aus diesen Antworten lernen? Was kann ich aus ihnen lernen?

Das erste, was mir auffällt, ist die materielle Enge, unter denen die Ostberliner Wissenschaftler arbeiten mußten. Schon der Bericht kommt äußerlich bescheiden daher: auf sprödem Papier, in drei verblichen-gelbe Aktendeckel geheftet. Die Zahlen, die ich über die Ausstattung des Instituts finde, bedrücken mich. 282 Zeitschriften und Tageszeitungen bezieht die Bibliothek – die Law Library meiner Universität in Texas bezieht 6020. 37000 Mark im Jahr wurden jährlich für Neuerwerbungen und Abonnements ausgegeben – bei den Juristen in Texas sind es 855000 Dollar. Zwischen 1400 und 2880 Mark im Monat – brutto – verdienen wissenschaftliche Mitarbeiter vom jungen Diplomjuristen bis zum stellvertretenden Direktor – ich mag nicht daran denken, was ich im Vergleich dazu verdiene.

Zu den finanziellen kamen die geographischen Beschränkungen. 60% der Mitarbeiter waren als Reisekader eingestuft, aber auch sie mußten jede Reise neu beantragen, und harte Währung war knapp. So gingen die allermeisten Reisen in den Ostblock. Wenn jemand auf eine Tagung fuhr, dann in der Regel zu einer der Schwesterakademien in Ost-Europa. Erst in den allerletzten Jahren öffnete sich die Welt ein wenig mehr. Nur die Völkerrechtler hatten halbwegs verläßliche Beziehungen in den Westen: reisten gelegentlich, gehörten internationalen Organisationen an und publizierten auch auf englisch.

So spielte sich das wissenschaftliche Leben der allermeisten Institutsmitglieder im engsten Kreise ab. Auch zu der Praxis hatte man kaum Kontakte: Auftragsforschung für Industrie oder Verwaltung gab es nicht, jedenfalls nicht in dem vordergründigen Sinne eines bestellten Projekts, mit dem sich zusätzliches Geld verdienen ließ – dem Staat verpflichtet war man ohnehin. Auch hier waren die Völkerrechtler, mit gelegentlichen Gutachten fürs Außenministerium, wieder eine Ausnahme. Aber im großen und ganzen war man im Institut für Rechtswissenschaft nur Wissenschaftler, nur auf DDR-genehme Themen bezogen, die nur in der DDR mit in der DDR gebilligter Literatur bewältigt werden durften. Politische, geographische und finanzielle Beschränkungen flossen unmerkbar ineinander über. Mir fällt ein Gespräch ein, das ich vor vielen Jahren mit einem Pastor in Weimar hatte. «Was ist schlimmer», hatte ich gefragt, «die Unfreiheit oder die Tatsache, daß man keine Apfelsinen oder Bananen kaufen kann?» «Das ist dasselbe», war seine Antwort gewesen. «Das Schlimme ist, daß man keine Auswahl hat, worum es auch gehen mag.»

Was sonst noch kann ich dem Bericht entnehmen? Daß das Institut für Rechtswissenschaft – wie alle anderen wissenschaftlichen Einrichtungen, die ich kenne, meine eigene Fakultät nicht ausgenommen – eine sehr gemischte Belegschaft hat. Manche Mitarbeiter produzieren so gut wie nichts: 21 Seiten und ein Buchkapitel hat hier jemand (bei 1430 Mark Gehalt im Monat vielleicht nicht verwunderlich) in den letzten fünf Jahren geschrieben; 44 Seiten sind es im selben Zeitraum bei einem seiner Kollegen. Frau Svensson hatte mir schon erzählt, daß es durchaus möglich war, im Institut «ein bißchen zu gammeln». Ungewünschte Mitarbeiter konnte man, wenn man Glück hatte, an die Humboldt-Universität oder die Akademie für Gesellschaftswissenschaften «wegloben»; kündigen ließen sie sich praktisch nicht. Jedenfalls nicht wegen Unfähigkeit. Aber selbst jemandem, der zwei oder drei Jahre vor der Wende bei der Eröffnungsverteidigung eines Forschungsprojektes einen Vergleich zwischen Faschismus und Sozialismus angeregt hatte (Ein Wahnwitziger? Ein Held? Jemand, dem alles gleich war?), war nicht gekündigt worden; er war in die Bibliothek «umgesetzt» und dort beschäftigt worden, bis seinem Ausreiseantrag stattgegeben worden war. Manche Rechtswissenschaftler waren ans Institut gekommen, weil sie woanders aus irgendwelchen Gründen – politisch, beruflich, menschlich – in eine Ecke geraten waren; ein Wechsel-das-Bäumchen-Spiel, mit dem man sich in einem engen Land vorübergehend ein wenig Luft verschaffen konnte. Und natürlich finde ich auf diesen Seiten auch die Namen, die ich schon lange aus der Literatur kenne, die der Vielschreiber, an deren Produktivität nun wirklich niemand zweifeln kann.

Läßt sich aus dem Bericht allein bestimmen, wie gut ihre Arbeit ist? Natürlich nicht: dazu müßte man sich ans Lesen machen. Aber auch mit Lesen, habe ich gefunden, ist es noch nicht getan. Ob jemand intelligent ist oder schreiben kann, läßt sich aus einem Aufsatz entnehmen. Aber ich finde es schwer zu entscheiden, wie kreativ ein Autor ist. Zum einen wegen der engen Parameter des Erlaubten: die interessanten rechtswissenschaftlichen Debatten spielten sich in der DDR vor allem mündlich ab, auf Konferenzen, in Vorträgen, am Mittagstisch der Professorenmensa. Zum anderen, weil akademische Konventionen in verschiedenen Ländern außerordentlich verschieden sind. Ich bin in vielen Lesejahren nur selten einem juristischen Aufsatz aus der DDR begegnet, bei dem ich dachte: «Alle Achtung!» Aber ich bemerke schon seit langem, daß sich mein akademischer Geschmack auch wesentlich von dem meiner meisten westdeutschen Juristenkollegen unterscheidet. Was sie gründlich finden, finde ich oft langweilig. Wenn sie sich über ungenaue oder systemwidrige Konstruktionen ärgern, ärgere ich mich, wenn eine juristische Erörterung mich die zugrunde liegenden Lebenssachverhalte nicht besser verstehen läßt. In der DDR, wo der deutsche Hang zu mäanderhaften Abstraktionen durch den sozialistischen Hang zum Denken in ideologisch vorgegebenen Kategorien bekräftigt

wurde und durch den Hang zu politisch ungefährlichen All-
gemeinplätzen noch zusätzliche Verstärkung erhielt, entstand eine juristische Literatur, in der ich kaum noch etwas
von gesellschaftlicher Wirklichkeit entdecken kann.

Liegt mein Unverständnis auch daran, daß ich von einem
anderen wissenschaftlichen Paradigma ausgehe? Auch freie
Wissenschaftler können hinter dem eigenen Gartenzaun
gefangen sein. Nur ein Beispiel. Vor ein paar Jahren fand in
Bremen eine Veranstaltung westdeutscher und amerika-
nischer Rechtswissenschaftler statt, die derselben rechtstheoretischen Richtung angehörten, sich von vielen Begegnungen kannten und zum Teil sogar befreundet waren. Um
Offenheit und Solidarität zu bekunden, wollte die Gruppe
sich auch einmal in Deutschland treffen. Die Tagung wurde,
nach allem was ich hörte, ein Exerzitium kultureller Miß-
verständnisse. Die Amerikaner bestaunten amüsiert die
theoretischen Luftschlösser der Deutschen; die Deutschen
schüttelten ungläubig den Kopf über den naiven Eklektizis-
mus der Amerikaner. Ich wäre gern dabei gewesen, um die
kleinen Bosheiten mitzubekommen, mit denen sich die einen, wenn sie unter sich waren, über die jeweils anderen
lustig machten. Aber weil man doch eigentlich gut Freund
war, wurde das Ereignis im Nachhinein auf beiden Seiten
zum wichtigen Lernerlebnis umgedeutet. Hier in Ostberlin,
beim kulturellen Zusammenstoß ost- und westdeutscher
rechtswissenschaftlicher Stile, gibt es diese Großmut nicht.
Hier sind es nur die Ossis, die lernen müssen.

Werden sie es können? Aus den Vorschlägen wird deutlich, daß die Ostberliner auch bei der Bewerbung um Forschungsgelder Neuland betreten: sie haben noch nicht gelernt, ihre Projekte zu verkaufen. Auch im Sozialismus war
es wichtig, Leute, von denen man abhängig war, vom Wert
der eigenen Arbeit zu überzeugen. Aber während in der
DDR Berichte für die Parteibürokratie politisch schön und
ideologisch richtig sein mußten, müssen die Berichte für
Geldgeber in der Bundesrepublik kritisch und detailliert
sein. Viele der Forschungsvorhaben, die ich jetzt aufgelistet
finde, sind viel zu allgemein und unsubstantiiert, um einen
westlichen Gutachter zu überzeugen. Aber die Themen sind
wichtig, vor allem die Projekte zur Aufarbeitung der rechts-

wissenschaftlichen Vergangenheit in den neuen Ländern. Ohne die Mitarbeit der Ostjuristen sind diese Vorhaben gar nicht zu bewältigen. Nur: was hatte Professor Simon zu Frau Svenssons Richter-Projekt gesagt? «Sie sind ja fertig. Die Befragungen sind ja durch.» An meiner Fakultät in Texas sieht man die Tatsache, daß jemand grade eine gute Arbeit abgeschlossen hat, als beste Garantie dafür an, daß er auch in Zukuft gute Arbeit leisten wird. Diese Schlußfolgerung setzt natürlich voraus, daß man dem anderen eine wissenschaftliche Zukunft überhaupt zubilligt.

Auf dem Weg zurück nach Westberlin entdecke ich in der S-Bahn eine kleine Inschrift, nicht wie andere Graffiti frech mit Filzstift oder Sprühdose hingesetzt, sondern klein und verschämt mit Kugelschreiber neben den Fensterrahmen gekritzelt: «BRDigung».

Abends

Noch einmal eine Veranstaltung zum Thema «Richterübernahme» im Plenarsaal des Verwaltungsgerichts in Westberlin; wieder vom Verein der Verwaltungsrichter organisiert. Ein Vertreter der Zentralen Erfassungsstelle in Salzgitter, in der seit 30 Jahren Berichte über Justiz-Unrecht in der DDR zusammengetragen werden, hält das deprimierende Referat. Aber dann kommt, sozusagen als Satyrspiel zur Tragödie, noch ein Nachtrag zum vorhergegangenen Vortragsabend vom 25. Oktober, an dem zu meiner Verwunderung trotz des kontroversen Themas gar keine Diskussion in Gang gekommen war. Jetzt erfahre ich aus einem Bericht des Veranstaltungsleiters auch, warum. Das Schweigen im Saal hatte durchaus nicht daran gelegen, daß die meisten Zuhörer mit Professor Sendlers «vorauseilender Großmut» einverstanden gewesen waren. Im Gegenteil: nach dem Diskussionsabend hatte ein Dutzend unzufriedener West-Richter und -Richterinnen sich zusammengesetzt und einen Brief an die Justizsenatorin geschrieben, in dem sie vor der Übernahme von Juristen warnten, die eben nicht «die in sich gefestigten, ... zu eigenständiger Entscheidung befähigten und verantwortungsbewußten Persönlichkeiten» seien, als die man Richter im Rechtsstaat kenne. Aber warum hatten sie ihren Widerspruch nicht an Ort und Stelle angemeldet, als es wahrhaftig genug Pausen in der Diskussion gegeben hatte, in denen sie zu Worte kommen konnten? Weil sie sich nicht getraut hatten, dem Präsidenten des Bundesverwaltungsgerichts zu widersprechen, weil auch ihr eigener Chefpräsident unter den Zuhörern saß und weil sie vor den Gästen aus dem «Beitrittsgebiet» keinen Dissens innerhalb ihrer eigenen Richterschaft zur Schau tragen wollten. Was hatte eine Ostberliner Richterin gesagt, als wir einmal über das Verhältnis Westberliner Richter zur Senatsjustizverwaltung sprachen? «Det sind ooch Machtverhältnisse.» Nach allem, was ich von Herrn Sendler weiß, stimmt die Analyse hier nicht. Eher muß es heißen: «Det is ooch die Schere im Kopp.»

19. Dezember 1990

Es ist amtlich: Die Humboldt-Universität wird nach den Regeln des Einigungsvertrages in das Land Berlin überführt, aber dem Marxismus-Leninismus besonders verpflichtete Teilbereiche werden entweder ersatzlos abgewickelt (wie die Kriminalistik) oder – wenn die betreffenden Fächer weiter gelehrt werden sollten – abgewickelt und neu konstituiert. So hat es gestern der Senat beschlossen. Welche Fachbereiche so grundlegend umgemodelt werden müssen, daß sie vorher zu schließen sind, wird erst in drei Tagen entschieden werden. Aber ich höre schon seit Wochen Gerüchte, nach denen neben Wirtschaftswissenschaften und Geschichte auch die Rechtswissenschaft als «ideologisch besonders belasteter» Fachbereich dazugehören soll. In der Sondersitzung des Senats am nächsten Sonnabend wird das Gerücht sich substantiieren.

20. Dezember 1990

Im Kinosaal der Humboldt-Universität. Die Gewerkschaft Erziehung und Wissenschaft hat zu einer Podiumsdiskussion über «rechtliche und gewerkschaftspolitische Schritte nach dem Abwicklungsbescheid» geladen. Etwa siebzig Leute sitzen verstreut auf den abgewetzten grünen Polsterstühlen; viele unter ihnen schon älter; alle mit Sorgen im Gesicht. In den hölzernen Klapptisch über meinen Knien hat jemand sorgfältig «Ich will raus» geschnitzt – er muß eine ganze Vorlesungsstunde dafür gebraucht haben. Ich frage mich, ob sich der Aufschrei in Vor-Wende-Tagen auf die DDR oder in Nach-Wende-Tagen auf einen besonders langweiligen Vortrag bezog.

Auf der Empore sitzen Gewerkschaftsleute, ein Anwalt, ein paar Studentenvertreter. Man kommt schnell von den politischen Klagen über die Ungleichgewichtigkeit des Einigungsprozesses zu den persönlichen Problemen jedes Einzelnen, der seinen Arbeitsplatz behalten will. Ein Gewerkschaftsmann gibt konkrete Ratschläge. Wenn einem Mitarbeiter eines abgewickelten Fachbereichs ein befristeter Arbeitsvertrag bis zum Beginn des nächsten Studienjahres angeboten werde, müsse man sich überlegen: soll man das Angebot annehmen? Immerhin zeigt es, daß die Arbeitsfunktion noch gebraucht wird. Soll man es ablehnen? Da die Senatsverwaltung trotz Abwicklung den Vorlesungsbetrieb aufrechterhalten muß, kann eine konzertierte Ablehnung von Zeitverträgen der Humboldt-Seite Verhandlungsspielraum schaffen.

Aber kann ein Einzelner es riskieren, neun Monate Gehalt aufs Spiel zu setzen? Werden die anderen mitziehen? Es wird sehr bald deutlich, daß, was immer es an Gemeinschaft in dieser Universität gegeben haben mag, unter dem Druck der Abwicklungspolitik zerbröckelt. «Das Schlimmste, was passieren kann, passiert», sagt ein Vertreter des Personalrats. Es hänge von den Anwesenden ab, ob eine Strategie entwickelt werden könne. «Ihr müßt uns Dampf machen!» Aber es kommen nicht Solidarisierungspläne, sondern Anschuldigungen gegen andere. Eine Angestellte beklagt sich über «Professoren, die versuchen, ihr Schäfchen ins Trockene zu bringen». Beifall. Jemand anderes bemängelt, daß der Akademische Senat seine Sitzung abgehalten habe, statt mit Mitarbeitern und Studenten vor dem Schöneberger Rathaus zu demonstrieren. Beifall. «Es muß eine Auseinandersetzung um die Zukunft, nicht nur um die Vergangenheit geben», sagt ein Gewerkschaftsmann. Im Kinosaal geht es heute nicht um die Zukunft, sondern um die jeweils eigene Zukunft.

Viele Wortmeldungen. Ein junger Mann bittet um «konkrete Verhaltenstips für den Einzelnen. Was sollen wir tun,

wenn wir nach Weihnachten nicht mehr ins Büro dürfen?»
Ein alter Mann möchte wissen, gegen wen er klagen soll.
«Gegen den Rektor?» Das Zauberwort des neuen Rechtsstaats ist gefallen: klagen. Natürlich konnte ein Arbeitnehmer seinen Arbeitgeber auch im Sozialismus verklagen.
Aber meistens war es nicht nötig. In einem Wirtschaftssy-
stem, in dem Arbeitskräfte knapp und Kündigungen praktisch unmöglich waren, hatten Arbeitnehmer wenig Grund,
ihren Boss zu fürchten, und Arbeitgeber waren eher geneigt,
Fehltritte ihrer Angestellten zu übersehen als ihnen zustehende Rechte vorzuenthalten. Wenn es tatsächlich einmal
zu einem Rechtsstreit kam, konnte ein klagender Arbeitnehmer mit einer verständnisvollen Konfliktkommission, fürsorglichen Richtern und den wohlwollenden Vorschriften
des Arbeitsgesetzbuches rechnen. Arbeitsrechtsprozesse in
der DDR hatten denn auch oft den Anstrich einer Familien-
auseinandersetzung. Gelegentlich hatte ich beim Lesen
dieser Fälle den Eindruck, dem Quengeln eines verwöhn-
ten Kindes gegenüber viel zu nachsichtigen Eltern zuzuhören. Mir ist ein Fall in Erinnerung, in dem jemand trotz
Feierschichten, wiederholten Trinkens bei der Arbeit und
der Beleidigung seiner Vorgesetzten sich durch drei In-
stanzen hindurch die Rücknahme seiner Kündigung und
eine Gehaltsnachzahlung erstritt, bis schließlich das Oberste Gericht ein Machtwort sprach und den Vergleich «wegen Verschleierung der wahren Sach- und Rechtslage»
kassierte.[11]

Im Kapitalismus finden Klagen in einem kälteren Klima
statt. Es gibt Gewerkschaftsschutz und oft auch fürsorgliche
Arbeitsrichter. Aber plötzlich geht es um den Arbeitsplatz,
der früher so gut wie niemals auf dem Spiel stand. Und der
Zusammenhalt des Kollektivs fehlt, der in der DDR, da es
kaum Kündigungen gab, einen Rechtsstreit meistens über-
lebte. In der Bundesrepublik hat ein Arbeitsrechtskläger seinen Arbeitsplatz fast immer schon verloren. Wenn er vor
Gericht zieht, ist er bereits von den Kollegen isoliert. Der
Rechtsstreit vertieft diese Isolierung noch: es geht im Prozeß
nur noch um die privaten Rechte eines Einzelnen. Anders
als im amerikanischen Recht, das *class actions* und Verband-
klagen kennt, in denen eine Anzahl Gleichgesinnter

sich zur Verteidigung einer gemeinsamen Sache zusammenfinden kann, erlaubt das deutsche Recht den Zugang zum Gericht nur dem, der seine allereigensten Interessen wahrnehmen will. *Chacun pour soi, Dieu pour nous tous.*

Hier im Kinosaal der HUB erkennt und fürchtet man den Entsolidarisierungsprozeß, der durch die Abwicklung ausgelöst wurde und der durch die Ausnützung juristischer Verteidigungsmittel nur noch vertieft werden wird. Ein Gewerkschaftsvertreter auf dem Podium versucht, die Politik in die Auseinandersetzung zurückzuholen. Der Senat habe «lebhaftestes Interesse» daran, die Abgewickelten kurzfristig weiterzubeschäftigen, sagt er. Nicht gleich mitmachen! Personalversammlungen organisieren, um das Vorgehen aller zu koordinieren: «Das ist dringend, dringend nötig!» Die Versammlungen nicht zu früh ansetzen, um den Senat durch Zeitverlust weiter unter Druck zu setzen! «Die wissen, daß sie einen brauchen!»

Aber jeder hier im Saal weiß auch, daß er Arbeit braucht. Ich sehe es schon: an gemeinsam abgestimmte Reaktionen ist nicht zu denken. Man fühlt sich als Empfänger von Entscheidungen, aber noch nicht als deren Autor. «Das steht im Grundgesetz!» sagt einmal einer der Westberliner Gewerkschaftsleute, als es um die Gesetzmäßigkeit irgendeiner Verhaltensweise geht. «Papier ist geduldig», murmelt meine Nachbarin. Dem neuen politischen System traut man ebensowenig wie dem neuen Recht.

3. Januar 1991

Wieder in Hamburg, wieder bei Professor Hein Kötz im Max-Planck-Institut, um ihm noch ein paar Fragen zur Evaluierung der Akademie der Wissenschaften zu stellen. Mir ist nämlich eingefallen, daß ja auch das Max-Planck-Institut, wie alle Institutionen auf der sogenannten «Blauen Liste» der von Bund und Ländern getragenen großen Forschungseinrichtungen, gelegentlich begutachtet werden wird. Ich bin neugierig, wie weit sich diese Begutachtung von der des Instituts für Rechtswissenschaft an der Akademie unterscheidet. Hier die Ausbeute unserer Unterhaltung:

Ja, jedes Max-Planck-Institut hat einen aus auswärtigen und ausländischen Wissenschaftlern zusammengesetzten

Fachbeirat. Die Hamburger haben dessen sieben oder acht Mitglieder selber vorgeschlagen. Die Angehörigen des Fachbeirats erhalten die Veröffentlichungslisten des Instituts, kommen alle ein oder zwei Jahre, um sich mit den Institutsdirektoren über den Stand der Dinge zu unterhalten und schreiben einen Bericht. Die meisten dieser Evaluierungen sind «entspannt», sagt Herr Kötz. Ohne einen aggressiven Vorsitzenden ist ein Fachbeirat weitgehend «Akklamationsorgan». Ihr Vorsitzender, fügt er mit Anerkennung in der Stimme hinzu, habe ihnen allerdings bei Gelegenheit «ganz wehgetan». Was hatten sie denn verbrochen? Ein Projekt hatte viel zu lange gebraucht. War auch am Inhalt etwas bemängelt worden? Nein, nicht am Inhalt. Die Antwort kommt kurz und selbstverständlich. Sich auch inhaltlich in die Forschungsprojekte von Kollegen einzumischen scheint denn doch gegen akademische Anstandsregeln zu verstoßen.

Ich lerne auch, daß die Umgangsformen bei den Evaluierungen des Max-Planck-Instituts sehr viel ziviler sind, als sie es im Institut für Rechtswissenschaft waren. Es geht ohne institutionalisiertes Mißtrauen ab: Mitarbeiter werden gar nicht befragt, erst recht nicht in Abwesenheit der Direktoren. Gutachter und Begutachtete gehen zusammen zum Mittag- und Abendessen. Es braucht ja nicht damit gerechnet zu werden, daß es irgendjemandem an den Kragen geht. Kommt es denn niemals vor, daß zur Debatte steht, ob eine Institution von der Blauen Liste gestrichen werden soll? Doch, beim Kriminologischen Forschungsinstitut in Niedersachsen ging es ums Ganze. Dessen Evaluierung durch den Wissenschaftsrat war sehr viel strenger: eine Sonderprüfung nur durch Wissenschaftler, die zum Institut in keinerlei Beziehung standen. Da tönte «eine ganz andere Musik». Aber auch da waren die Direktoren bei allen Gesprächen dabeigewesen; auch da war man gemeinsam zum Essen gegangen.

Und noch ein Unterschied zwischen Ost- und Westinspektionen stellt sich heraus: bei den Begutachtungen des Max-Planck-Instituts sind alle Gutachter vom Fach. Das war anders bei der Evaluierung des Instituts für Rechtswissenschaft der AdW, bei der nur ein rundes Drittel der Prüfer selbst Juristen waren. Haben die Nicht-Juristen bei den Überlegungen eine aktive Rolle gespielt? Oh ja; «die haben munter mitgeredet». Aber ihnen fehlte doch der Sachverstand, sage ich. Wieso? Ob ein Forschungsvorhaben solide und vielversprechend sei, könne doch auch jemand beurteilen, der zwar nicht vom Fach, aber selber Forscher sei. Das kommt darauf an, finde ich. Ob ein rechtswissenschaftliches Projekt logisch aufgebaut oder methodisch sauber ist, kann vielleicht auch ein Volkswirt oder ein Historiker einschätzen. Aber ob es die richtigen Fragen stellt, schon nicht mehr. Dazu muß man etwas über DDR-Justiz und -Rechtsgeschichte wissen, den gesellschaftlichen Kontext kennen, in der Rechtsprechung bewandert sein. Darüber, ob der Bock zum Gärtner gemacht werden dürfe, könnten zwar Wissenschaftler aller Fachrichtungen eine sicherlich lebhafte Debatte führen. Aber das sei ja keine Frage der wissenschaftlichen Qualifikation.

Warum nicht, fragt Herr Kötz erstaunt. Weil es eine politische und moralische Frage ist, sage ich. Das Bild vom Bock als Gärtner suggeriert, daß DDR-Juristen in der Vergangenheit ihrem politischen System so verpflichtet waren, daß sie jetzt weder die Ehrlichkeit aufbringen können, es selbst zu hinterfragen, noch legitimiert sind, bei der Aufarbeitung der Vergangenheit noch mitzusprechen. Ob die Angehörigen des Instituts für Rechtswissenschaft tatsächlich politisch so viel verschuldet haben und ob – selbst Schuld unterstellt – man nicht trotzdem jedem Überlebenden des Systems ein Recht zur Umbesinnung und zum Neuanfang zubilligen müsse, ist eine Frage der politischen Moral, die in Extremfällen vom Gericht, sonst vielleicht im demokratischen Prozeß und möglicherweise auch nur von jedem Einzelnen für sich selbst entschieden werden könne. Jedenfalls sei der Wissenschaftsrat durch den Einigungsvertrag nur beauftragt worden, die wissenschaftliche «Leistungsfähigkeit»[12] der Ostberliner zu begutachten. Für die Beurteilung ihrer moralischen Rehabilitierbarkeit fehle ihm das Mandat. Nicht-Juristen hätten bei der Evaluierung des Instituts für Rechtswissenschaft also nicht «munter mitreden» dürfen.

Wir einigen uns nicht.

10. Januar 1991

Ein Ehrenkolloquium zu Hermann Klenners 65. Geburtstag am 5. Januar im Institut für Rechtswissenschaft in der Otto-Nuschke-Straße. Es findet in einem feinen Saal im Erdgeschoß des Gebäudes statt, vor einem feinen akademischen Publikum aus Ost und West: grauhaarige Herren in grauen Anzügen, dazwischen ein paar kaum farbenfreudigere Damen, auch einige junge Leute. Es ist sehr heiß im Raum. Die großen Fenster zur Straßenseite hin sind vergittert.

Das Thema ist «Philosophie des Rechts und Recht der Philosophie». Ich komme zu spät, habe leider die Laudatio verpaßt, kenne auch den gerade Sprechenden nicht, und entdecke zu meinem Erstaunen, daß ich auch nach mehreren Minuten aufmerksamsten Zuhörens nicht erraten kann, ob er Ostdeutscher oder Westdeutscher ist. Es scheint um das Verhältnis der Rechtsphilosophie zur Rechtstheorie zu gehen. Der Vortragende entwickelt Kategorien und Unterkategorien, teilt ein und vergleicht, aber ich finde keinen Boden unter den Füßen. Genauso ist es mir jahrzehntelang mit einem Großteil der ostdeutschen juristischen Literatur ergangen. Die Rechtstheorie der DDR schien dem täglichen Leben ferner, als man es von einer materialistischen Theorie erwartet hätte. Auch wenn ich mich beim Lesen immer wieder in den Arm kniff und mir ins Gedächtnis rief, daß Themen wie «Der Muß-Charakter des Rechts»[13] oder «Die Identität von Rechtsbildung und Rechtswirkung»[14] auch verschleierte politische Bedeutung hatten, war doch der Schleier so opak, waren die Argumente selbst so fein und kompliziert gesponnen, daß sie Theorie und gesellschaftliche Praxis nicht zusammenhalten konnten. Vor allem reflektierte – geschweige denn erklärte – die Rechtstheorie nichts von dem, was tatsächlich in ostdeutschen Gerichten vor sich ging. Sie schien den elterlichen Charakter des sozialistischen Rechts, die Verhätschelung, Disziplinierung und Ausgrenzung seiner Kinder überhaupt nicht zur Kenntnis zu nehmen. So lernte ich aus Gerichtsurteilen oder aus Berichten, in denen Schöffen oder Mitglieder von Konfliktkommissionen in holprigen Sätzen ihre Arbeit mit dem Recht beschrieben, mehr – nicht nur über den Rechtsalltag, sondern auch über sozialistische

Gerechtigkeitsvorstellungen – als aus der rechtstheoretischen Literatur. «Was Sie aber auch alles lesen», sagten DDR-Gesprächspartner manchmal befremdet, wenn ich auf das Gelernte zu sprechen kam. Wer wissenschaftlich auf sich hielt, gab sich mit so banalen Informationsquellen nicht ab.

Inzwischen hat sich, auf meine geflüsterte Erkundigung bei einer Nachbarin hin, der Sprecher als Professor Dreier aus Göttingen herausgestellt. In der auf sein Referat folgenden Diskussion geht es um die Frage, ob Rechtstheorie eine genuine juristische Disziplin ist. Hängt von der Antwort irgendetwas ab? Wie deutsch dies alles ist, denke ich. Wie gut der Sozialismus in deutsche Köpfe paßte. Amerika ist weit weg. Übrigens scheinen verschiedene Zuhörer ausgesprochen schläfrig. Auch mir fallen die Augen zu. Obwohl die Gitter vor den Fenstern sicherlich die Benutzer dieses Raumes gegen aufrührerische Kräfte von außen schützen sollten, scheint es mir, als seien wir alle zusammen hinter ihnen gefangen.

Erst am Nachmittag wird es spannend, als Professor Karl Mollnau – auch vom Institut für Rechtswissenschaft – über die Babelsberger Konferenz referiert. Die Babelsberger Konferenz, im April 1958 auf Anordnung des Zentralkomitees der SED vor rund 500 geladenen Gästen an der Akademie für Staats- und Rechtswissenschaft «Walter Ulbricht» in Potsdam-Babelsberg abgehalten, war der Sündenfall der ostdeutschen Rechtswissenschaft. Mit der Babelsberger Konferenz begann, wie Karl Mollnau jetzt erklärt, «die Niedergangsjurisprudenz in der DDR».[15]

Nicht, daß auch vorher nicht schon Schlimmes im Rechtsleben der DDR geschehen wäre. Aber nach der noch undefinierten Aufbruchstimmung der unmittelbaren Nachkriegszeit und der klassenkämpferischen Rücksichtslosigkeit der ersten Lebensjahre der neuen DDR schien die ostdeutsche Rechtswissenschaft auf dem Wege zu sich selbst zu sein. Vieles, was in diesen Jahren geschrieben und gelehrt wurde, war ein Abklatsch der sowjetischen Rechtswissenschaft. Aber es gab auch viele eigene Überlegungen; viel ernsthaftes Suchen nach neuen und besseren Formen der Gesellschaftsorganisation. So waren die geistigen Spielräume im ersten Jahrzehnt der DDR – trotz Stalinismus und Kaltem Krieg – merkwürdigerweise größer als in späteren, äußerlich gemäßigteren Jahren. Eine Kollegin von der Humboldt-Universität erklärte mir auch einmal warum: weil noch Hoffnung auf die Realisierbarkeit einer sozialistischen Gesellschaft bestand. Nach dem XX. Parteitag der KPDSU begannen ostdeutsche Rechtswissenschaftler auch bei der bürgerlichen Rechtswissenschaft bescheidende Anleihen aufzunehmen. Vielleicht, daß im politischen Tauwetter aus der Verbindung sozialistischer und bürgerlicher Einflüsse ein neues und hoffnungsversprechendes Rechtsmodell entwickelt worden wäre.

Genau das sollte die Babelsberger Konferenz verhindern. Wie Karl Mollnau jetzt sagt: die Konferenz sollte die Entstalinisierung im Staats- und Rechtsdenken der DDR «eindämmen und zurückdrehen». Recht, das begonnen hatte, sich selbständig zu machen, sollte fest in den Griff der Partei zurückgezwungen werden. Walter Ulbricht selbst hielt das Referat über «Die Staatslehre des Marxismus-Leninismus und ihre Anwendung in Deutschland», in dem er dem Recht jede vom Staat losgelöste oder auch nur distanzierte Existenz absprach. Recht war ein Instrument des Staates zur Umgestaltung der Gesellschaft, sonst nichts. Und da der Staat von der Partei geleitet wurde, war Recht ein Instrument der Partei. «Das Kriterium für die Wissenschaftlichkeit unserer Staats- und Rechtslehre ist ihr Nutzen für die Praxis des sozialistischen Aufbaus», sagte Walter Ulbricht.[16]

Ulbrichts Referat in Babelsberg stammte weitgehend aus der Feder von Karl Polak: Rechtstheoretiker, Genosse, Mitstreiter Ulbrichts im sowjetischen Exil, juristischer Mentor Ulbrichts und der böse Geist der ostdeutschen Rechtswissenschaft weit über seinen Tod im Jahre 1963 hinaus. Es ist müßig, sich zu überlegen, was Ulbricht ohne Polak, was Polak ohne Ulbricht hätten bewirken können. Beide ergänzten sich wie Hand und Handschuh. Ulbricht wollte Macht und ein sozialistisches Deutschland. Polak haßte das bürgerliche Rechtserbe, haßte seine Trennung und Gegenüberstellung von Bürger und Staat, haßte den Rechtsstaat, den er für nichts anderes als einen Rechtfertigungsstaat kapitalistischer Machtausübung hielt. In Polaks Augen war die Trennung von Staat und Bürger im Sozialismus aufgehoben. Staat und Recht durften also ohne Skrupel identisch sein, sie mußten es sogar: Recht war der Wille des Staates, vom Staat sowenig wie der Gedanke vom Kopf zu trennen.

In seinen Schriften nannte Polak «Staat und Recht» darum immer in einem Atem. Er war nicht einmal bereit, über das Verhältnis beider zueinander nachzudenken. Allein die Frage nach dem Verhältnis von Staat und Recht verrate, daß man beide noch als «getrennte Größen» sehe. Die Frage sei also «sinnlos, antimarxistisch, antiwissenschaftlich».[17] Immer geht es bei Polak um Extreme: um «fundamentale Tatsachen», «grundlegende Unterschiede», «grundlegende Veränderungen».[18] Seine Beweisführung kennt weder Kompromisse noch Schattierungen. Die Welt ist in Hell und Dunkel aufgeteilt: richtig steht gegen falsch, neu gegen alt, objektiv gegen subjektiv, bewußt gegen spontan, Freund gegen Feind. «Es gibt hier nur ein Entweder/Oder» ist eine seiner Lieblingsformulierungen.[19]

Auch Polak, wenn ich ihn heute lese, kommt mir mit seiner Weigerung, Theorie an gesellschaftlicher Wirklichkeit auszurichten und zu testen, sehr deutsch vor. Aber dies ist eine andere Theorie als die, der ich jahrzehntelang in den juristischen Zeitschriften der DDR begegnet bin. Hier geht es nicht um anstudierte ideologische Exerzitien. Die Sprache ist deutlich und direkt: auch wenn ich ablehne, was Polak sagt, weiß ich doch immer, was er meint. Hier brennt ein anderes Feuer als die künstlich genährten Flämmchen, die durch die Aufsätze der meisten anderen Rechtstheoretiker in der DDR flackerten. Ich weiß nicht, was das Feuer nährte. Karl Mollnau erzählte einmal von einer Fahrt, auf der er als junger Mann von Polak im Auto mitgenommen worden sei. Der berühmte Mann habe ohne Unterbrechung die ganze lange Strecke nur von seinen Ideen gesprochen. Ein Besessener? Es scheint verbürgt, daß Polak zum mindesten ein paar Wochen in einer Nervenheilanstalt verbringen mußte. Oder war es der von Hitler vertriebene Jude, der alles haßte, was das Dritte Reich hervorbringen konnte? Der Bauernsohn aus dem Oldenburgischen, der bei Erik Wolf in Freiburg mit «Studien zu einer existentialen Rechtslehre» promoviert hatte und dem die eigenen Ideen zu Kopf gestiegen waren? Der Professor, der sich an der Macht berauschte?

Vielleicht von jedem ein bißchen. Auf jeden Fall konnte Karl Polak aufs allerbeste das intellektuell begründen, was Walter Ulbricht 1958 brauchte: ein Rechtssystem, das nicht Wächter über die Macht, sondern ihr dienstbarer Vollzugsgehilfe war. Aber es ist erschreckend zu sehen, wie bereitwillig die Rechtswissenschaft in der DDR, die doch gerade begonnen hatte, auf eigenen Füßen zu stehen, das schlimme Spiel mitspielte. Alle, die sich damals in Babelsberg versammelten, mußten schon im voraus geahnt haben, was kommen würde. Die Konferenz folgte dem 35. Plenum des ZK der SED vom vorausgegangenen Februar, auf dem es Ulbricht gelungen war, die innerparteiliche Opposition um Karl Schirdewan auszuschalten. Jetzt würden die Rechtswissenschaftler an der Reihe sein. Offiziell ging es vor allem um zwei: Hermann Klenner, der vier Tage vorher in einem Artikel im *Neuen Deutschland* des Revisionismus beschuldigt worden war, und Karl Bönninger, Verwaltungsrechtler aus Leipzig, der in einem Festschriftaufsatz aus dem Jahr davor rechtsstaatsverdächtige Gedanken geäußert hatte. Professor Bönninger war bei der Konferenz dabei und gehört selbst mit zu den Sprechern. Professor Klenner fehlte: man hatte ihm als einem Unwürdigen die gedruckte Einladungskarte noch vor Konferenzbeginn wieder abgenommen. Aber hatten sich nicht auch die meisten anderen hier und da Revisionismusverdächtiges vorzuwerfen? Würden sie selber ungeschoren davonkommen? Es muß eine besorgte Truppe gewesen sein, die sich am 2. April 1958 zu Walter Ulbrichts Referat zusammenfand.

Wenn man heute das Protokoll der Babelsberger Konferenz liest, läuft es einem kalt den Rücken herunter. Mit Kürzungen würde es ein vorzügliches Drehbuch für einen makabren Film über den Stalinismus in Deutschland abgeben. Der Ort: die Babelsberger Akademie, ein wuchtiges Gebäude von kalter Eleganz, das machtvoll und bedrohlich genug aussieht, um als Nazi-Kulisse in dem Film *Mephisto* eine Rolle gespielt zu haben. Der Star: Walter Ulbricht, mit Karl Polaks Sentenzen ausgestattet, der nicht nur über Recht und Macht spricht, sondern über alles andere, von dem die Rede ist – Musterstatute im LPG-Recht, Ausbildungspraktiken, den Gegenstand des Arbeitsrechts. Zwanzigmal mischt er sich mit Zwischenrufen in die Diskussion ein. Manchmal drohend: Klenner habe doch schon früher mit der Nagy-Regierung in Ungarn sympathisiert, ruft er: «Wie kommt es, daß man das nicht gemerkt hat? ... Ihr wart doch mit ihm zusammen!» Manchmal ist er der allwissende und besorgte Landesvater. Jemand aus der Praxis erzählt von einem Dorflehrer, der leider immer noch Christ sei. «Ihr müßt ihm ein bißchen Zeit lassen, das geht nicht so schnell! Keine Termine setzen!» rät Väterchen Ulbricht von seinem Sitze aus.

Und dann sind da die beiden Bösewichter: Karl Bönninger und Hermann Klenner. Karl Bönninger spielt die ihm zugedachte Rolle schlecht. Er merkt gar nicht, daß er sich mitten in einer Säuberungskampagne befindet, deren Objekt er ist. Vielmehr scheint er das Treffen in Babelsberg für eine wissenschaftliche Konferenz zu halten: er widerspricht Ulbrichts Zwischenrufen, entschuldigt sich nicht einmal, beharrt auf seinem Standpunkt und bedauert am Ende noch, von seinem eigentlichen Thema abgelenkt worden zu sein. Keine Hand rührt sich zum Beifall, als Bönninger mit seinem Vortrag fertig ist. Professor Klenner spielt seine Rolle *in absentia* und läßt sich daher einfacher zum negativen Helden ausstaffieren. Ein Mann, der dem sozialistischen Recht «völlig verständnislos gegenübersteht», sagt Walter Ulbricht. Die anderen Sprecher pflichten eifrig bei. «Ein verbitterter Schweiger», mit einer «Neigung zur Trennung von Staats- und Rechtstheorie», sagt ein Kollege. Jemand, dem «die Führung der Partei durch den Genossen Walter Ulbricht nicht paßte», sagt ein anderer. Ich muß zugeben, daß ich mir Hermann Klenner in seiner Rolle als intellektueller Anti-Stalinist gut vorstellen kann.

Und schließlich die übrige Besetzung. Ein paar Parteisekretäre, die in ihren Diskussionsbeiträgen deutlich machen, daß sie jedenfalls nicht schuld sind. Zur Auflockerung des Skripts einige Verwaltungsleute aus der Praxis, die in einfachen und geraden Worten über Dorfprobleme sprechen. Und vor allem die Professoren, die die Mehrzahl der Diskussionsredner stellen und sich gegenseitig in Schuldbekenntnissen und Ergebenheitserklärungen überbieten.

Bereitwillig geben sie zu, was sie alles falsch gemacht haben. Sie haben an ihren Fakultäten «eine rein versöhnlerische Atmosphäre» herrschen lassen, in der «in akademischen Umfangsformen diskutiert» werden konnte. An der Humboldt-Universität hatte man allen Ernstes überlegt, «ob die Maßnahme des Separierens bestimmter Literatur noch gerechtfertigt sei und ob man diese Literatur wieder in den Lesesaal stellen könne.» In Jena hatte man in Verwaltungsrechtsübungen Polizeirechtsfälle behandelt, hatte also Konflikte zwischen Bürger und Staat nicht nur unterstellt, sondern auch noch studiert! Auch der wissenschaftliche Publikationsbetrieb war verwildert. «Es ist doch beinahe unfaßbar», sagt ein Dozent aus Leipzig, daß die Beiträge einer Festschrift zum 40. Jahrestag der Oktoberrevolution ohne politische Auseinandersetzung einfach gesammelt und gedruckt worden waren. «Das ist eine Schande für uns alle und ich ... empfinde es persönlich auch als eine Schande für mich.»

Wer war schuld? Man selbst, aber vor allem eben doch die anderen. «Genossen, wir haben Fehler gemacht», sagt in der einen oder anderen Form ein jeder. Man ringt mit sich: «Ich muß ganz ehrlich sagen, es ist mir subjektiv außerordentlich schwer geworden, ... die Berechtigung dieser Kritik» zu verstehen, bekennt jemand. Man petzt. Genosse Steiniger sei «politisch unsicher» gewesen, berichtet einer. Genosse Bönninger habe bei einer Diskussion in Berlin das Recht als «juristisches Korsett» der Politik bezeichnet, verrät ein anderer. Genosse Klenner habe sich «zynische und provokatorische Bemerkungen über Genosse Walter Ulbricht erlaubt», enthüllt jemand. «Ich kann hier nicht alle Einzelheiten darlegen», fügt er noch dunkel hinzu. Und man demonstriert mit Zwischenrufen die eigene politische Wachsamkeit. «Geh selbstkritisch an das Problem heran!» ruft ein Kollege Karl Bönninger bei dessen Vortrag zu.

Und zum Schluß die Versprechungen, es besser machen zu wollen. «Ich möchte Euch die Versicherung geben, Genossen», sagt Professor Hochbaum aus Jena, der noch zwei Jahre zuvor ein Rechtsmittelverfahren in der Verwaltung gefordert hatte, «daß wir alles tun werden, um die Schande zu überwinden, die wir auf uns geladen haben ...» Bravorufe und Beifall am Ende seines Beitrags. Was hatte Ulbricht ihnen vorgeworfen? «Einigen unserer Genossen Rechtswissenschaftlern ist noch nicht klar, daß sie ihre wissenschaftliche Arbeit als Mitglieder unserer Partei ... zu leisten haben.» Seine Zuhörer haben jetzt verstanden, was von ihnen erwartet wird. «Heute, Genossinnen und Genossen, ist mir klar, wir sind als Theoretiker in erster Linie Funktionäre der Partei», sagt Professor Hochbaum. Ein FDJ-Mann aus Babelsberg wird noch deutlicher. Jetzt werden wir «es besser verstehen, die Frage zu beantworten: was nützt der Partei und was schadet ihr?» sagt er.

Bis zum Ende der DDR haben ostdeutsche Rechtswissenschaftler diese Frage nicht vergessen. Unmittelbar nach Babelsberg wurden Karl Bönninger und Hermann Klenner zur Bewährung an die Basis versetzt: Bönninger als Sekretär des Rates nach Schkolnitz im Landkreis Leipzig, Klenner als Bürgermeister nach Letschin im Oderbruch, ein Dorf, das schon Fontane als «Kleinsibirien Preußens» bezeichnet hatte. An der Humboldt-Universität in Berlin brachte man die Büsten von Savigny und Dernburg aus der Bibliothek in den Keller. Die Vorlesung «Geschichte der Staats- und Rechtstheorie» wurde aus dem juristischen Lehrprogramm der DDR gestrichen. Zwar hielt das allerschlimmste Frostwetter nicht an. Klenner und Bönninger durften nach ein paar Jahren in die Wissenschaft zurückkehren. Im Mai 1962 erschien in der Zeitschrift *Staat und Recht* ein Manifest von zehn Rechtswissenschaftlern, unter ihnen auch Hermann Klenner, in dem unter dem Titel «Thesen über das deutsche staats- und rechtswissenschaftliche Erbe» auch die Beschäftigung mit «progressiven bürgerlichen Staats- und Rechtsideologien» empfohlen wurde.[20] Den Autoren der Thesen (sie trugen deutlich die Handschrift Klenners) passierte nichts Schlimmeres, als daß man ihnen vorwarf, offenbar die grundsätzlichen Gedanken der Babelsberger Konferenz «noch immer nicht in ihrer ganzen Tragweite erkannt» zu haben.[21] Auch den vielen anderen Rechtswissenschaftlern in der DDR, die, wie Karl Polak spöttisch schrieb, «nach mancherlei Verbeugungen vor der Babelsberger Konferenz auf ... alten Pfaden» weiterwandelten,[22] wurde der Weg nicht ernstlich verbaut.

Trotzdem gab die Partei ihren in Babelsberg erhobenen Herrschaftsanspruch über die Rechtswissenschaft der DDR nie auf. Der Anspruch wurde ihr auch nie von den Betroffenen streitig gemacht. Niemand stand auf und sagt die Wahrheit über Babelsberg. Wie sich das allerdings hätte machen lassen, weiß ich auch nicht. Ein Aufsatz von Professor Karl-Heinz Schöneburg, der vorsichtig und beschwichtigend die «Widersprüche» und «Einseitigkeiten» der Konferenz zur Sprache bringen wollte, wurde noch 1988 von der Zeitschrift *Staat und Recht* zurückgewiesen – es waren Einsprüche vom ZK gekommen.[23] Auch in den Redaktionskollegien, auch unter den Wissenschaftsfunktionären der Partei gab es bis zum Schluß keinen Aufstand. So lebte der Ungeist fort. Noch 1985, als Karl Polak 80 Jahre alt geworden wäre, lobte ein Gedenkartikel in *Staat und Recht* «seine unbedingte Parteilichkeit» und die «beeindruckende Aktualität» seines Werks.[24] Noch 1987 war «Babelsberg» die Beschwörungsformel, mit der ein in Ungnade geratener Rechtswissenschaftler in der DDR hoffen durfte, sich zu rehabilitieren.[25] Vielleicht hätte, wenn noch im Sozialismus ein Mutiger das Gespenst bei seinem wahren Namen gerufen hätte, es sich exorzieren lassen. Heute – vierzehn Monate nach der Wende, drei Monate nach der Wiedervereinigung – ist der Rechtswissenschaft der DDR nicht mehr zu helfen.

17. Januar 1991

Kriegsausbruch am Golf.

Ich verbringe den ganzen Tag in Abwicklungsangelegenheiten an der Humboldt-Universität. Erst morgens um 9 Uhr eine Veranstaltung des Studentenrats des Fachbereichs Rechtswissenschaft, auf der Justizsenatorin Limbach zur Abwicklungspolitik des Senats spricht. Es ist nicht ihr Ressort und, wie bei ihrem Vortrag durchscheint, auch nicht die Politik, die sie befürwortet haben würde. Aber sie gibt sich Mühe, Kabinettssolidarität an den Tag zu legen. Ein paar Vorwürfe («Sie wissen doch, daß Juristen in der DDR vor, während und nach dem Studium ihren Staat unterstützen mußten»; «die Bürger beklagen sich, weil sich nichts verändert»); ein paar Zwischenrufe («Sie brauchen uns doch nicht zu erzählen, was die Bürger hier beklagen!»); die üblichen

Argumente («Seilschaften», es ist zu wenig geschehen in einem Jahr; Ihr schafft es nicht, Euch am eigenen Schopfe aus dem Sumpf zu ziehen); die übliche Spannung zwischen anklägerischen Wessis und defensiven Ossis. Dann eine flammende Rede von Professor Wera Thiel, der HUB-Arbeitsrechtlerin: schnell, erregt, in einem Atemzug gegen «Fremdbestimmung vorher, Fremdbestimmung jetzt». Wir müssen unsere Umwandlung selbst bewerkstelligen, sagt sie; es geht nicht von heute auf morgen; «Man muß mit diesen Köpfen auskommen.» Ein halbherziger, eigentlich zustimmender Kommentar von Frau Limbach. Danach ein Student im dritten Studienjahr, der erklärt, was ihn anbetreffe, so sei er nur an der ordentlichen Beendigung seines Studiums interessiert. Dafür müsse, was immer sonst die Wissenschaftspolitiker im Schilde führten, die nötige Anzahl von Lehrveranstaltungen an der HUB gesichert werden. Im übrigen «kann ich mit der Abwicklung ganz gut leben». Diese selbstbezogene Haltung bringt einen der Westberliner Fernsehmänner, die jetzt eigentlich immer bei Streitgesprächen über die Zukunft der Humboldt-Universität mit dabei sind, so in Rage, daß er dazwischenfunkt. «Ihr Studenten seid doch genauso mit der Partei liiert gewesen wie Euere Professoren», ruft er ganz aufgeregt von seiner Kamera her. «Da müßt Ihr Euch doch mit ihnen solidarisieren!» Verblüfftes Schweigen im Saal.

Nachmittags dann im selben Hörsaal 2002 eine Vollversammlung des Fachbereichs Rechtswissenschaft, um alle auf den laufenden Stand der Entwicklungen zu bringen. Natürlich öffentlich; fast alles ist jetzt öffentlich an der HUB; auch Ereignisse, von denen wir an meiner Universität in Texas Außenstehende geniert ausschließen würden. Die Dekanin, Professor Will, berichtet. Die Klage der HUB gegen die Abwicklung der fünf «ideologisch belasteten» Fachbereiche ist eingelegt; wenn die Senatsverwaltung den Abwicklungsbeschluß sofort vollziehen wird, was wahrscheinlich ist, wird die Universität auch auf vorläufigen Rechtsschutz klagen. Im Februar soll die Verhandlung beim Verwaltungsgericht sein. Bis dahin verhindert die Vorläufigkeit der Situation energische, nach vorne gerichtete Entscheidungen.

Aber Frau Will möchte sich nicht durch «vorauseilenden Gehorsam» schon jetzt einer Senatsentscheidung anpassen, von der sie hofft, daß das Gericht sie demnächst als rechtswidrig aufheben wird. Jedenfalls die Selbstüberprüfung der Fakultät soll trotz unsicherer Abwicklungslage also weiterlaufen. Zu diesem Zweck möge die Personalstrukturkommission ihre Arbeit so bald wie möglich aufnehmen. Die Kommission – kurz PSK genannt – beruht auf einem Beschluß des Konzils der Universität vom Dezember, nach dem in jedem Fachbereich gemischte Gremien aus Ost- und West-Vertretern die Weiterverwendbarkeit aller HUB-Mitarbeiter überprüfen sollen. Eine zentrale Personalstrukturkommission – ZPSK – dient als Koordinierungs- und Berufungsinstanz. Die Kommissionen sollen die «wissenschaftliche Kompetenz und persönliche Eignung» jedes einzelnen Kollegen nach Aktenstudium und persönlicher Anhörung entweder bestätigen oder verneinen. Nur: was ist «persönliche Eignung»? Gestern, bei einer Streikversammlung der Studenten zum Protest gegen den Abwicklungsbeschluß des Senats, fragte ein Student den Rektor, Professor Fink, wie hoch denn seiner Ansicht nach die Zahl der politisch Unbelasteten an der HUB sei. «Es gibt an dieser Universität keinen einzigen, der nicht belastet ist», war Finks Antwort. Nach welchen Kriterien lassen sich dann aber die Hoffnungsträger von den Unverbesserlichen unterscheiden?

Meine Frage ist nicht müßig. Wie sich nämlich herausstellt, bin ich selbst Mitglied der PSK des Fachbereichs Rechtswissenschaft. Als Frau Will mich überredete, meinen Namen auf die Wahlliste der Fakultät setzen zu lassen, schien die Sache ungefährlich. Jetzt bin ich durch das unerwartete Ausscheiden zweier anderer aus dem sicheren Abseits mitten in den Erneuerungsprozeß der HUB gestolpert und weiß nicht, wie ich mich wieder herausreden soll. Ich will etwas von «zuviel Arbeit» sagen, denke an Frau Wills tägliche Arbeitslast und verstumme. Sie weiß auch, welchen Anstoß ich noch brauche, um mitzumachen. «Was glauben Sie, was Sie alles für Ihr Buch lernen werden», sagt die Dekanin. Ich lasse mich bestechen.

Abends um 6 Uhr dann schon die erste Sitzung der PSK; in einem Institutszimmer des Fachbereichs (Einzelzimmer hat hier niemand), dessen unglaublich hohe Decke noch etwas von dem alten Glanz dieser Universität erahnen läßt. Wir sind elf Leute: eine Sekretärin, drei Studenten, drei wissenschaftliche Mitarbeiter, vier Professoren. Dazu werden am Montag noch vier externe Kommissionsmitglieder hinzustoßen, alles renommierte Juraprofessoren aus dem Westen. Die «Externen», die ja schließlich nicht immerzu nach Berlin kommen können, werden nur bei den wichtigsten Sitzungen dabei sein. Ich gehöre zu den «Internen», weil Frau Will, um die Glaubwürdigkeit der Kommission in argwöhnischen Westberliner Augen zu erhöhen, auch auf die Aufstellung von West-Juristen drang. Unter den vier Professoren in unserer Gruppe ist noch ein zweiter Wessi dabei: Professor Nordemann, Anwalt in Westberlin, Honorarprofessor an der FU und jetzt Gastdozent an der Humboldt-Universität.

Wir einigen uns schnell über Verfahrensfragen und Terminkalender. Dr. Tatjana Ansbach, Völkerrechtsdozentin an der HUB, wird zur Vorsitzenden gewählt. Eine kluge, lebhafte, runde junge Frau, bei der ich mich in den nächsten Wochen immer wieder wundern werde, wie gerade und, wenn nötig, auch eckig sie sein kann. Von den anderen Kommissionsmitgliedern kenne ich persönlich nur einen, Dr. Felix Posorski, Oberassistent im Institut für Öffentliches Recht und Völkerrecht, mit dem ich mich vor Jahren – nein, es ist schon über ein Jahrzehnt! – einmal lange über gesellschaftliche Gerichte in der DDR unterhalten habe. Wir gingen damals in ein Restaurant am Alexanderplatz, weil an ein Gespräch in der Humboldt-Universität natürlich nicht zu denken war. Jetzt schütteln wir die Köpfe darüber, wie die Geschichte uns wieder zusammengeführt hat.

Weil der Konzilsbeschluß außer «wissenschaftlicher Kompetenz und persönlicher Eignung» keine Evaluierungs-Kriterien vorgegeben hat, müssen wir uns jetzt über unsere Standards verständigen. Schon bei der «wissenschaftlichen Kompetenz» wird die Sache schwierig. Eine Ost-Kollegin schlägt «Solidität und Kreativität der wissenschaftlichen Arbeit» vor. Ich versuche, vorsichtig zu erklären, wie gering, zum mindesten in westlichen Augen, die Wahrscheinlichkeit ist, diese Qualitäten in der ostdeutschen juristischen Literatur zu finden. Ein West-Jurist sieht beim Lesen eines DDR-Artikels vor allem die Eintönigkeit, die unvermeidlichen politischen Vorsprüche, die Zitatenschwemme. Die DDR-Kollegen, an Ort und Stelle mit der politischen Situation vertraut, sehen mehr: die haarbreiten Abweichungen, die Untertöne, das Risiko der Themenwahl. Und sie haben dazu die Stimme des Schreibenden im Ohr, der in mündlichen, unzensierten Diskussionen schon viele Male verraten hatte, wes Geistes Kind er war. Aber: zählt der Hintergrund oder zählt das Werk?

Wir einigen uns auf «Ausnutzung vorhandener Spielräume» als ein Kriterium für die Qualität wissenschaftlicher Arbeit. Ich sehe etwas beunruhigt den nächsten Sitzungen entgegen.

24. Januar 1991

Heute soll ich mich mit Dr. Ursula Rohde treffen, vor einem Jahr noch Oberrichterin und Vorsitzende des Senats für Familienrecht am Obersten Gericht. Wir haben uns in der Hallenbar im Hotel Unter den Linden, Ecke Friedrichstraße, verabredet. Für den Preis eines Kännchen Kaffees läßt es sich dort auf wenig frequentierten Polstersesseln stundenlang in Ruhe reden. Ich war in den letzten Wochen öfters dort; der Ober und ich kennen uns schon.

Obwohl ich pünktlich bin, ist Frau Rohde bereits da. Sie macht den Eindruck eines Menschen, der daran gewohnt ist, Autorität auszuüben. Ein kluges, beherrschtes Gesicht. «Eine Dame», hätte meine Mutter gesagt. Ich komme mir in Hosen und Pullover falsch angezogen vor. Wir sprechen erst ein bißchen über Frau Rohdes Werdegang: mit dreiundzwanzig – dem Mindestalter – Richterin, mit dreißig zum Obersten Gericht, gerade in den Jahren, in denen das neue Familiengesetzbuch der DDR geschaffen und erprobt wurde. «Eine außerordentlich konstruktive Zeit», sagt sie.

Familienrecht ist auch eines meiner eigenen Fachgebiete, und ich bin natürlich besonders an dem Verhältnis von Politik und Recht in der Familienrechtsprechung des Obersten Gerichts interessiert. Ich weiß wohl, daß – von den frühen Jahren abgesehen – das Familienrecht der DDR in mancher Hinsicht unpolitisch war. DDR-Familienrechtspolitiker merkten schon früh, daß auch im Sozialismus die Familie dem Staat nur dann nützen konnte, wenn sie funktionierte, und daß eine funktionierende Familie voraussetzte, daß man sie interne Entscheidungen allein treffen ließ. Das gesellschaftliche Umfeld war etwas anderes: im Kindergarten oder in der Schule, zum Beispiel, sprach der Staat kräftig mit. Aber obwohl in der DDR-Literatur viel von der Verantwortung der Familie gegenüber der Gesellschaft die Rede war, ließ die Rechtspraxis Eltern und Kinder in ihren persönlichen Beziehungen in Ruhe. Auch die Gesetzgebung reflektierte wachsende politische Abstinenz. Während zum Beispiel die Eheverordnung von 1955 die Scheidung einer Ehe nur zuließ, wenn die Ehe ihren Sinn «für die Ehegatten, die Kinder und die Gesellschaft» verloren hatte, fügte das Familiengesetzbuch von 1965 diesem Satz zwei Wörtchen hinzu: Es erlaubte die Scheidung, wenn die Ehe ihren Sinn «für die Ehegatten, die Kinder und *damit auch* für die Gesellschaft verloren hat». Anstatt der Familie gesellschaftliche Glücksvorstellungen aufzuzwingen, akzeptierte die DDR-Rechtsprechung Familienglück als ein Ziel der Gesellschaft.

Trotzdem war das Familienrecht der DDR natürlich auch hochpolitisch. Die Gleichberechtigung der Frau zum Beispiel war ein politisches Ziel des Sozialismus, das die ostdeutsche Familienrechtsprechung sehr viel früher und sehr viel entscheidender prägte als die der Bundesrepublik. Aus dem Gleichberechtigungsprinzip ergaben sich andere wichtige Rechtsfolgen: die Forderung zum Beispiel, daß Frauen ebenso wie Männer am Berufsleben teilnehmen sollten. Aus der beruflichen Gleichstellung der Frau folgte wiederum, daß von ihr erwartet wurde, nach einer Scheidung für sich selbst zu sorgen, und daß nachehelicher Unterhalt – früher als Ausgleich für den unverschuldeten Verlust der Versorgung einer Frau durch ihren Ehemann verstanden – nur noch eine seltene Ausnahme sein durfte.

Manche dieser Vorstellungen haben inzwischen auch im westdeutschen Familienrechtsdenken Platz gefunden. Was mich heute besonders interessiert, ist eine DDR-spezifische Variante der Gleichberechtigungspolitik, die zu einer Ungleichbehandlung von Mann und Frau bei Sorgerechtsstreitigkeiten im Falle einer Scheidung führte. Um die Doppelbelastung von Frauen durch Beruf und Familie auszugleichen (und um die Geburtenrate anzuheben), erhielten Mütter in der DDR ein vom Staat finanziertes Freijahr, das ihnen erlaubte, die ersten zwölf Monate im Leben ihres Kindes zu Hause zu verbringen. Kam es später zu einer Scheidung, so erwies sich ihr engerer Kontakt mit dem Kind während des Babyjahres als Vorteil für den Erziehungsrechtsanspruch der Mutter. Um aber gleichzeitig die berufliche Eingliederung von Frauen zu fördern, erlaubte DDR-Recht es nicht, eine Mutter im Erziehungsrechtsstreit zu benachteiligen, weil sie sich mehr ihrer beruflichen Qualifizierung als ihrem Kind gewidmet hatte. Die Schlußfolgerung, die für den Sorgerechtsanspruch eines Mannes selbstverständlich war – es tut uns leid, aber du hast nicht genügend Zeit mit deinem Kind verbracht –, galt also nicht für eine berufstätige Frau.

Die Doppelbevorzugung von Müttern bedeutete, daß es für Väter in der DDR nahezu unmöglich war, gegen den Willen ihrer ehemaligen Ehefrau das Sorgerecht für ihre Kinder zu erstreiten. Nur wenn eine Mutter am Kind nicht interessiert oder zu seiner Erziehung in drastischer Weise ungeeignet war, hatte auch der Vater eine Chance. Zwar werden auch in amerikanischen oder westdeutschen Familiengerichten Kinder bei einer Scheidung in der Regel ihrer Mutter zugesprochen. Aber die ostdeutsche Rechtsprechung war in dieser Beziehung besonders rigoros. Sie war auch in der DDR durchaus nicht unumstritten. Frau Eichhorn, zum Beispiel, hatte mir schon im Dezember von ihrem Unbehaben an der Bevorzugung von Müttern in ostdeutschen Sorgerechtsprozessen erzählt. Ihre ehemalige Kollegin am Obersten Gericht und heutige Praxispartnerin, Dr. Heidi Gacek, mit der ich eine Woche später sprach, teilte die Bedenken. Schon im November 1989, zwei Wochen nach dem Fall der Mauer, als ich in einer Unterhaltung mit zwei Ostberliner Rechtsanwälten nach den Veränderungen fragte, die nun im Rechtsalltag der DDR zu erwarten seien, stand das Erziehungsrecht für Väter mit auf ihrer Liste. Die väterfeindliche Rechtsprechung ostdeutscher Familienrichter schien also nicht auf der Überzeugung der beteiligten Juristen zu beruhen. Sie mußte politische Ursachen gehabt haben.

Was war die Rolle des Obersten Gerichts dabei gewesen? Es hatte weitreichende rechtsschöpferische Funktionen: vor allem durch seine Befugnis, Richtlinien zu erlassen (die die bestehende Gesetzgebung interpretieren und vervollständigen sollten) und durch seine Kassationsrechtsprechung (durch die es bereits rechtskräftige Entscheidungen im Interesse einer einheitlichen und gesellschaftlich korrekten Rechtsprechung noch einmal revidieren konnte). Auf vielen Gebieten machte das Gericht von seinem Kassationsrecht niemals Gebrauch: Die Frage zum Beispiel, ob und wann eine Ehe zerrüttet und daher zu scheiden war, überließ es völlig den Kreisgerichten. Aber das Problem, das mich heute interessiert – unter welchen Voraussetzungen geschiedene Väter Anspruch auf die Erziehung ihrer Kinder hatten –, war vom Obersten Gericht für wichtig genug gehalten worden, um in mehreren Kassationsurteilen zugunsten der Mütter entschieden worden zu sein.

Entsprach der Entschluß, in diesen Fällen zu kassieren, wirklich nur der Machtfülle des Obersten Gerichts allein? Oder wurde das OG in kritischen Fragen der Familienpolitik durch die Partei geleitet? Ich hatte diese Frage schon Frau Eichhorn und Frau Gacek gestellt. Nach ihren Beschreibungen kannte man bei Sorgerechtsentscheidungen zum mindestens dann die Wünsche der Partei, wenn von Inge Lange, Vorsitzende der Frauenkommission beim Politbüro, ein Schreiben kam. Drei- bis viermal sei das vielleicht der Fall gewesen. Auch das gelegentliche Verlangen des ZK nach etwas, das Frau Gacek «Rücklauf» nennt, verriet Interesse der Machthaber. Beide Frauen erwähnen neben Inge Lange auch Margot Honecker (Ministerin für Volksbildung, der auch die in Familiensachen wichtige Jugendhilfe unterstand) als politische Präsenz in diesen Fragen. Aber wie die Beziehungen Langes und Margot Honeckers zum Obersten Gericht aussahen, bleibt unklar. Als niedriger rangierende Richterin «konnte ich mich der Kontrolle entziehen», sagt Frau Gacek. Bei politischem Ärger, wenn eine «Aussprache» beim ZK auf dem Tapet stand, ging Frau Rohde selber hin. Sie war bei solchen Gelegenheiten gereizt, aber «hatte keine Angst». «Sie wird sich schon gestritten haben», sagt Frau Gacek. «An ihr blieb hängen, was keiner machen wollte.» Das galt auch für einen Sorgerechtsfall, in dem Frau Gacek ein Kind seinem Vater zusprechen wollte, der Pfarrer war. Sie war im Familienrechtssenat überstimmt worden. Der Vater hatte seinen Anspruch nicht als Pfarrer, sondern als Mann verloren. Nun mußte er davon unterrichtet werden, daß seine Kassationsanregung abgewiesen worden war. Ich schreibe ihm nicht, hatte Frau Gacek ärgerlich gesagt. Frau Rohde hatte den Hiobsbrief dann selbst geschrieben.

Jetzt, wo ich ihr gegenübersitze, fällt mir die Beschreibung eines ihrer Kollegen wieder ein: «Kein bequemer Mensch. Nicht obrigkeitshörig.» Trotzdem will Frau Rohde über ihr Verhältnis zur Obrigkeit nicht sprechen. Zwar läßt sie durchblicken, daß die Bevorzugung von Frauen in Sorgerechtsstreitigkeiten auch von ihr mißbilligt wurde. Aber sie wehrt alle Fragen nach den Mechanismen ab, durch die sich in der DDR politische Entscheidungen in höchstrichterliche Rechtsprechung übersetzen ließen. Ich frage nach dem Einfluß der Frauenkommission. Die habe «kein unwahrscheinlich hohes Ansehen» gehabt, ist das abfällige Urteil. Ich erwähne Inge Lange und Margot Honecker. Sie habe mit beiden nie Kontakt gehabt, sagt Frau Rohde. Gab es Kassationsanregungen der Parteispitze zum Erziehungsrecht? Es gab die «eiserne Linie» am Obersten Gericht, daß gerichtliche Entscheidungen auch nur gerichtlich zu überprüfen seien. Einflüsse bei der Richtlinienproduktion des OG? Die letzten zwei Familienrichtlinien zum Kindesunterhalt und den Eigentumsverhältnissen der Ehegatten nach der Scheidung seien der ZK-Abteilung Staats- und Rechtsfragen zwar «zur Kenntnisnahme» vorgelegt worden. Aber die Abteilung habe keinerlei «Hinweise» gegeben. Wieso seien «Vorlagen» und auch nur die Möglichkeit von «Hinweisen» des ZK akzeptabel? Frau Rohde läßt sich auf keine Argumente ein. Es gab keine politische Abhängigkeit der Rechtsprechung ihres Senats, sagt sie. Und wie kam es dann zu einer väterfeindlichen Erziehungsrechtsjudikatur, die offenbar von niemandem in der Richterschaft getragen wurde? Wieder winkt Frau Rohde ab. «Sie werden nicht viel aus ihr herausbekommen», hatte jemand, dem ich von unserem bevorstehenden Gespräch erzählte, prophezeit.

Aber was verteidigt Frau Rohde? Nicht den Ruf des jetzt untergegangenen politischen Systems. Sie scheint ehrlich erschrocken über das DDR-Unrecht, das jetzt zutage kommt, und findet «es ungeheuerlich, wie wir das hinge-nommen haben». Sie erinnert ihr «Entsetzen» über die Rolle Stalins, über die nach dem XX. Parteitag der KPDSU auch in der DDR vieles ans Licht kam. Sie weiß auch noch, daß sie nach der Babelsberger Konferenz das Gefühl gehabt hatte, «irgendetwas Schlimmes sei passiert» – für eine junge Richterin, die genug damit zu tun gehabt haben mußte, sich in ihrem neuen Beruf zurechtzufinden, zeugt diese Reaktion von mehr politischer Sensibilität, als damals in der DDR üblich war.

Aber warum will sie mir nichts von den Beziehungen erzählen, die zwischen ihr und irgendjemandem im ZK bestanden haben müssen? Weil es in unserem Gespräch um ihr Lebenswerk geht, glaube ich, und weil sie nicht bereit ist, dieses Lebenswerk gerade jetzt durch argwöhnische Fragen beschädigen zu lassen. «Ich habe mit Familienrecht rundum mein Leben ausgefüllt», sagt sie einmal. Ich weiß ja ein bißchen über diese Lebensarbeit. Die OG-Richtlinien zum Familienrecht, für die Frau Rohde verantwortlich war, sind solide, handwerklich saubere Versuche, die Probleme zu lösen, die Familienrechtler auf der ganzen Welt beschäftigen: Wie schafft man Gerechtigkeit zwischen Ehegatten, wie schützt man Kinder, die in allen Familienstreitigkeiten immer den kürzeren ziehen?

Natürlich kann man über diesen oder jenen juristischen Aspekt der OG-Richtlinien und -Entscheidungen zum Familienrecht geteilter Meinung sein. Die frühen Richtlinien luden mit bedenklich vagen und ideologisch geladenen Formulierungen auch sicherlich zu politischem Mißbrauch ein. Aber wenn in den beiden letzten Familienrechtsrichtlinien von 1983 und 1986 nicht gelegentlich Begriffe wie «Polytechnische Oberschule» oder «sozialistisches Eigentum» vorkämen, würde ein bürgerlicher Leser gar nicht mehr merken, daß er Rechtstexte einer anderen Gesellschaftsordnung vor Augen hat. Sogar die Richtlinie Nr. 25 zu Erziehungsrechtsentscheidungen aus dem Jahre 1968 (kein gutes Jahr), die einige gefährliche Passagen enthält, besteht darauf, daß «die Entwicklung des Kindes am besten durch eine Erziehung in gleichbleibenden, stabilen Familienverhältnissen gesichert ist» – eine These, die auch der konservativste bürgerliche

Sozialpolitiker unterschreiben könnte. Und wie behandelte das Gericht Konflikte, in die die Politik unmittelbar hineinspielte, etwa Sorgerechtsstreitigkeiten zwischen Eltern, von denen einer in den Westen geflohen war? Wir waren sehr bemüht, in diesen Fällen «nach außen hin einen tipptoppen Eindruck zu machen», sagt Frau Rohde. Anfangs, weil die DDR noch nicht anerkannt war; später, weil es ihr nach Helsinki darauf ankam, «nicht unnötige Angriffspunkte» zu bieten. Das Oberste Gericht drang also in diesen Fällen auf «schöne» Urteile. «Wir müssen eine Rechtsprechung haben, die auch für Eltern in Rostock oder Suhl gelten würde», hieß die Losung. Ich kann mich an keinen veröffentlichten Fall erinnern, der dieser Beschreibung widersprochen hätte.

Also auch hier kein skandalöser Befund. Ich kann verstehen, daß Frau Rohde über meine Fragen böse ist. Statt über die wichtigen und eindrucksvollen Kapitel ihrer Biographie zu sprechen, stöbere ich in ein paar nebensächlichen Fragekomplexen nur deswegen herum, weil sich aus ihnen Rückschlüsse auf die politischen Abhängigkeiten von Frau Rohdes Stellung ziehen lassen könnten. Verglichen mit dem Großteil ihrer Arbeit fällt die Bevorzugung einiger Mütter in Sorgerechtsstreitigkeiten überhaupt nicht ins Gewicht. Und wer sagt, daß die Entscheidungen, selbst wenn sie auf dem Einfluß von Inge Lange beruht haben sollten, so falsch waren? Gab es nicht auch im amerikanischen Familienrecht lange eine *«tender years»*-Doktrin, nach der zum mindesten jüngere Kinder automatisch der Mutter zugesprochen wurden? Hatten nicht auch in der DDR Frauen unter vielen gesellschaftlichen Benachteiligungen zu leiden, so daß man sich nicht aufzuregen brauchte, wenn sie ausnahmsweise auch einmal bevorzugt wurden? Haben meine Fragen irgendeinen anderen Zweck, als ein tüchtiges Lebenswerk nachträglich in ein schlechtes Licht zu rücken?

Eigentlich erwarte ich, daß Frau Rohde mir jetzt politische Selbstgefälligkeit und einen verzerrten Blick vorwirft. Aber sie tut es nicht. Sie ist verletzt durch meine Fragen, weicht ihnen aus, aber bestreitet nicht ihre Legitimität. Was immer in den «Aussprachen» gesagt wurde, zu denen Frau Rohde sich widerwillig ins ZK begab, hat wohl auch in ihren eigenen Augen die Arbeit des Obersten Gericht kontaminiert.

Ich habe mit dem Erziehungsrecht für Väter ja auch nur eine kleine Frage herausgegriffen. Sicherlich gab es andere politisch anfällige Entscheidungen in Frau Rohdes Familienrechtssenat, über die wir heute nicht gesprochen haben. Belastet sie die Erinnerung daran?

Ich frage Frau Rohde, ob sie das Gefühl hat, ihr sei Unrecht geschehen. Ja, sagt sie. Die Antwort kommt ohne Einschränkungen. Manchmal spricht sie über die Geschehnisse wie über ein Naturereignis. «Es geschieht, was geschieht», sagt sie dreimal im Laufe unserer Unterhaltung, «man kann doch nichts machen» – vordergründig auf den Golfkrieg bezogen, aber mit deutlichem Blick auf ihr eigenes Schicksal. Manchmal klingt es, als sei der Wechsel ihrer Lebensumstände eine Krankheit, von der sie sich jetzt erst einmal erholen müsse. Sie spricht davon, wie ungemütlich ihr Arbeitszimmer in der Littenstraße gewesen sei, ganz ohne Sonne, auch im Sommer habe sie immer kalte Füße gehabt. «Wenn ich ein bißchen gut sein will zu mir, höre ich jetzt auf», habe sie sich gesagt. So war sie Ende Juni 1990 aus dem Amt geschieden; drei Monate früher als nötig. Sie «wollte nicht für ein paar Wochen noch geduldet werden».

Das, denke ich, ist der Schlüssel: Frau Rohdes Stolz. Er erlaubt es ihr nicht, sich von einer hergereisten Professorin aus Amerika nach Brüchen im eigenen Lebenslauf ausforschen zu lassen. Sie entzieht sich meinen Fragen, aber bricht das Gespräch nicht ab; sie will die Unterhaltung zu ihren eigenen Bedingungen weiterführen. Sie gibt nichts her, läßt das Thema aber auch nicht los. Sie will nichts sagen, aber auch nichts ungesagt sein lassen. Wir wissen beide, daß es genug zu bereden gäbe, aber wir sind uns zu fern (und in manchem vielleicht auch zu ähnlich?), um den Abgrund zwischen Sieger und Besiegtem zu überbrücken. Es wird nichts. So stelle ich nur noch eine Frage zum Abschluß: Haben Sie in Ihrem Leben etwas falsch gemacht? «Ja», ist die Antwort, «ich hätte im ersten Studienjahr nicht zur Humboldt-Universität, sondern an die Freie Universität in Westberlin gehen sollen.»

«Ach», sage ich enttäuscht, «genau die gleiche Antwort hat mir Herr Toeplitz neulich auch gegeben.» Es stimmt. Vor zwei Monaten hatte ich ein langes Interview mit Dr. Heinrich Toeplitz, von 1960 bis 1986 Präsident des Obersten Gerichts der DDR. Ich lernte in den drei Stunden unseres Gesprächs nichts, was meinem Verständnis für Recht und Gerechtigkeit im Sozialismus weitergeholfen hätte. Um unter die glatte Oberfläche unserer Unterhaltung zu dringen, hatte ich schließlich auch gefragt, ob Herr Toeplitz sich an irgendeinen wichtigen Fehler in seinem Leben erinnern könne. Die Frage war gar nicht politisch gemeint gewesen; ich hatte nur gehofft, vom Eingeständnis dieses oder jenes Fehlers vielleicht auch Einsicht in den Mann und in das, was ihn in Bewegung hielt, gewinnen zu können. «Ja», hatte Dr. Toeplitz gesagt, «ich hätte 1950 nicht ins Justizministerium gehen, sondern Anwalt werden sollen. Dann brauchte ich mich heute nicht um meine Pension zu sorgen.» Das war alles, was er sich nach 26 Jahren als höchster Rechtswahrer seines Landes vorzuwerfen hatte.

Ich erkläre Frau Rohde die Parallele. Jetzt wird sie ernstlich zornig. «Was ich nicht mache: Ihnen solche Fragen stellen!» sagt sie. Dann tut sie es doch: «Und was haben Sie in Ihrem Leben falsch gemacht?» Die Frage ist berechtigt. Ich schulde Frau Rohde eine Antwort, die so ehrlich wie möglich ist. Aber so sehr ich mir den Kopf zerbreche, mir fällt nichts ein, was ich in meinem Beruf falsch gemacht habe. Im persönlichen Leben schon: da drängt sich eine unbefriedigende Erinnerung nach der anderen an Situationen auf, in denen ich nicht so großzügig oder selbstlos war, wie die Gelegenheit gefordert hatte. Aber in meiner Arbeit? Wenn ich hier oder da Falsches gesagt oder geschrieben habe, macht es nichts aus, weil in meinem Beruf Fragen wichtiger als Antworten sind. Ich habe mich nicht geduckt, weil ich keine Autoritäten über mir zu fürchten brauchte. Ich habe es nicht vermieden anzuecken, weil Unorthodoxie im Westen einer Universitätskarriere eher nützlich als schädlich ist. Ich habe nichts falsch gemacht, weil ich gar nichts richtig zu machen brauchte: ich durfte fast immer meinen eigenen Regeln folgen.

Natürlich fällt mir dies alles nicht rechtzeitig genug ein, um Frau Rohdes Fragen zu ihrer Zufriedenheit zu beantworten. So kann sie sich auch nicht den innerlichen Ruck geben, den sie brauchte, um so offen und ehrlich zu sein, wie sie es vielleicht selber gerne wäre. Noch eine Weile reden wir ärgerlich aneinander vorbei. Dann geben wir auf. Als wir hinausgehen, nickt der Ober uns freundlich zu. «Na, Schularbeiten gemacht?» fragt er. Das hat er neulich schon einmal gesagt, als ich von einem anderen Gespräch mit einem anderen Gegenüber aufbrach. «Na, Schularbeiten gemacht?» Wir hatten gelacht und irgendetwas Belangloses gesagt. Aber Frau Rohde ist zu verletzt und zu zornig, um sich mit heiteren Redensarten abzugeben. «Wir brauchen keine Schularbeiten mehr zu machen», sagt sie streng. Obwohl es schon schön wäre, denke ich, wenn wir manches in unserem Leben, wie schlecht gemachte Schularbeiten, einfach noch einmal ins reine schreiben könnten.

Draußen verabschieden wir uns mit höflich-feindseligem Händedruck. Auf meiner Seite ist auch Respekt dabei.

29. Januar 1991

Ein Gespräch mit Professor Karl Mollnau im Institut für Rechtswissenschaft an der Akademie der Wissenschaften. Herr Mollnau ist – war? – dort Leiter des Bereichs «Rechtstheorie». Zwar bin ich mir nicht sicher, ob das Institut für Rechtswissenschaft jetzt, nach dem 31. Dezember 1990, überhaupt noch existiert. Aber es hat jedenfalls noch genug physische Präsenz, um eine Verabredung in der Otto-Nuschke-Straße zu erlauben. Ich möchte erfahren, wie ein Rechtswissenschaftler im Sozialismus als Wissenschaftler funktionieren konnte. Unsere Unterhaltung findet in einem Arbeitszimmer statt, das offensichtlich mehreren Mitarbeitern als Bleibe diente: die verschiedenen Schreibtische und Aktenschränke geben ihm etwas Unpersönliches. Herr Mollnau und ich sitzen, wie in einem Wartesaal, auf zwei zufällig plazierten Stühlen einander gegenüber. Erst ganz zum Schluß unseres Gesprächs, als er aus der Schublade eines der Schreibtische ein Dokument holt, um es mir zu zeigen, merke ich, daß Karl Mollnau sich in diesem Raum einmal zu Hause gefühlt haben muß.

Er kommt aus einem kleinbäuerlichen Elternhaus. 1952 begann er, ganz ohne wissenschaftliche Absichten, das Jurastudium an der Humboldt-Universität. Aber dann fing er Feuer: Das Studium fiel ihm leicht, und das Abstrakte und

Historische an der Rechtswissenschaft faszinierte ihn. So blieb er dabei: erst an der Humboldt-Universität; dann, seit der Gründung des «Instituts für Theorie des Staates und des Rechts» im Jahre 1972, an der Akademie der Wissenschaften. Meine erste Frage gilt der Planung der Wissenschaft im Sozialismus: wie beengend war der Plan? Aber der gleichgültige Ton, in dem Herr Mollnau mir jetzt das Verhältnis des Zentralplans für gesellschaftswissenschaftliche Forschung zum Akademie- und Institutsplan erklärt, verrät, daß die Planung seine Arbeit nicht mehr belastete, als es von jeder Eingebundenheit in bürokratische Strukturen zu erwarten gewesen wäre. Jedenfalls in der Rechtswissenschaft konnte man sich dem Plan gelegentlich entziehen und ihn im übrigen genügend beeinflussen oder uminterpretieren, um mit seinen Vorgaben leben zu können. Wenn nicht der Plan, was waren denn dann die wichtigsten Determinanten seiner Arbeit?

Die Spannungen und das Gerangel um Einfluß zwischen den verschiedenen wissenschaftlichen Fraktionen zum Beispiel. Das fing schon im Zentralkomitee an, wo die Abteilung Wissenschaft «mit aller Vorsicht» gegen die Abteilung Staats- und Rechtsfragen arbeitete. Im Institut für Rechtswissenschaft gab es Spannungen zwischen dem auf den Apparat eingeschworenen Direktor und den Bereichen; manchmal auch Spannungen innerhalb der Bereiche selbst. Der Lackmustest war Babelsberg. Eigentlich gab es in der DDR-Rechtswissenschaft drei Fraktionen, sagt Herr Mollnau: die Erben und Jünger der Babelsberger Konferenz (wie zum Beispiel den Institutsdirektor, Professor Weichelt), eine kleine Gruppe der «Anti-Babelsberger» und eine solide Mitte, «die auf das Pferd des Positivismus setzte». Es ging um den alten Streit, den schon die Babelsberger Konferenz zum Schweigen hatte bringen wollen: die Auseinandersetzung um die Aufgaben des Rechts im Sozialismus. Die Babelsberger sahen das Recht als Anhängsel der Politik. Die Anti-Babelsberger wollten ihm eine begrenzte Eigenständigkeit zubilligen. Die positivistische Mitte sah zu, wartete, wie sich das Wetterfähnchen drehen würde, und hoffte auf Westwind.

Vor diesem Hintergrund muß man die Debatten verstehen, die sich wie Adern im Gestein durch die Geschichte der ostdeutschen Rechtswissenschaft hindurchziehen. Ich hatte diese Debatten in der Literatur gelegentlich verfolgt, ihnen aber vorwiegend ästhetische Bedeutung beigemessen. Jetzt, wo Herr Mollnau davon berichtet, scheinen sie sehr viel lebendiger und dringlicher als beim Lesen. Mir wird klar, daß die Schatten beim Schattenboxen von richtigen Menschen geworfen wurden. Auch wenn die Kombattanten den Gang der Entwicklung in der DDR kaum beeinflußten, hatten die Auseinandersetzungen zum mindesten Folgen für ihr eigenes Leben.

Das galt natürlich vor allem für Babelsberg. Karl Mollnau war damals Assistent bei Hermann Klenner. Nach der Konferenz mußte er fünf Vormittage lang als ein von Klenner «Verführter» einer Parteiversammlung an der HUB Rede und Antwort stehen. Als er von einem dieser Verhöre nach Hause kam, verbrannte Karl Mollnau im Waschhaus in seinem Garten eine Reihe von Büchern. Welche denn? Vor allem russische Theoretiker aus den zwanziger Jahren: Trotzki, Bucharin, Stutschka. Auch Plevier.

Damals kam Mollnau noch ungeschoren davon. Aber zehn Jahre später war er selber an der Reihe: als es 1967/68 bei der sogenannten «Theoriedebatte» um ein geplantes Lehrbuch zur Rechtstheorie des Sozialismus ging. Karl Mollnau hatte zusammen mit Hermann Klenner, der inzwischen aus der Verbannung im Oderbruch zurückgekehrt und Leiter der neuen Forschungsstelle für Rechtswissenschaften an der Akademie der Wissenschaften geworden war, eine Lehrbuchkonzeption erarbeitet, die nicht das Staatsrecht, sondern das Wirtschafts- und Arbeitsrecht als Kernstücke des sozialistischen Rechtssystems bezeichnet hatte. Also eine Wiederholung der Fehler, die schon in Babelsberg bemängelt worden waren: Unterschätzung der Machtfrage, Revisionismus und – wie Generalstaatsanwalt Josef Streit auf dem 9. Plenum im Oktober 1968 den Genossen vom ZK erklärte – der «massive Versuch, ... eine wertfreie Theorie des Rechts zu propagieren». Hermann Klenners Arbeitsstelle an der Akademie wurde aufgelöst, er selber fand – nach offiziellen Überlegungen, ob er nicht vielleicht besser als Bibliotheksangestellter zu verwenden sei – doch Unterschlupf am Zentralinstitut für Philosophie. Karl Mollnau, damals schon Professor, verlor seine Position als Prodekan und mußte die Arbeit an seiner ebenfalls «revisionistischen» Habilitationsschrift abbrechen. Er durfte, wenn auch «an den Rand gedrückt», weiter unterrichten.

Andere Auseinandersetzungen verliefen weniger dramatisch; zum Beispiel 1981 die Diskussion über eine DDR-Ausgabe der Werke Paschukanis'. Evgenii Paschukanis war wohl der brillanteste Rechtstheoretiker des Sozialismus. Er hatte in seinem berühmten Buch *Allgemeine Rechtslehre und Marxismus,* das 1924 in Moskau erschienen war, das Recht als notwendiges Produkt des Marktes erklärt. Weil er ihm damit nicht nur seine Nützlichkeit im Sozialismus abgesprochen, sondern – sozusagen im Umkehrschluß – auch das in der Sowjetunion existierende Recht als typisch bürgerliches Phänomen bezeichnet hatte, wurde Paschukanis im Januar 1937 verhaftet und verschwand: der Stalinismus brauchte keinen «Rechtsnihilismus», sondern ein starkes, unangefochten «sozialistisches» Rechtssystem, das die Machtausübung des Staates legitimieren konnte. Auch Paschukanis' Schriften verschwanden. Karl Mollnau hatte die *Allgemeine Rechtslehre* 1956 antiquarisch aufgetrieben. Nun wollten er und sein Kollege Karl-Heinz Schöneburg also eine DDR-Edition herausbringen. Erstaunlicherweise scheiterte das Projekt nicht am Zorn der Partei, sondern nur an Papiermangel – was vielleicht nicht stimmte, aber doch immer stimmen konnte. Wahrscheinlich hatte niemand in der Parteibürokratie Paschukanis selbst gelesen.

1986 gab es im Institut noch einmal eine «schwerste Auseinandersetzung»: diesmal zur Frage, ob das Lehrbuch der Rechtstheorie (wie immer das einzige) nur neu aufgelegt oder gleichzeitig völlig umgemodelt werden müsse. Wieder waren die Disputanten nach altem Schema angetreten: Klenner, Mollnau und Schöneburg auf der Seite der Neuerer, die Politbürokratie auf der Seite derer, denen das alte Konzept gut genug war. «Im Grunde genommen ging es wieder um die Babelsberger Konferenz», sagt Herr Mollnau. Auch bei der letzten Auseinandersetzung in einer Parteiversammlung in der Akademie im Oktober 1989 ging es im Grunde genommen um die Babelsberger Konferenz: nämlich um die Legitimität einer Kritik an Ausschreitungen der

Staatsgewalt bei den Demonstrationen am 7. Oktober. «Ich hätte damals den Sturz des Institutsdirektors verlangen müssen», sagt Herr Mollnau, immer noch ärgerlich mit sich selbst. Es hätte wirklich nichts mehr ausgemacht.

Also, es gab Debatten in der Rechtswissenschaft. In welchen Formen wurden sie ausgefochten? Wie nahe gingen wissenschaftliche Auseinandersetzungen nicht nur den Mitwirkenden, sondern auch der Macht? Wie zeigte man Mut? Zum Beispiel durch die Themenwahl, sagt Herr Mollnau. Nicht nur was, sondern daß man etwas zu einem Thema sagte, setzte schon ein Zeichen. Er nennt Hermann Klenners Buch *Marxismus und Menschenrechte* aus dem Jahre 1982, das ich schon deswegen im Gedächtnis habe, weil sein Anhang DDR-Leser mit Menschenrechtsproklamationen von der Magna Charta bis zu den neuesten UN-Konventionen versorgte. Herr Mollnau beschreibt auch Passagen in Klenners eigenem Text als chiffrierte Kritiken an Mißständen in der DDR. Die Stellen über die spanische Scholastik seien «ein Kabinettstück» gewesen.[26] Er selbst, in seiner Rezension des Buches, habe seinerseits die Abschnitte zum Selbstbestimmungsrecht der Völker hervorgehoben. Der Grund: er habe an die Abhängigkeit der DDR von der Sowjetunion erinnern wollen.

«Es war eine Code-Sprache für Eingeweihte», sagt Herr Mollnau. Und natürlich eine «Sklavensprache», fügt er hinzu. «Aus heutiger Sicht wenig mutig.» Aus heutiger Sicht auch kaum noch nachvollziehbar. Ich habe mir Hermann Klenners Menschenrechtsbuch jetzt noch einmal hervorgeholt. Ich kann zwar Passagen über die spanische Scholastik finden, aber in ihnen auch mit bestem Willen nichts als einen Angriff auf den missionarischen Menschenrechtseifer der amerikanischen Außenpolitik entdecken. Was Herr Mollnau als verschlüsselte politische Kritik erinnert, muß eher seinen eigenen Gedankengängen und seiner Familiarität mit den wirklichen Ansichten seines Mentors entsprungen sein als Klenners Text. Widerstand als Wunschtraum? Das Kunststück lag darin, etwas so zu sagen, daß die Parteileitung es nicht merken würde, erklärt Herr Mollnau. «Dann war die Nutzlosigkeit ja schon eingebaut», sage ich von meinem sicheren Port aus.

Wenn man etwas «herüberbringen» wollte, mußte man es also verkleiden. Das Wort «herüberbringen» höre ich jetzt oft in Unterhaltungen mit ostdeutschen Wissenschaftlern; es erinnert an Konterbande. Herr Mollnau erzählt eine Geschichte, in der sein Schmuggeln zwar erfolgreich war, aber am Ende wohl doch nichts «herüberbrachte». Mitte der achtziger Jahre war er beauftragt worden, fürs *Neue Deutschland* einen Artikel über den sozialistischen Rechtsstaat zu schreiben. Die Idee kam vom ZK. Er schrieb seinen Aufsatz – «ein schlechter Artikel», fügt er gleich hinzu –, aber versteckte einen Satz darin, der vom Recht als dem «Maß der Macht» sprach. Das *Neue Deutschland* roch Lunte und wollte den Satz aus dem Manuskript gestrichen sehen. Aber dann hatte das ND sich seinerseits «kurzgeschlossen» und die Angelegenheit mit, weiß der Himmel, wem geklärt. Eine Sekretärin rief bei Karl Mollnau an: «Es ist genehmigt.» Sogar im US-Konsulat hatte man die Sache verfolgt. Aber: «Der Artikel war schlecht», sagt Herr Mollnau noch einmal. Der umstrittene Satz war zwar im amerikanischen Konsulat zur Kenntnis genommen worden, aber nichts deutet darauf hin, daß er auch in der DDR etwas bewirkt hätte. «Im Grunde genommen war es wieder eine Systemstabilisierung», sagt der Autor heute.

Während die Anti-Babelsberger sich also in Geheimsprache verständigten, konnten die Babelsberger geradeheraus sagen, was sie wollten. Sie taten es auch. Bei den Auseinandersetzungen um die Neuauflage des Lehrbuchs für Rechtstheorie fielen schlimme Worte. Den aufsässigen Befürwortern eines neuen Konzepts der Rechtstheorie wurden Parteiverfahren angekündigt. «Das ganze Institut wird hochgehen», hieß es. Rund fünfzehn Sitzungen hatte es gegeben, zwei davon mit Vertretern der (gemäßigteren) Abteilung Wissenschaft des ZK. Die Abteilung Staats- und Rechtsfragen war nicht dabei, aber «denen wird Herr Weichelt schon berichtet haben».

Derartige Sitzungen waren Teil eines intellektuellen Disziplinierungssystems, das umsichtiger und gründlicher arbeitete, als ein zentraler Zensor es vermocht hätte. «Ich hatte immer einen Zensor: mich selbst», sagt Herr Mollnau. Aber der innere Zensor wurde durch «arbeitsteilige» Aufpaßinstanzen im Wissenschaftsbetrieb bei der Stange gehalten. Da waren die Kollegen, mit denen es üblich war, Arbeiten zu diskutieren. «Das kannst du nicht machen», sagte einer vielleicht. In den Publikationsprozeß waren Filterungsmechanismen eingebaut. Aufsätze wurden dem Institutsdirektor vor der Veröffentlichung zugeleitet: «Mit der Bitte um Kenntnisnahme. Für die *Neue Justiz* bestimmt», hieß es etwa. Dann kam von Professor Weichelt entweder ein «OK» oder eine «Bitte um Rücksprache». «Wir dürfen nicht anecken», sagte Herr Weichelt in solchen Unterhaltungen vielleicht. Bücher mußten in Eröffnungs- und Abschlußdebatten verteidigt werden. Dann kamen die Verhandlungen mit dem Verlag. «Und dann ging es erst richtig los.» Verlag und Lektor prüften, ob nicht irgendwo «ein Haar in der Suppe» war, und sicherten sich ihrerseits nach allen Seiten ab: beim ZK, bei der Abteilung Inneres, wer weiß, wo sonst noch. Das war das Schlimme, sagt Herr Mollnau: der Zensor «war nicht zu fassen».

Was waren damals Ihre Ziele? «Die Limitierung der Macht durch Recht», sagt Herr Mollnau. Der Weg dazu führte für ihn über die Rechtstheorie. «Ich wollte die Aufwertung der Rechtstheorie», sagt er, und daß man «ihr den Platz zuweist, der ihr zukommt». Der Bauernsohn, der wie der sehr andere Bauernsohn Karl Polak auch an die Macht der Begriffe glaubte. Vielleicht war das der Fehler: die Flucht so vieler ostdeutscher Rechtswissenschaftler in eine Theorie, die weitgehend im eigenen Saft zu köcheln schien. Karl Mollnau war immer der Meinung gewesen, sagt er, daß der Streit um die Aufgabe des Rechts «ein Problem des Dogmatismus war. Das war falsch. Ich hätte den Materialismus anwenden sollen.» Und: «Die Gegenseite hat sich so lange gehalten, weil sie reale Bedürfnisse befriedigt hat – die des Apparats.» Ich muß an den Mythos von Antäus denken, der, von der Erde hochgehoben, alle Kraft verliert. Hatten denn die Babelsberger beide Füße auf dem Erdboden? Nein, eigentlich auch nicht. Niemand nahm ernstlich das zur Kenntnis, was in der Volkswirtschaft der DDR vor sich ging.

Dabei hatte Karl Mollnau das Irreale der rechtswissenschaftlichen Debatten in der DDR eher bemerkt als viele andere. Anfang der achtziger Jahre begann er, sich mit der

Effektivität des Rechts zu beschäftigen. Die Wirksamkeit des Rechts war auch das Thema zweier rechtstheoretischer Symposien, die unter Mollnaus Leitung 1985 und 1987 an der Akademie der Wissenschaften in Berlin abgehalten wurden. Aber die Beiträge zu diesen Tagungen[27] kommen mir heute merkwürdig blutarm vor. Viele Sätze muß ich mehrmals lesen, nur um zu erahnen, was vielleicht gemeint sein könnte. Ich merke zwar, was jedenfalls der Großteil der Redner eigentlich «herüberbringen» möchte: mehr Respekt für Verfahrensfragen, mehr Mitwirkungsrechte für Bürger, mehr Kontrolle der Verwaltung durch Recht. Aber die Wirklichkeit, von der die Beiträge sprechen, stammt fast ausschließlich aus Bibliotheken. Die Sprache, derer sie sich bedienen, verhüllt mehr, als sie freilegt. Bis auf ganz wenige Ausnahmen finde ich keine Statistiken, keine Fallstudien, keine Beobachtungen der Praxis und natürlich keine Meinungsumfragen. Und niemand spricht von den wirklichen Unzulänglichkeiten des sozialistischen Rechtssystems: dem Fehlen politischer Schutzrechte, der Ungleichbehandlung von Außenseitern, dem Vollzugsdefizit im Umweltschutz, der Hilflosigkeit des Wirtschaftsrechts.

Auch Karl Mollnau gibt zu, daß eine der größten Schwächen der DDR-Rechtswissenschaft ihr Mangel an Empirie war. «Wir haben die soziologische Komponente viel zu spät erkannt.» Es war nicht nur eine Frage der Erkenntnis: Theorie war bequemer und sicherer. «Alles keine Heldentaten, Gott bewahre!» sagt Herr Mollnau einmal, als er von einem seiner Zusammenstöße mit der Politbürokratie erzählt. Aber noch entkräftender als die Vorsicht, scheint mir, war die Hoffnung. «Ich habe an die Möglichkeit der Demokratisierung des Sozialismus geglaubt», sagt Karl Mollnau. «Es gab ja auch immer wieder Phasen, in denen man meinte, es würde sich etwas bewegen.» («Etwas bewegen», «etwas in Bewegung bringen» sind auch Ausdrücke, die jetzt oft fallen, wenn DDR-Wissenschaftler über ihre vergangenen Ambitionen sprechen. Niemand hoffte, daß er etwas Unerhörtes, etwas noch nie Dagewesenes schaffen werde. «Bewegung» war in einem verknöcherten System schon viel.) Und hat seine Rechtstheorie etwas bewegt? Es habe «mikroskopische» Veränderungen gegeben. Die Rechtstheorie habe zur

«Klimaveränderung» beigetragen. Ich mache den naheliegenden Einwand: War nicht das russische Wetter eher ausschlaggebend?

Was glauben Sie, daß von der sozialistischen Rechtstheorie bleiben wird, frage ich zum Abschluß noch. «Es gab kein sozialistisches Rechtsdenken», sagt Herr Mollnau. Ich habe nicht den Eindruck, daß ihm das Eingeständnis schwerfällt. Sind Sie Sozialist? «Heute nicht.» Aber: «Ich habe nicht das Gefühl, etwas Wichtiges verloren zu haben.» Dafür muß das, was als Hoffnung einmal vorhanden war, in fast vierzig Jahren Beschäftigung mit dem Recht der DDR zu sehr verschlissen sein. Herr Mollnau macht sich praktische Sorgen um die Zukunft, aber fürchtet keine ideologische Leere. Für einen Wissenschaftler, denke ich mir, muß der Abschied vom rechten Glauben auch erleichternd sein. «Ich will einen unverstellten Blick auf die Realität haben», sagt er.

III.

Urteilssprüche

20. Februar 1991

Die HUB hat die erste Runde im Rechtsstreit um die Abwicklung ihrer fünf ideologisch anrüchigen Fachbereiche – darunter auch die Rechtswissenschaft – verloren. Die VII. Kammer des Verwaltungsgerichts Berlin wies heute ihren Antrag auf einstweiligen Rechtsschutz ab. Die nächste Runde geht zum Oberverwaltungsgericht.[28]

3. März 1991

Ein blauer Sonntagmorgen. Ich muß früher, als mir lieb ist, zur S-Bahn, um rechtzeitig um 10 Uhr in der Humboldt-Universität zu sein. Heute entscheidet der Fachbereichsrat der Juristischen Fakultät über die Empfehlungen der Personalstrukturkommission. Gestern, Sonnabend, hatte das Plenum unserer PSK in endloser Sitzung über jeden der Überprüften einzeln abgestimmt: 28 Hochschullehrer, 43 wissenschaftliche Mitarbeiter, 11 Forschungsstudenten, 24 Verwaltungsangestellte. Wenn ich mir überlege, daß die Kommission erst vor sechseinhalb Wochen zu ihrer ersten Sitzung zusammenkam, erschrecke ich. In weniger als sieben Wochen sollen wir herausgefunden haben, wer von 106 Menschen zur Weiterarbeit an einer demokratischen HUB geeignet ist und wer nicht? Was immer bei unserer Kommission herausgekommen ist, kann sich im besten Fall der Wahrheit nur nähern. Wir haben Entscheidungen getroffen, weil sie getroffen werden mußten – nicht, weil wir oder irgendjemand anderes besonders legitimiert oder fähig gewesen wären, sie zu treffen. Und dann das Tempo unserer Überlegungen! Aber ich sehe ein, daß die Arbeit der PSK nur dann Sinn hatte, wenn sie schnell erledigt wurde. Der Rektor und die Dekanin drängten: Der Neuanfang setzte eine Abrechnung mit dem Alten voraus, die nicht weiter hinausgezögert werden durfte. Auch für die Betroffenen selbst waren schnelle Entscheidungen besser als Monate des In-der-Schwebe-Hängens. Alle – Prüfer und Überprüfte – sind jetzt erleichtert, nach Wochen der Sitzungen und Gespräche, des Spekulierens und Wartens, das Licht am Ende des Tunnels sehen zu können. Mögen diejenigen, denen wir Unrecht getan haben, uns verzeihen.

Wir haben nicht alle Mitglieder des Fachbereichs überprüft. 9 Professoren und 11 wissenschaftliche Mitarbeiter haben sich der Kommission, aus welchen Gründen auch immer, nicht gestellt. Praktisch bedeutet das, daß sie die Humboldt-Universität verlassen müssen. Zwar kann die PSK die Weiterbeschäftigung eines Fachbereichsangehörigen nur empfehlen. Der Fachbereichsrat wird dann zu dieser Empfehlung Stellung nehmen. Die endgültige Entscheidung über den Betroffenen liegt bei der Universitätsverwaltung und letztlich beim Senat. Der Abwicklungsbeschluß des Senats, der neulich vom Verwaltungsgericht fürs erste bestätigt wurde, aber noch lange nicht juristisch ausgefochten ist, macht die Lage noch undurchsichtiger. Niemand weiß, ob die Senatsverwaltung, falls es bei der Abwicklung bleiben sollte, die Entscheidungen unserer Kommission auch honorieren wird. Ein positives Votum der PSK garantiert also keinesfalls, daß jemand seinen Arbeitsplatz an der HUB behalten kann. Aber ein negatives Votum wird ebenso wie das Fehlen eines Votums auch jetzt schon der erste Schritt zur Kündigung des Betroffenen sein.

Wie stellt man es an, in ein paar Wochen die Lebensarbeit von 106 Menschen zu begutachten? Jeder zu Überprüfende mußte zunächst einen Lebenslauf, ein komplettes Schriftenverzeichnis und Belegexemplare von Veröffentlichungen einreichen. Dazu einen Fragebogen mit den üblichen Erkundigungen nach Parteifunktionen, Auslandsreisen, MfS-Mitarbeit, Auszeichnungen und dergleichen. Dazu kam ein persönliches Gespräch mit einer der drei Unterkommissionen, die wir gebildet hatten, um des Andrangs Herr zu werden. Die PSK zog keine eigenen Erkundigungen ein – selbst wenn die Zeit gereicht hätte, wären wir kaum in der Lage gewesen, Detektiv zu spielen. So beruhen unsere

Urteile auf den Informationen, die uns die Betroffenen selbst gegeben haben.

Auch so hätten wir die Arbeit nicht bewältigen können, wenn wir die Funktionen unserer Kommission nicht von Anfang an eng definiert hätten. Die Richtlinien der Zentralen Personalstrukturkommission sahen eigentlich auch vor, daß unsere PSK durch Vorschläge für eine Neustrukturierung des Fachbereichs zur allgemeinen Reformdebatte an der HUB beitragen sollte. Aber wir erkannten bald, daß fundierte Überlegungen zu Studiengängen, Lehrinhalten, Forschungsprofilen und dergleichen die Kräfte der Kommission weit übersteigen würden. Strukturprobleme wurden also säuberlich beiseite gelegt. Dann war zu entscheiden, worauf sich unsere Untersuchungen erstrecken sollten. Unsere Richtlinien sahen vor, daß wir neben der «persönlichen Integrität» auch die «fachliche Kompetenz» der Kandidaten überprüfen sollten. Aber wie? Wir müssen Aufsätze ablichten, an Fachkollegen verschicken, Gutachten einholen und selber soviel wie möglich lesen, sagte ich, die gerade die letzten Jahre im *appointments committee* ihrer Fakultät in Texas mitgearbeitet hatte. Der Vorschlag war natürlich absurd. Schon Ablichtungen sind an der Humboldt-Universität ein Problem. Und wer sollte sie lesen? An Drittgutachter war nicht zu denken. Die auswärtigen Kommissionsmitglieder hatten keine Zeit. Unter den Hochschullehrern der internen Kommission waren die Fächer Völkerrecht, Familienrecht, gewerblicher Rechtsschutz und Rechtsvergleichung vertreten. Wer evaluierte den Rest des rechtswissenschaftlichen Spektrums? Und wie würden wir vor lauter Lesen noch zum Entscheiden kommen?

Übrigens gab es da auch noch eine andere Schwierigkeit. Die eingereichten Publikationslisten waren oft erstaunlich kurz. Manchmal fehlten sie ganz. Ein oder zweimal sagte ein Kandidat, er könne sich beim besten Willen nicht mehr an alles erinnern, das er je geschrieben habe. Auch Nachdrucke wurden sehr viel seltener eingereicht, als ich es erwartet hatte. Es ist wahrscheinlich, daß manchem Überprüften die Erinnerung an diesen oder jenen Aufsatz heute nicht mehr lieb ist. Aber der Hauptgrund, warum wir nicht mehr Nachdrucke in den Unterlagen fanden, ist, glaube ich, ein anderer. Publizieren war an einer ostdeutschen Hochschule nicht so wichtig wie in dem *publish-or-perish*-Klima einer amerikanischen Universität. Ich bezweifele sehr, daß irgendjemand an der HUB, wie ich in Texas, eine Publikationsliste auf neuestem Stand in seiner Schreibtischschublade liegen hat, die nicht nur seinen Ruf in der akademischen Außenwelt beweisen soll, sondern auch der eigenen Fakultät als Grundlage für die Berechnung seiner jährlichen Gehaltserhöhung dient. Die DDR war – auch in ihren Universitäten – keine Leistungsgesellschaft. Natürlich gab es Wissenschaftler, die aus Wissensdrang, Ehrgeiz und Freude an der eigenen Kraft viel leisteten. Aber es ging auch anders. Und anderes zählte als im Westen: gesellschaftliche Mitarbeit oder politische Loyalität zum Beispiel. Auch Unterrichten zählte, das in einem auf Glanz und Reputation ausgerichteten Universitätsbetrieb leicht zu kurz kommen kann.

So rückten denn in unseren Diskussionen Fragen der fachlichen Qualifikation bald in den Hintergrund. Zwar nahmen wir die Umstellungsprobleme der Überprüfungskandidaten sehr ernst. Wie sollte jemand, der ostdeutsches Staatsrecht unterrichtet hatte, jetzt westdeutsches Verwaltungsrecht lehren? Konnte jemand, der noch zu BGB-Zeiten in der DDR Zivilrecht gelernt und gelehrt hatte und dann 1975 aufs neue ZGB umgestiegen war, tatsächlich mit Gewinn auf die Kenntnisse seiner frühen Jahre zurückgreifen? War es, was den Wissensstand eines Kandidaten anbetraf, ein Vorteil oder eher ein Nachteil, eine Dissertation über die «Unterdrückungsfunktion des westdeutschen Zivilrechts» geschrieben zu haben? In solchen und anderen Fällen suchte die Kommission nicht so sehr nach Wissen wie nach Wissensdrang. Was hatte jemand getan, um umzulernen? Hatte er Kurse belegt, Tagungen besucht, Kontakte mit westdeutschen Kollegen angeknüpft? «Ich bin vor lauter Lernen im letzten Jahr noch nicht zum Publizieren gekommen», sagte ein Überprüfter. Das sahen wir ein; zählten es eher als Plus, wenn jemand nicht schreiben wollte, bevor er sicher war, auch etwas zu sagen zu haben.

So floß das Fachliche in unseren Überlegungen unmerklich mit dem Persönlichen zusammen. Der dritte Auftrag der Richtlinien – Erforschung der «persönlichen Integrität» jedes Kandidaten – rückte in den Mittelpunkt. Noch einige Male nahm ich mir Nachdrucke mit nach Hause und las, bis mir spätabends die Augen zufielen. Aber das waren Reflexe aus einem anderen Leben. Ich verstand allmählich: es gab unsere PSK nicht deswegen, weil manche Produkte der DDR-Rechtswissenschaft vielleicht nicht dem juristischen Weltniveau entsprochen hätten. Es gab sie wegen Babelsberg, wegen der Stasi, wegen der Ausreiser- und Asozialenurteile, wegen der Bereitwilligkeit des sozialistischen Rechts, der Macht zu dienen, gegen die auch die Universitäten nicht immun gewesen waren. Da war es richtig, unsere Untersuchungen auf die Frage zu konzentrieren, ob der Überprüfte sich glaubwürdig in den neuen Rechtsstaat einfügen können werde.

Die Richtlinien der ZPSK hatten für die Beantwortung dieser Frage eine lange Reihe von Kriterien aufgezählt. Dazu kamen Richtlinien der Senatsverwaltung Inneres für Arbeitnehmer im öffentlichen Dienst, die zwar für unsere PSK nicht bindend waren, aber deren Zur-Kenntnisnahme uns ratsam schien. All diese Kriterien konnten mit dem Blick nach vorne oder mit dem Blick in die Vergangenheit angewendet werden. Wir konnten fragen: Was hat jemand früher falsch gemacht? Oder: Wie sind die Chancen, daß er es in Zukunft besser machen wird? Die zweite Frage schien unserer Kommission fast wichtiger als die erste. Die Frage nach der zukünftigen Entwicklung eines Kandidaten ließ uns auch bald auf ein weiteres Problem stoßen: sollten wir für Mitarbeiter im Vorruhestandsalter eine Pauschallösung vorschlagen? Nach den Senatsrichtlinien konnten an Zukunftsprognosen für ältere Arbeitnehmer «keine besonderen Anforderungen gestellt werden», weswegen ihre Eignung «aus der Beurteilung für die Vergangenheit» abzuleiten sei. Hieß das, daß älteren Fachbereichsangehörigen die Fähigkeit abgesprochen werden mußte, sich ändern zu können? Übrigens würde es sicherlich die Überlebenschancen des Fachbereichs verbessern, wenn durch Vorruhestandslösungen die Zahl der zu übernehmenden Mitarbeiter verringert würde. Der Gedanke war verlockend. Aber es wäre ein schlechter Auftakt für unsere Kommission gewesen, fanden wir, gleich zu Beginn den Einzelnen schon wieder, wie gehabt, dem Kollektivinteresse unterzuordnen. Wir beschlossen: keine Vorabentscheidung für die Älteren. Jeder sollte persönlich ernstgenommen werden.

Soweit das Prinzipielle. Natürlich gab es auch eine Fülle praktischer Probleme. Post von Ost- nach Westberlin brauchte Ewigkeiten. Telefonieren war nur sehr früh morgens oder spät am Abend möglich. So haperte es oft mit der Kommunikation zwischen Ost- und Westmitgliedern der Kommission. Und wo bekam man bei Sonntagssitzungen irgendwo in der Umgebung der HUB etwas zu essen? An einem Wochenende, hatten wir beschlossen, wollten wir bei unserem Kollegen Nordemann in dessen Kanzlei in der Uhlandstraße in Westberlin tagen, wo Telefone und Ablichtungsmaschinen funktionieren würden und wo, bei Mikrowellenofen und Gefriertruhe, auch unsere leibliche Versorgung garantiert war. Neues Problem: Durften wir die Akten überhaupt aus der HUB entfernen? Warum denn nicht, fragten die Wessis. Wegen des Datenschutzes! sagte jemand aus Ostberlin. Der Datenschutz hatte schon einmal zu Einwendungen geführt, weil manche der Überprüften darauf drangen, daß Kommissionsmitglieder ihre Personalakten nur jeweils in Anwesenheit eines anderen PSK-Mitglieds einsehen dürfen sollten. Weil die Betroffenen der Kommission ebensoviel Argwohn entgegenbrachten wie allen anderen Machtgremien in ihrem bisherigen Leben? Weil der rechtliche Schutz der Privatsphäre noch so fremd war, daß die Geschützten nicht zu unterscheiden wußten, wann Geheimniskrämerei sinnvoll war und wann nicht? Jedenfalls gelang es uns, die Bedenken zu beschwichtigen. Einen Sonntag tagten wir in Westberliner Opulenz.

Und dann die harte Woche der Gespräche. Jede Untergruppe war für ein Drittel der Anhörungen verantwortlich, also für 25 bis 30 Mitarbeiter (für die Verwaltungsangestellten waren nur in Ausnahmefällen Gespräche vorgesehen). Ursprünglich hatten wir für jede Unterhaltung eine halbe Stunde anberaumt. Natürlich war die Zeit zu kurz. Auch die Stunde, die wir in der Regel brauchten, war trotz unserer Vorbereitung durch Lebenslauf und Fragebogen lange nicht genug, um zuverlässig herauszufinden, wes Geistes Kind der Überprüfte war. Aber die Verlängerung der Gespräche brachte unseren Zeitplan durcheinander. Immer wieder mußten wir einen Abgeordneten vor die Tür schicken: «Kannst du bitte in einer Stunde wiederkommen?» Nach dem jeweils abgelaufenen Gespräch eine Unterredung der Kommission, ein Votum und dann «der Nächste, bitte». Natürlich blieb kaum Zeit zum Essen. Wenn es nicht Wochenende war, brachte ein freundlicher Mensch gelegentlich Kaffee. Kommissionsmitglieder lernten, nicht ohne Schokolade in der Tasche anzutreten. In den kurzen Pausen teilte man, was man hatte. Steif und ungelenk hoben wir uns abends aus den Stühlen.

Aber wieviel belastender muß die Woche für die Überprüften gewesen sein. Jeder trat anders auf: feindselig, eifrig, beherrscht, polternd, selbstbewußt. Betont förmlich oder betont unförmlich. Ich hatte den Eindruck, daß auch diejenigen, die sich unserem Ausschuß gestellt hatten, ihm eigentlich mißtrauten. Wieso sollten zwei Wessis, die aus einer anderen Welt kamen, und ein paar Kollegen, deren Welt ebenso zusammengebrochen war wie ihre eigene, nun plötzlich bestimmen können, wer seinen Arbeitsplatz behalten durfte und wer nicht? Was berechtigte uns zu solch lebenserschütternden Entscheidungen? Ich glaube fast, es wäre den Betroffenen leichter gefallen, nur von westdeutschen Prüfern examiniert zu werden. Eine Entscheidung der Sieger hätte sich leichter verkraften und leichter abtun lassen. Aber das Fehlen eines Autoritätsgefälles von Prüfern zu Geprüften schien die in Demokratie noch ungeübten Angehörigen der ehemaligen Sektion Rechtswissenschaft oft zu irritieren. Daß wir in geheimer Wahl vom Fachbereich gewählt worden waren, glaube ich, reichte den meisten für unsere Legitimation nicht aus.

Was wollten wir von den Befragten wissen? Natürlich drehten sich die Gespräche um ihre Beziehung zur Partei. Irgendetwas war jeder: FDJ-Sekretär, Parteigruppenorganisator, Mitglied der GO-Leitung, Mitglied der APO-Leitung, Zirkelleiter im Parteilehrjahr, GO-Sekretär, Leiter der Kampfgruppe. Ohne die Ost-Kollegen wäre es unmöglich gewesen, die Rangordnung der vielen Posten zu durchschauen. Wer hatte die wichtigeren Funktionen? Oft die Tüchtigen: Sie wurden eher gefragt und konnten sich weniger leicht herausreden. «Da lernst du was», hatte man zu ihnen gesagt. «Ich habe nie abseits gestanden», fügte jemand als Erläuterung zu seinem Amt hinzu. Ich finde es schwer zu entscheiden, ob die Erklärung für oder gegen ihn spricht. Wie die Kirche im Mittelalter lieferte in der DDR die Partei die Strukturen, in denen fähige und ehrgeizige Leute es zu etwas bringen konnten. In welcher Gesellschaftsform findet Erfolg nicht in vorgegebenen und akzeptierten Mustern statt? Nur jemand, der ganz ohne Zutun anderer etwas erschaffen kann, braucht die Gesellschaft nicht, um sich zu verwirklichen. Lyriker kann man auch ohne und sogar gegen die Gesellschaft sein. Aber Prosaschreiber brauchen schon ihren sicheren Platz in dem sozialen Gewebe, das ihr Stoff ist. Und Juristen sind außerhalb der anerkannten Strukturen des Landes, dem sie dienen, nicht zu denken. Also war es auch nicht verwunderlich, daß fast jeder der Befragten auf diese oder jene Weise am Parteileben der Universität beteiligt war. Der seltene Überprüfungskandidat, der wirklich ohne Amt geblieben war, schien meistens auch ein Einzelgänger, ein Schwieriger, der unter anderen gesellschaftlichen Vorzeichen wahrscheinlich auch gegen den Strom geschwommen wäre.

Also war es wichtig zu verstehen, auf welche Weise jeder die von ihm verwalteten Ämter ausgefüllt hatte. Da erklärt jemand, GO-Sekretär geworden zu sein, «um die Sektion gegen die Kreisleitung abzuschotten». Hat er es auch getan? Ein anderer berichtet, einstimmig zum APO-Sekretär gewählt worden zu sein und sich über «den hohen Vertrauensbeweis» gefreut zu haben. Wessen Vertrauen? Manche Pflichten gehörten automatisch zu einem Amt. So ging alle Auslandspost, bevor sie weitergeleitet wurde, über den Tisch des Dekans. Was haben Sie damit getan? «Ich habe meine Paraphe draufgesetzt.» Gab es eine bessere Lösung? Gelegentlich hat keiner von uns einen Zweifel daran, daß auch ein Parteiamt vernünftig und nützlich ausgefüllt werden konnte. Jemand benutzt die Mitgliedschaft in der APO-Leitung zur Ausarbeitung eines Programms, nach dem jeder Forschungsstudent in der Sektion durch einen auf ihn zugeschnittenen Zeitplan zielstrebig auf den Abschluß seiner Arbeit zugeführt wird. Bei mir in Texas gibt es für genau die gleiche Aufgabe ein Fakultätskomitee. Überall brauchen junge Wissenschaftler Ansporn und Feedback.

Wie unterschiedlich die Karrieren sind, in die ich Einblick gewinne! Da sind die Erfolgreichen, die, bei denen alles immer glatt und nach Wunsch verlaufen ist: pünktliche A- und B-Dissertation, ein rascher Aufstieg, gute Beziehungen zur Partei, verantwortungsvolle Ämter. Weil sie aus einflußreichen und beneideten Posten vertrieben worden sind, geht es ihnen jetzt schlechter als den anderen. Sie können sich noch nicht an den Verlust ihrer Wichtigkeit gewöhnen. Dann gibt es die, die vom Sozialismus aus der Bahn geworfen wurden. Dr. Rudolph zum Beispiel, Oberassistent am Institut für Gewerblichen Rechtsschutz und Urheberrecht und Mitglied meiner PSK. Er verlor seinen Posten im Patentamt der DDR, weil er nicht bereit gewesen war, Kontakte zur Mutter seiner Frau in Westberlin abzubrechen. «Ich konnte doch meinen Kindern die Großmutter nicht wegnehmen», sagt er wie jemand, der Überflüssiges erklärt. So flog er aus dem Patentamt. Obwohl «herausgeflogen» eigentlich das falsche Wort ist, denn man hätte Herrn Rudolph im Patentamt gerne behalten und freute sich, daß sich für ihn ein Unterschlupf an der Humboldt-Universität finden ließ. Das Urheber- und Patentrecht an der HUB könnte ohne ihn kaum existieren. Aber Herr Rudolph ist nie Professor geworden. Professoren durften keine Westkontakte haben. Wenn er am Patentamt geblieben wäre, wäre er auch nicht Professor geworden. Dr. Rudolph ist auf die HUB nicht böse. Ich habe ihn nie etwas Schlechtes über einen der Kandidaten sagen hören. Wenn er sich in die Diskussion einmischt, ist es immer zum Vorteil des Betroffenen.

Manche unserer Überprüften haben einfach Pech gehabt. Da ist ein begabter, artikulierter junger Mann. Seine A-Dissertation schrieb er zu einem Thema, das es jetzt nicht mehr gibt. Weil es an der Humboldt-Universität in seinem Fachgebiet keinen Raum für eine Stelle als Oberassistent gab, wechselte er zu einer anderen Hochschule über. Dort waren «große Themen» nicht gefragt, so daß er seine B-Dissertation über ein kleines Thema schreiben mußte, das es jetzt ebenfalls nicht mehr gibt. Kurz vor der Wende war er mit der Arbeit fertig. Sie wurde im Frühling 1989 eingereicht;

alle drei Gutachter hatten positive Voten verfaßt. Aber bei der Verteidigung im März 1990 fiel er durch. Er hatte Fragen aus dem Bürgerlichen Recht nicht beantworten können, und das Thema seiner Habilitation hatte die Zweifel der Prüfer an seiner Funktionsfähigkeit im neuen Recht eher verstärkt als ausgeräumt. Hier ist jemand, scheint mir, der mit Freude und Einsatzbereitschaft bei der Wissenschaft geblieben wäre. Aber wie soll es für ihn weitergehen?

Hier und da ist ein Glückskind unter den Überprüfungskandidaten; einer, dem alles leicht fällt. Jemand, der gut genug plaziert war, um im alten System Erfolg zu haben, und kritisch genug, um sich nicht zu sehr mit ihm zu identifizieren. Dem es vor der Wende gut ging, auch ohne die Wende weiter gutgegangen wäre, und der nach der Wende sicher seinen Weg machen wird. Nicht, weil er ein Wendehals gewesen wäre, sondern weil Intelligenz, kritische Distanz, Charme und ein Instinkt für das Machbare ihm in allen Gesellschaftsformen dienstlich sind. Soll man ihm böse sein, weil er in der allgemeinen Misere nicht auch unglücklich ist? Natürlich kommt er durch.

Gestern, nach dem Abschluß der Gespräche, dann die Vollversammlung unserer PSK, zu der auch die auswärtigen Mitglieder erschienen. Alle vier kluge, einflußreiche, graumelierte Herren, die ihren Rang kennen, ihn aber hier nicht zur Schau tragen. Die Entscheidungen, die wir fällen müssen, sind für alle Betroffenen von so existentieller Wichtigkeit, daß für persönliche Eitelkeiten kein Platz bleibt. Alle geben sich große Mühe. Gelegentlich werden die Abstände deutlich, die Ost- und Westmitglieder voneinander trennen. Sie zeigen sich vor allem in der schnellen, präzisen, kühlen Sprache der Wessis und in der direkten, praktischen, menschlichen Sprache der Ossis. Ein Name nach dem anderen wird vorgelesen. Die Unterkommission begründet ihr Votum, es wird diskutiert und abgestimmt. Gelegentlich verhakt sich die Debatte an einem besonders komplexen Fall. Schließlich liegen alle Ergebnisse fest. Von 28 Professoren werden 10 als persönlich nicht geeignet eingestuft. Bei anderen Mitarbeitern ist die Quote der negativ Eingestuften niedriger. Bei keinem der Verwaltungsangestellten bestehen Zweifel an der persönlichen Integrität des Überprüften.

Diese Ergebnisse sollen wir heute nun vor dem Fachbereichsrat erklären und verteidigen. Die Sitzung findet im Raum 2103 statt, da, wo früher die Parteileitung logierte. Man merkt es noch an der gepolsterten Doppeltür. Wir sitzen alle um zu einem U zusammengestellte lange Tischreihen herum: die Dekanin, die Mitglieder des Fachbereichsrats, die PSK-Mitglieder, ein Vertreter der Senatsverwaltung für Justiz, ein paar Leute von der HUB-Verwaltung, ein oder zwei andere Gäste. Vor jedem Platz gottseidank eine Kaffeetasse. Wieder wird ein Name nach dem anderen vorgelesen, über den Betreffenden diskutiert und von den Fachbereichsratsmitgliedern über ihn abgestimmt. Wenn es um einen der Anwesenden geht, wartet der Betroffene solange vor der Tür. Die meisten unserer Voten werden akzeptiert.

Aber gelegentlich kommt es zu Zwischenfällen. Ein Name wird verlesen. Einer der HUB-Vertreter unterbricht: «Ja, wußtet ihr denn nicht ...?» Es soll Gerüchte über den Betreffenden geben. An meiner eigenen Universität würde ich bei beruflichen Entscheidungen über derartige Gerüchte natürlich weghören. Aber dies ist ein anderer Ort und eine andere Zeit. Nein, wir wußten nichts. Das Votum über den Betreffenden wird aufgeschoben, die Sache an die Ehrenkommission verwiesen.

Bei einer der Verwaltungsangestellten verweilen wir länger. Im allgemeinen wird Verwaltungspersonal schnell abgehandelt: Sekretärinnen oder Büroarbeiter können nicht für das verantwortlich gemacht werden, was an der Humboldt-Universität falsch gelaufen ist. Aber dies ist ein Sonderfall. Es dreht sich um eine junge Frau, Historikerin, die ursprünglich als wissenschaftliche Mitarbeiterin in der Sektion Marxismus-Leninismus beschäftigt war. Als die Sektion nach der Wende aufgelöst wurde, fand sie für 800 Mark im Monat eine Anstellung im Sekretariat des Fachbereichs Rechtswissenschaft, wo sie die Stundenplanung macht. Keine leichte Aufgabe, die sie bis jetzt zu jedermanns Zufriedenheit erledigt hat. Aber der Senat verlangt, daß allen ehemaligen Mitarbeitern der Sektion Marxismus-Leninismus gekündigt wird. In der PSK verstehen alle, daß der Marxismus-Leninismus, jedenfalls so, wie er an der Sektion betrieben wurde, der Vergangenheit angehören muß. Aber heißt das, daß die ehemaligen Sektionsangehörigen in Zukunft arbeitslos zu bleiben haben? Ein gutlaufender Stundenplan ist ein wichtiger und nützlicher Beitrag zur Erneuerung des Fachbereichs. Er hat nichts mit dem zu tun, was der alten Sektion Marxismus-Leninismus vorgeworfen wird. Außer der Tatsache ihrer früheren Zugehörigkeit zur Sektion liegen gegen die Betroffene auch keine Anschuldigungen vor. Unsere PSK ist nicht bereit, sie als für ihre jetzige Arbeit persönlich ungeeignet einzustufen.

Frau Ansbach, die als Kommissionsvorsitzende dies alles vorträgt, spricht mit Leidenschaft. Sie will nicht die Fehler der Vergangenheit wiederholen, sagt sie. Der Rechtsstaat verlange das Suchen nach Einzelgerechtigkeit. Pauschalurteile verletzten die Würde des Individuums. Sie hat Tränen in den Augen. Schweigendes Nachdenken in der Runde. Es ist, besonders in der gegenwärtigen Situation, nicht klug, Entscheidungen zu treffen, die den Anordnungen des Senats direkt zuwiderlaufen. Aber aus den Wortmeldungen, die jetzt kommen, wird deutlich, daß jeder im Raum Frau Ansbachs Ansicht teilt. Ein West-Professor, als Gastdozent Mitglied des Fachbereichsrats, bittet ums Wort: «Macht, was ihr für richtig haltet», sagt er. «Aber macht es einstimmig.» Einstimmig wird die Betroffene in Kategorie I eingestuft: keine Bedenken gegen die fachliche Kompetenz und persönliche Integrität der Überprüften. Später höre ich, daß ihr auf Weisung des Senats trotzdem gekündigt worden ist.

Die Sitzung geht weiter. Gelegentlich kommen Rückfragen. Besonders eines unserer Resultate verblüfft eine der Anwesenden. Sie will wissen, wie wir dazu gekommen sind. «Wonach habt ihr denn eigentlich gesucht?» fragt sie irritiert. Ja, wonach haben wir gesucht. Nach dem Mißbrauch politischer und intellektueller Einflußmöglichkeiten, natürlich. Aber kaum weniger nach der richtigen Mischung von Schuldgefühl und Selbstvertrauen. Wir wurden argwöhnisch, wenn jemand sich zu sicher zu dem bekannte, was er einmal war. «Ich habe kein schlechtes Gewissen. Ich habe das Beste getan, was ich konnte, und dazu stehe ich auch», sagte jemand vielleicht im mündlichen Gespräch. Ich jedenfalls hörte so etwas nicht gerne. Wir hielten es für unglaubwürdig, daß jemand, der im Sozialismus Rechtswissenschaft unterrichtete, nie etwas gesagt oder getan haben sollte, das er heute nicht bereuen müßte. Aber wir mißtrauten auch den Übereifrigen; denen, die jetzt, ohne sich auch nur umzublicken, mit fliegenden Fahnen zum Rechtsstaat überlaufen konnten. Hieß das nicht, daß sie die Verbiegungen im eigenen Bewußtsein noch gar nicht wahrgenommen hatten? Und daß sie wahrscheinlich auch vor der Wende schon ihr Mäntelchen nach dem Wind gehängt hatten und nun nichts verloren, was ihnen einmal am Herzen gelegen hatte?

Wir suchten, glaube ich, nach Leuten, die sich die Umstellung schwer machten, aber doch nicht zu schwer. Nach Traumata, die aber heilbar waren. Nach jemandem, der die Last der Vergangenheit erkennt und trotzdem auf die Zukunft zugeht. Projekte, Ambitionen, Hoffnungen waren uns besonders wichtig. Wir fragen zum Beispiel einen wissenschaftlichen Mitarbeiter nach seinen Habilitationsabsichten. «Ja, wenn es an mich herangetragen wird...», sagt er. Wir lachen bedrückt. Es wird nichts mehr herangetragen. Man muß sein Leben und seine Karriere selber planen. Ich merkte in dieser Woche der Gespräche, wie meine juristischen Instinkte zunehmend verstummten. Mit Recht hatte dies alles nichts mehr zu tun. Mit Gerechtigkeit? Ich hoffe es, bin mir aber nicht sicher. Mit einem Aufbruch zu neuen Ufern? Ja.

Was beeinflußte die Kommission? Ich kann eher sagen, was uns nicht beeinflußte: Seilschaften, Druck von außen, das Schielen nach eigenen Vorteilen, Eitelkeit, Rachegelüste, Selbstgerechtigkeit. Die PSK war die unkonventionellste Kommission, der ich je in meinem Universitätsleben angehört habe, aber auch die beste. Jeder hörte dem anderen zu. Niemand drängte sich in den Vordergrund. Differenzen wurden offen durchgesprochen und dann beigelegt. Allen ging es um die Sache: Unrecht nicht zu verleugnen, Lebensleistungen nicht abzuschreiben, dem Einzelnen gerecht zu werden. Ich bin nicht mit dem zufrieden, was bei unserer Arbeit herausgekommen ist. Aber ich wüßte nicht, wie wir es hätten besser machen sollen.

Das alles versuche ich der Fragerin zu erklären, verheddere mich, nehme noch einmal einen neuen Anlauf. Da fällt mir ein Argument ein, das vielleicht unserer Rechtfertigung dienen kann. Die Bewertungen der Gespräche in unserer Unterkommission waren fast immer einstimmig, sage ich. Ich kann nicht zuverlässig definieren, wonach wir suchten, aber wir wußten fast immer, ob wir es gefunden hatten oder nicht. Die Fragerin nickt, immer noch skeptisch, aber auch verständnisvoll. Sie weiß ja selber auch keinen besseren Weg.

Am späten Nachmittag sind alle Namen auf unserer Liste abgehakt.

25. April 1991

Zwei neue Urteilssprüche in Sachen Ostberliner Rechtswissenschaftler: ein halber Sieg und eine Neun-Zehntel-Niederlage. Gestern erklärte das Bundesverfassungsgericht in seinem Warteschleifenurteil[29] unter anderem auch, daß Einrichtungen nur dann «abgewickelt» werden dürften, wenn sie auch gleichzeitig aufgelöst würden. Die Abwicklung einer Institution, deren Funktionen weiter wahrgenommen würden, sei eine unzulässige Umgehung von Einzelkündigungen ihrer Mitarbeiter. Das kann nur heißen, daß auch die Abwicklungen an der Humboldt-Universität dem Einigungsvertrag widersprechen.

Und dann erfahre ich von Frau Svensson am Telefon, daß die Resultate der Begutachtung des Instituts für Rechtswissenschaft durch den Wissenschaftsrat jetzt vorliegen.[30] Wie jeder erwartete, wird empfohlen, das Institut aufzulösen. Zwei Arbeitsgruppen mit jeweils drei Wissenschaftlern (Kriminologie und Völkerrecht) sollten mit Anbindung an eine andere Einrichtung (welche?) weiter gefördert werden. Zudem wird vorgeschlagen, fünf Einzelforschern des Instituts «die Möglichkeit einer individuellen Antragstellung» auf Finanzierung einzuräumen. Wo und welchen Forschern, wird nicht gesagt. Da der Wissenschaftsrat keine Namen nennt, kann sich auch niemand am Institut unter Berufung auf eine positive Bewertung um neue Arbeit bemühen. Bei wem auch? Westdeutsche Universitäten stellen ostdeutsche Bewerber weder in Professorenstellen an (weil ihr Wissensstand westdeutschen Anforderungen nicht entspreche) noch in niedrigeren Assistenten- oder Mitarbeiterpositionen (weil sie in der Regel zu alt und überqualifiziert seien). Ostdeutsche Universitäten werden weitgehend von westdeutschen Patenuniversitäten geleitet und folgen ähnlichen Faustregeln. Professor Hölzer, Frau Svenssons Kollege am Institut, erzählte, er habe sich in Greifswald beworben und sein Ablehnungsschreiben aus Osnabrück bekommen. Da niemand die Erlaubnis des Wissenschaftsrats braucht, um sich um Forschungsgelder zu bewerben, ist die Empfehlung der Prüfer für die namenlosen Fünf allen unverständlich. Warum nicht zehn oder, vielleicht realistischer, keiner? Früher sagte man bei rätselhaften Anordnungen von oben: «Ach, die Genossen werden sich schon was dabei gedacht haben.» Es sagt sich nicht so leicht, wenn es um die eigene Existenzgrundlage geht.

Am Institut für Rechtswissenschaft herrscht also «ziemliche Panik». Über die soziale Seite der Abwicklung ist noch nichts bekannt. Frau Svensson wird Rechtsanwältin; sie ist jetzt froh, noch in DDR-Tagen ihre Zulassung beantragt zu haben. Will sie später einmal zur Wissenschaft zurück? Sie weiß es nicht. «Man darf sich jetzt erstmal nicht versteifen», sagt sie.

8. Mai 1991

Im Haus der Senatsverwaltung für Justiz in der Salzburger Straße, gleich um die Ecke vom Rathaus Schöneberg. Es ist ein schöner Deko-Bau mit runder Front und einem komplizierten Treppenhaus, bei dem man, wie auf den Bildern von M. C. Escher, nicht sicher ist, ob die Stufen hinauf oder hinunter führen. Eine Reihe rosa-bräunlicher Glasfenster zeigen stilisierte Tierkreiszeichen. Das Ganze ein bißchen Irrgarten, ein bißchen Schicksalstempel.

Es ist abends um 18 Uhr. Ich habe eine Verabredung mit Senatsrat Klaus Ritter, stellvertretender Abteilungsleiter und zuständig für die Überprüfung der 369 Ostberliner Richter und Staatsanwälte, die sich um die Übernahme in den Berliner Justizdienst beworben haben. Herr Ritter lebt in diesen Tagen in seinem Büro. Auch am Wochenende ist er fast immer unter seiner Dienstnummer zu erreichen. Sein Ausschuß ist die erste und wichtigste Hürde, die ein Ost-Richter nehmen muß, wenn er sich Hoffnungen machen will, in seinen alten Beruf zurückzukehren. Außer dem Plazet der

Senatsverwaltung für Justiz braucht ein Bewerber auch die Befürwortung durch den Richterwahlausschuß, ein zwölfköpfiges Gremium, das auf Vorschlag der Fraktionen, der Richterschaft und der Rechtsanwaltskammer vom Abgeordnetenhaus gewählt wird. Justizsenatorin und Richterwahlausschuß entscheiden nach dem Einigungsvertrag «gemeinsam» über die Neuberufung der Ostberliner in das Richterverhältnis.

Aber Herrn Ritters Senatsausschuß managed die Überprüfungsprozedur. Bei ihm sammeln sich die Personalakten der Richter und die vom Senat verschickten Fragebögen. Bis jetzt haben erst mit wenigen Richtern Unterhaltungen stattgefunden. Von meinen Gesprächspartnern aus dem letzten Monat vor der Wiedervereinigung ist nur ein einziger darunter: Rainer Hannemann. Wir konzentrieren uns auf die «Mittelbelasteten», sagt Herr Ritter. Rainer Hannemann ein Mittelbelasteter? Ich frage nach den Beurteilungskriterien der Senatsverwaltung. Sie sind nicht schriftlich festgelegt, sagt Herr Ritter. Er verbessert sich sofort: jedenfalls habe er «nichts zum Herausgeben». Warum nicht? Hat der Betroffene keinen Anspruch darauf, zu wissen, auf Grund welcher Maßstäbe über sein Schicksal entschieden wird? Aus Herrn Ritters Antwort wird deutlich, daß die Senatsjustizverwaltung den Ostberliner Bewerbern nicht viele Ansprüche zugesteht. Juristisch sieht man hier die Richter aus der alten DDR als Neubewerber, die wie jeder andere Interessent aus Westdeutschland oder Westberlin nur ein Recht auf pflichtgemäße Ermessensausübung der Anstellungsbehörden haben; nicht mehr. Wenn Herrn Ritters Ausschuß sich mit der Überprüfung so viel Mühe gibt, dann aus Großzügigkeit; nicht, weil selbst als unbedenklich eingestufte DDR-Richter ein Recht darauf hätten, einmal innegehabte Funktionen auch im vereinten Deutschland weiter auszuüben.

Aber aus unserem Gespräch ergeben sich doch einige Anhaltspunkte für die Beurteilung der Ostberliner. Da sind als erstes die schriftlichen Unterlagen: die Kaderakten der Betroffenen und die ausgefüllten Fragebögen. Schon hier die ersten Schwierigkeiten. Im Februar 1990 hatte ein Erlaß der Modrow-Regierung «zur Gewährleistung des Schutzes der persönlichen Daten der Werktätigen»[31] die Durchforstung aller ostdeutschen Kaderakten angeordnet. Alle «nicht mehr aktuellen Dokumente und Unterlagen» seien aus den Akten zu entfernen. Nur die «letzte» Leistungseinschätzung sei zurückzuhalten. Die Angehörigen der DDR-Justiz, die ihre Akten zum ersten Mal im Leben zu Gesicht bekamen, scheinen der Aufforderung mit Verve gefolgt zu sein. So stehen der Senatsverwaltung jetzt nur die «gereinigten» Unterlagen zur Verfügung. Zwar wurden die Antragsteller gebeten, das Herausgenommene ihrer Bewerbung wieder beizufügen. Aber es ist unklar, wieweit der Aufforderung Folge geleistet wurde. Ich sprach vor zwei Wochen mit Joachim Rößler, Vorsitzender Richter am Kammergericht, über das Problem. Herrn Rößlers Aufgabe war es gewesen, vom September bis Ende Dezember 1990 das über die Ostberliner Richter vorliegende Material zu sichten und für die Senatsverwaltung aufzubereiten. Bei den Ostberlinern seien die Akten der älteren Richter oft dünner als die der jungen, erzählte Herr Rößler. Die Kaderakte eines Richters am Obersten Gericht habe ganze acht Seiten enthalten. Da alte Akten numeriert gewesen seien, lasse sich bei ihnen mit Sicherheit sagen, wann etwas fehle. Bei neueren Akten könne man das Schlimmste nur vermuten. «Man hat sich im Westen aufs Kreuz legen lassen.»

An seinem gekränkt-abschätzigen Ton läßt sich das Unheil abmessen, das der Modrow-Erlaß angerichtet hat. Wie kam es nur dazu? Herr Oehmke, den ich danach fragte, erklärte den Erlaß mit der Furcht der Ostdeutschen vor einer «Hexenjagd». Als sich der Untergang der DDR abzeichnete, habe man die zu erwartende Abrechnung der Sieger erschweren wollen. «Wer uns etwas anhängen will, dem liefern wir nicht die Munition.» Aber jedenfalls zum Teil muß der Erlaß auch auf dem Wunsch gegründet gewesen sein, Personalunterlagen sozusagen auf West-Niveau zu bringen. Es stand so vieles drin, was neuen Zeiten nicht mehr angemessen war. Alle paar Jahre mußten zum Beispiel Lebensläufe neu geschrieben werden, um die Machthaber darüber auf dem laufenden zu halten, ob jemand West-Verwandtschaft oder Angehörige in Parteifunktionen hatte. Was sollte das jetzt noch? Sicherlich haben viele Richter beim Durchsehen ihrer Akte Belastendes herausgenommen. Manchmal werden auch Vorgesetzte kritische Urteile über Untergebene herausgenommen haben, deren Abfassung zwar den Betroffenen entlasten, aber auf den Schreiber selbst ein schlechtes Licht werfen konnte. Nach dem Erlaß war so gut wie alles aus den Akten herauszunehmen. Frau Schomburg zeigte mir ein Blatt, das sie aus ihrer Akte entfernt hatte: eine Beurteilung, nach der sie «für Leitungspositionen ungeeignet» sei. Sie hatte sich zu oft mit ihren Vorgesetzten angelegt. Aber in den Augen eines West-Lesers hätte ihr die abfällige Beurteilung wohl eher genützt als geschadet. Herr Ritter gibt zu, daß viele Bewerber der Aufforderung des Senatsausschusses entsprochen und auch Belastendes wieder eingereicht haben. Aber natürlich bleiben die Akten unzuverlässig. Herr Oehmke wollte keine «Hexenjagd». West-Beamte nennen es jetzt «Überprüfung». Aber gerade die Unehrlichkeit der Unterlagen nährt das westliche Mißtrauen und damit die Gefahr, daß die Überprüfung in die Nähe einer Hexenjagd rücken könnte.

Was sonst dient Herrn Ritters Ausschuß als Erkenntnisquelle? Die Urteile der Betroffenen, soweit sie sich auftreiben lassen. Bei den bis jetzt positiv eingestuften Richtern wurden jeweils rund 20 Urteile ausgewertet. Für politische Strafsachen hat man die Urteile aus der Strafanstalt Rummelsburg abgelichtet, nach Namen sortiert und den Akten der erlassenden Richter beigefügt. Material aus der Erfassungsstelle in Salzgitter, sagt Herr Ritter, sei leider nur ein «schlechtes Fundament»: die Berichte beruhen auf den nachträglichen Erzählungen der Opfer und enthalten keine Aktenzeichen. Manche Urteile stammen auch aus der Littenstraße. Aber im großen ganzen sind die Urteile «Zufallsfunde».

Und wonach sucht man? Einmal nach Strafurteilen. Die schlimmen politischen Urteile – die, in denen etwa für den Besitz von Flugblättern oder für Kontakte mit der Ständigen Vertretung der Bundesrepublik in Ostberlin mehrere Jahre Freiheitsstrafe verhängt wurden – kamen in der Regel aus den Ia-Abteilungen, deren Angehörige kaum Chancen auf eine Übernahme haben. Sonst sucht man nach Urteilen zu § 213 des DDR-Strafgesetzbuches – «ungesetzlicher Grenzübertritt» –, der seit 1985 nicht mehr von den Ia-Richtern, sondern von gewöhnlichen Strafrichtern abgehandelt wurde. Bei Zivil-, Familien- und Arbeitsrichtern sucht man nach Haftbefehlen zu § 213 StGB, die alle Richter turnusmäßig an Wochenenden oder Feiertagen erledigen mußten. Ob unter den nach Dienstschluß ertappten Tätern auch Republikflüchtlinge waren, hing vom Zufall ab. Wie viele Haftbefehle bei Fluchtversuchen muß ein sonst unpolitischer Zivilrichter unterschrieben haben, um in den Augen der Senatsverwaltung fürs Richteramt diskreditiert zu sein: Drei? Fünf? Bei fünf Haftbefehlen werde man schon fragen müssen, wie der Betreffende sich mit den Fällen auseinandergesetzt habe, sagt Herr Ritter. Hätte er den Antrag des Staatsanwalts vielleicht ablehnen können? Aber bei Fluchtversuchen war die «Fluchtgefahr», die für den Erlaß eines Haftbefehls Voraussetzung war, doch gleichsam eingebaut, gebe ich zu bedenken. Auch Herr Ritter weiß nicht, ob es bei Fluchtfällen je vorkam, daß einem Haftgesuch des Staatsanwalts nicht entsprochen wurde.

Also angenommen, ein Kandidat ist durchgefallen. Wie geht es weiter? Er bekommt einen Absagebrief, in dem nur einige allgemeine Formulierungen enthalten sein werden. Schließlich «wollen wir niemanden beleidigen». Aber der Betroffene muß doch wissen, wogegen er sich vielleicht juristisch wehren möchte! Wenn ein Einspruch kommt, wird eine genauere Begründung nachgereicht, sagt Herr Ritter. Fürs erste jedenfalls wird niemand durch exakte Angaben zum Widerspruch ermutigt.

Es hat bis jetzt ja auch erst wenige endgültige Entscheidungen gegeben. Fast alle meiner Ostberliner Gesprächspartner haben seit September 1990 von ihren Bewerbungen nichts mehr gehört. Warum erhielten sie nicht wenigstens einen Zwischenbescheid? «Keine Zeit!» sagt Herr Ritter. Sollen sie sich erkundigen. «Wir brauchen aktive Leute» in der Justiz. «Wer jetzt nur wartet, ist schon quasi ungeeignet.» Herr Ritter scheint bei den Ostberlinern eine Art Verwaltungs-Darwinismus zu befürworten, der die Auslesearbeit des Senats auf anderer Ebene ergänzt. Sogar im Eingabengesetz der alten DDR, fällt mir ein, gab es Bearbeitungsfristen und, wenn sie nicht eingehalten werden konnten, Zwischenbescheide.

Aber mir wird bei unserer Unterhaltung klar, daß Herr Ritter die Verfahrensweise seines Ausschusses nicht an den Maßstäben mißt, die er normalerweise an Westberliner Verwaltungshandeln anlegen würde. Fast scheint es, als befänden sich die ostdeutschen Richterbewerber noch in einem Vorhof zum Rechtsstaat. Noch gehören sie nicht dazu. Sie haben keinen Anspruch, bei politischer Unbedenklichkeit ihr Amt zurückzuerhalten; kein Recht auf Kenntnis der Beurteilungskriterien, auf eine zügige Entscheidung, auf sorgfältige Begründung, auf Zwischenbescheide. Obwohl normalerweise die Parteizugehörigkeit eines Bewerbers gar nicht zur Sprache kommen darf, wird es Ost-Richtern angelastet, wenn sie Mitglied der PDS sind. Man fragt nicht geradezu, sondern indirekt. Vielleicht: «Warum sind Sie aus der SED ausgetreten?» Aber wenn sich eine PDS-Mitgliedschaft herausstellen sollte, sei das Anlaß zu Bedenken und müsse «mit der Hausspitze besprochen werden». Wahrscheinlich hat in solchen Fällen «noch keine Auseinandersetzung stattgefunden», vermutet Herr Ritter. Und das Parteienprivileg des Grundgesetzes, nach dem jede Partei bis zu einer negativen Entscheidung des Bundesverfassungsgerichts als verfassungskonform zu gelten hat? frage ich. Er überhört den Einwand.

Zwar wird deutlich, daß Herr Ritter sich seine Auswahlarbeit durchaus nicht leicht macht. «Wie ein guter Prüfer» will er nicht Unwissen, sondern Wissen finden; nicht Ferne, sondern Nähe zur Verfassung. «Dies sind doch keine Verhöre», sagt er einmal. Aber den Examinierten muß die laxe und langwierige Verfahrensweise in mancher Hinsicht bekannt vorkommen. Herrn Ritters Senatsausschuß geht nicht von dem demokratischen Miteinander von Antragsteller und Verwaltung aus, sondern von einem deutlichen Machtgefälle vom Staat zum neuen Bürger. Bürger? Eher – und daher, denke ich, der Eindruck eines Déjà-vu bei den Examinierten – eher Bittsteller als Bürger. Wie im Sozialismus haben die Bewerber keine Rechtsansprüche, sondern sind vom guten Willen der Entscheidungsfinder abhängig. Auch Herrn Ritters freundliches Entgegenkommen paßt ins Bild. Zwei Kandidaten, erzählt er, habe er drei Monate zurückstellen lassen, weil sie «mit ihrer Auseinandersetzung noch nicht fertig» gewesen waren. Aber die fürsorglich verschriebene Denkpause wird von den Betroffenen als kränkende Herablassung empfunden worden sein. Versetzung gefährdet: Nachsitzen! – hatte die Anordnung so für sie geklungen? Jedenfalls hatten beide beim zweiten Gespräch «einen noch viel schlechteren Eindruck gemacht» als beim ersten. Nicht alle Kandidaten reagieren mit trotziger Selbstbehauptung auf die Überprüfung. Manche meiner Gesprächspartner vom letzten Herbst machen sich Sorgen. «Ich habe noch nichts gehört», sagt jemand vielleicht. «Was meinen Sie: Ist das ein gutes Zeichen? Soll ich weiter warten? Wird es meinen Chancen schaden, wenn ich auf Antwort dränge?» Neue Abhängigkeiten; neue Anpassungsversuche. Die Sieger werden nicht als Befreier erfahren.

Wie konnte es zu diesen Verwaltungsverfahren zweiter Klasse kommen? Ich spüre einen ungeheuren Argwohn der Prüfer gegenüber ihren Prüflingen. Bei täglich neuen Enthüllungen über altes DDR-Unrecht verständlich. Auch der unglückselige Aktenreinigungserlaß wird seinen Teil beigetragen haben. Aber das Mißtrauen beruht auch auf den Schwierigkeiten der Westberliner, die Ostberliner Kollegen zu verstehen und einzuordnen. Herr Rößler hatte sich schon beklagt: Nicht einmal die Urteile eines Richters, wenn man ihrer tatsächlich habhaft werden sollte, erlaubten die zuverlässige Einschätzung eines Kandidaten. Es sei nämlich durchaus nicht so, daß etwa bei Fluchtversuchen standfeste Richter Milde gezeigt und Opportunisten harte Urteile verhängt hätten. Derselbe Richter, der scheinbar selbe Sachverhalt – und das eine Mal sei eine Strafe von einem halben Jahr mit Bewährung, das andere Mal von zwei Jahren ohne Bewährung herausgekommen. Herrn Rößlers Erklärung: die jeweils politisch angepaßten «Vorgaben» der Richterbesprechungen. «Mit unserem Richterbild ist das nicht zu vergleichen.»

Ich merke auch, wie der Untersuchungsprozeß selbst die Kommunikation zwischen Prüfern und Überprüften vergiftet hat. Die Argumentation der Ostberliner «ändert sich ja von Monat zu Monat», sagte Herr Rößler – «je nachdem, was die Senatsverwaltung weiß». Heute «verschleiern die ganz anders» als gestern. Erst hieß es: «So etwas haben wir nie gehört.» Dann, wenn sich eine besonders unerfreuliche Praxis nicht länger ableugnen lasse: «Davon haben wir gehört, aber wir haben es nicht so gemacht.» Und schließlich: die Bewerbungen aus Ostberlin seien sich «alle so ähnlich». Auch das erregt Mißtrauen: sind die Argumente nicht abgesprochen? Bewerbungen aus Westdeutschland, sagt Herr Rößler, sind individueller und immer anders.

Aber das kann ihn doch nicht verwundern? Westdeutsche Bewerber um ein Richteramt kommen aus verschiedenen Städten, aus verschiedenen Positionen und aus den unterschiedlichsten Motiven heraus nach Berlin. Ostberliner Bewerber kommen alle aus derselben Ecke. Ein Leben wie im Belagerungszustand. Viele sind arbeitslos oder haben bestenfalls eine Ausweicharbeit gefunden. Fast alle kennen sich. Alle warten. Jeder fragt jeden: Hast du etwas gehört? Bist du schon dran gewesen? Was haben sie dich gefragt? Frisch vom Gespräch Kommende müssen erzählen; frisch Durchgefallene müssen «gemeinsam wieder aufgerichtet werden». Geschichten machen in Windeseile die Runde, wie die von der Richterin, die befürchtete, daß ihre PDS-Mitgliedschaft bei dem Gespräch herauskommen werde. Was sie denn nach der Wende als Befreiung empfunden habe, hatten die Prüfer gleich zu Anfang wissen wollen. Daß niemand sie mehr nach ihrer Parteizugehörigkeit befragen könne, war die schlaue Antwort gewesen. Aber sie war doch durchgefallen: zu viele Haftbefehle. Trotzdem kursiert die Geschichte zur Genugtuung aller: ein winziger Triumph.

In diesem Klima wäre es erstaunlich, wenn sich die Antworten der Prüflinge nicht ähnlich sähen. Es kann ja auch stimmen, daß die Ostberliner von gewissen Justizpraktiken in der DDR erst nichts wußten und nun durch ihre Gerüchtemühle davon erfahren haben. Und ich bin sicher, daß sie die Abfassung ihrer Bewerbungen miteinander besprochen haben. Übrigens entdecke ich auch in Gesprächen mit Mitarbeitern der Senatsjustizverwaltung Ähnlichkeiten, die nahelegen, daß auch die Prüfer wie im Schützengraben zusammenhocken und immer wieder dieselben Dinge besprechen. Herrn Rößlers Satz – «man hat sich im Westen aufs Kreuz legen lassen» – habe ich in genau der gleichen Form von zwei anderen Mitarbeitern der Senatsverwaltung gehört. Beide Seiten im Überprüfungskrieg fürchten, von ihrem Gegenüber manipuliert zu werden.

Also die alte Konfrontation, die alten Reflexe aus Zeiten, die doch eigentlich vergangen sind. Die Westberliner – die an Würde und Selbstsicherheit mehr zu verlieren haben – sind eher noch argwöhnischer als ihre Prüflinge. Die Ostberliner scheinen zerrissen zwischen dem Wunsch, sich vor den Wessis keine Blöße zu geben, und einem früher ungestillten Hunger nach Unverstelltheit. «Ich hatte den Eindruck, Offenheit sei gefragt», erzählte mir die Richterin, deren PDS-Mitgliedschaft sie in Schwierigkeiten brachte, von ihrem Gespräch mit dem Senatsausschuß. So hatte sie auf die Frage, was sie im Studium am meisten geprägt hätte, neben dem juristischen Fachwissen auch die «Theorie des Sozialismus» genannt. Herr Ritter hat eine andere Erinnerung an das Gespräch. Er sah das Bekenntnis nicht als Zeichen ehrlicher Bemühungen, mit der eigenen Vergangenheit ins reine zu kommen, sondern als Beweis dafür, daß die Sprecherin sich von den Verfehlungen der Partei noch nicht distanziert hatte. Übrigens gibt auch Herr Ritter zu, daß seine Ostberliner Gesprächspartner in der Regel nicht wissentlich lügen. «Viele glauben das, was sie uns erzählen», sagt er. Es ist offensichtlich, daß Herr Ritter es nicht glaubt.

Garantiert seine Skepsis, daß ihn niemand hinters Licht führt? Ich habe mich schon auf meinen Vor-Wende-Reisen in die DDR entschließen müssen, wieweit ich in Zeiten, in denen Ehrlichkeit aus anderen Gründen nicht immer ratsam schien, meinen Gewährspersonen trauen sollte oder nicht. Ich habe gefunden, daß man der Wahrheit näher kommt, wenn man alles glaubt, als wenn man nichts glaubt. Nichts glauben ist die einem Juristen besser anstehende Reaktion. Aber alles glauben – oder, ein bißchen vorsichtiger gesagt, fast alles glauben – wird eher der Tatsache gerecht, daß die Wahrheit viele Facetten hat. Wenn man sie nicht polar – hier ja, dort nein –, sondern dreidimensional versteht, wenn ich wie um eine Litfaßsäule um die Dinge herumgehe, kann ich eher hoffen, ihnen gerecht zu werden. Jeder hat seine Wahrheit anzubieten: Wessis und Ossis, Prüfer und Überprüfte, Herr Ritter und die PDS-Richterin, der er mißtraut. Zusammen kommt man vielleicht der Sache auf den Grund. Mißtrauen ist auch zu kostspielig. Zum einen werden die meisten Menschen einem eher die Wahrheit erzählen, wenn sie bemerken, daß man ihnen traut. Zum anderen muß man, wenn man den Bericht eines Dabeigewesenen als unglaubwürdig abtut, die Erkenntnislücke auf andere Weise füllen: mit eigenen Vermutungen, Gerüchten, Vorurteilen oder Berichten aus dritter Hand, die eher noch unzuverlässiger sind als das wahrscheinlich einseitige, aber zutreffende Zeugnis des unmittelbar Betroffenen. Nein, ich fürchte, Herrn Ritters Unglaube ist eher ein Hindernis als eine Hilfe bei der Wahrheitsfindung.

Zum Schluß unseres Gesprächs erfahre ich noch etwas, das mich selbst in Zweifel stürzt. Ich habe schon meinen Mantel an; Herr Ritter und ich schwatzen noch ein bißchen in seinem längst verwaisten Vorzimmer, und ich erzähle von meiner eigenen Überprüfungsarbeit in der PSK der Humboldt-Juristen. Es stellt sich heraus, daß die Arbeitsmethoden von Herrn Ritters Senatsausschuß und meiner Personalstrukturkommission viele Ähnlichkeiten aufweisen. Auch den Senatsleuten geht es nach Herrn Ritters Schilderung vor allem darum, wie die Überprüften «ihre eigene Vergangenheit verarbeiteten». Auch in Herrn Ritters Ausschuß fällt die Bewertung der Gespräche fast immer einstimmig aus. Sind unsere unterschiedlichen Ergebnisse nur durch unsere jeweils unterschiedlichen Vorurteile zu erklären? Wäre es nicht besser gewesen, auch die PSK-Arbeit genauer, förmlicher, kälter, juristischer zu machen, als wir es für nötig und möglich hielten? Jetzt muß ich an das denken, was ein Westberliner Richter einmal zu mir sagte: «Der Rechtsstaat ist etwas außerordentlich Mühsames.» Ich befürchte, daß weder Herrn Ritters Ausschuß noch meine PSK ihm gerecht geworden sind.

15. Mai 1991

Schon früh um 10 Uhr eine Verabredung mit Frau Fischer im Hotel Unter den Linden. In der Hallenbar dröhnt noch der Staubsauger. Das letzte Mal sah ich Frau Fischer in ihrem Richterzimmer in der Littenstraße. Jetzt hat sie einen Schnellkursus für Versicherungsverkäufer mitgemacht und wartet im übrigen auf Nachricht von der Senatsjustizverwaltung. Ich möchte von ihr erfahren, wie sie selbst die Entscheidungen sieht, die der Senatsausschuß ihr sicherlich ankreiden wird.

Frau Fischer ist seit März 1983 Richterin. Obwohl sie vorwiegend Familienrecht gemacht hat, hat sie in siebeneinhalb Jahren natürlich auch Haftbefehle unterschrieben. Sie nehmen nicht viel Raum in Frau Fischers Erinnerungen ein; das waren Routinesachen. Bei Grenzvergehen habe immer Fluchtgefahr bestanden. Sie kann es nicht mit Bestimmtheit sagen, nimmt aber an, daß es zu diesen Verfahren eine OG-Anweisung oder Fachrichteranleitungen gegeben hat. Was immer darin vorgeschrieben war, hat Frau Fischer auch getan. So machte man es eben.

Wie fast alle Zivilrichter in der DDR hat Frau Fischer gelegentlich auch Strafurteile gefällt. Sie erzählt von zwei Fluchtversuchen, die sie abgeurteilt hat. Der eine Fall betraf einen jungen Mann, dem Frau Fischer schon einmal begegnet war: sie war Richterin in seinem Scheidungsverfahren gewesen und hatte mit ihm ein erfolgloses «eheerhaltendes Gespräch» geführt. Nun stand er plötzlich als Angeklagter vor ihrem Richtertisch. Mit der Scheidung war sein Leben aus dem Gleis geraten. Er hatte mit dem Fluchtversuch der Misere zu Hause und im Dorf entkommen wollen. Frau Fischer gab dem jungen Mann neun Monate; weniger, als sein Rechtsanwalt beantragt hatte. Sie war ein bißchen besorgt: würde es durchgehen? Der Rechtsanwalt freute sich: dann könne er das nächste Mal ja weniger vorschlagen! Er war noch neu im Geschäft, wußte auch noch nicht, was gehen würde und was nicht.

Der andere Fall betraf auch einen jungen Mann: einen Homosexuellen, der nach Westdeutschland zu seiner Tante wollte. Frau Fischer kann sich nicht mehr genau daran erinnern, was für eine Strafe sie verhängte. Eineinhalb Jahre werden es bestimmt gewesen sein, sagt sie; das war «gängig». Sie will nichts beschönigen: vielleicht auch mehr. Aber warum? «Ja, das wußte der doch, daß das verboten war», sagt sie. Aber es hätte doch nicht verboten sein sollen, wende ich ein. Warum hat sie dem armen Kerl nicht auch neun Monate gegeben?

Frau Fischer ist ganz verblüfft. Ihr Gesicht ist blank. «Ich weiß es auch nicht», sagt sie schließlich. Ich hake nach: Sie wären doch selber auch gern einmal in den Westen gefahren. Wenn es richtige Wahlen gegeben hätte, hätten Sie doch auch für offene Grenzen gestimmt. Ja, sagt Frau Fischer. Sie sucht immer noch nach einer Erklärung für ihr hartes Urteil. Vielleicht bin ich dem Antrag des Staatsanwalts gefolgt, sagt sie, das tat man oft zu Anfang. Aber sie sieht selbst ein, daß das als Entschuldigung nicht ausreicht. Sie weiß wirklich nicht, wie sie zu ihrem Urteil gekommen ist.

Hier ist also einer der von Herrn Rößler beschriebenen Fälle: derselbe Richter, ganz verschiedene Urteile. Aber Herrn Rößlers Erklärung – unterschiedliche Anweisungen von oben – löst das Rätsel nicht. Auch Frau Fischer ist ihr eigenes Verhalten unverständlich. Sie hat nicht nachgedacht; soviel ist offensichtlich. Aber warum nicht?

Später fällt mir eine mögliche Erklärung ein. Der junge Mann, der von seinem eigenen Unglück weglaufen wollte, war kein Unbekannter für Frau Fischer. Sie verstand seine Probleme, konnte sich in seine Gefühle hineinversetzen und, weil eine menschliche Beziehung schon bestand, auch menschlich reagieren. Der zweite Flüchtling war ihr fremd. Homosexualität unter Erwachsenen war in der DDR zwar nicht strafbar. Aber wie alle, die ihrer eigenen Stimme folgten, paßten Homosexuelle nicht in den Sozialismus. Sie wirkten störend in dem unkomplizierten, sieghaften, muskelstrotzenden Wunschbild, das der sozialistische Realismus von seinen Bürgern zeichnete. So blieb Homosexualität in der DDR weitgehend unsichtbar. Über so etwas sprach man nicht. Erst in einem Urteil vom August 1987 fand sich das Oberste Gericht zu der Erklärung bereit, daß auch homosexuelle Bürger «nicht außerhalb der sozialistischen Gesellschaft» stünden.[32] Aber als Frau Fischer ihr Urteil fällte, wird sie noch das Befremden und Unverständnis geteilt haben, das man Homosexuellen im allgemeinen in der DDR entgegenbrachte. Sie kann sich noch an ein Detail des Falls erinnern. Der Angeklagte hatte sich eine farblich koordinierte Fluchtausrüstung angeschafft – ein rotes Taschenmesser, eine rote Taschenlampe, ein dazu passender Gürtel. «Komisch», fand sie. Und zu dem «komisch» paßte auch ein

Urteil, das keine menschliche Resonanz zwischen Richter und Angeklagtem erkennen ließ.

Um der Routine zu entkommen, denke ich mir, braucht man in allen Gesellschaftsordnungen eine innere Stimme, die einen bei der mechanischen Befolgung von Regeln anhält und daran erinnert, daß es auch anders geht. Daß auch Frau Fischer innere Ermahnungen kannte und auf sie hörte, zeigt ihr erstes Urteil. Beim zweiten schlief ihr Gewissen, weil die Stimme, die es hätte wecken können, eine fremde Sprache sprach. Aber ich brauche auch im Rechtsstaat nur an Ausländer, an Farbige, an Zeugen Jehovas und, ja, auch an Homosexuelle zu denken, um mich daran zu erinnern, daß es überall für das Gewissen eines Richters nicht einfach ist, fremdländische Akzente zu verstehen.

Und noch etwas. Ein DDR-Richter war nicht nur in seiner Abhängigkeit, sondern auch in seinem Widerstand ein Kind des Systems. Ich denke an einen Scheidungsfall, über den mir von anderer Seite berichtet wurde. Die Tochter irgendeines hohen Funktionärs wollte nach nur sechsmonatiger Ehe geschieden werden, weil sie sich einem anderen Mann zugewandt hatte. Offensichtlich hatte ihr Vater sich für sie verwendet: Die Scheidung sollte ganz, ganz schnell über die Bühne gehen. Die zuständige Richterin war nicht bereit, das Spiel mitzuspielen. Immerhin war sie unabhängig. Sie erinnerte sich also an den Eheerhaltungsauftrag des Obersten Gerichts und beschloß, die Sache langsam und gründlich zu machen. Wie in ähnlichen Fällen vom OG empfohlen, lud sie den neuen Freund als Ehebruchszeugen zur Verhandlung. Frau Rohde – ihrerseits wohl unter Druck gesetzt – rief vom Obersten Gericht an: ob die Ladung des Mannes wirklich nötig sei? «Ist das eine Empfehlung oder eine Weisung?» fragte listig die Richterin. «Du weißt doch genau, daß ich dir keine Weisungen erteilen kann», war – wie erwartet – die Antwort von Frau Rohde gewesen. So blieb es bei der Ladung. Mein Gewährsmann erzählte die Geschichte als Beweis für die durchaus mögliche Unabhängigkeit von Richtern in der DDR.

Aber ich, die ich aus einer anderen Welt komme, entdecke in dem Bericht auch Abhängigkeit. Der Telefonanruf vom Obersten Gericht bedrückt mich fast weniger als die Vorstel-

lung, in einer aussichtslosen Versöhnungssituation den Mit-
schuldigen an einem Ehebrauch nur deswegen als Zeugen
zu vernehmen, um einer Scheidungsklägerin, die Beziehungen spielen ließ, Respekt vor der Autorität des Gerichts ein-
zuflößen. Der Ehemann hatte sich der Klage ja nicht widersetzt. Die Scheidung war sicher. Auch an dem gemeinsamen
Kind wollte der Vater nicht festhalten. Die Aussagen zum
Ehebruch konnten also nichts anderes bezwecken als die
pädagogische Abkanzelung der daran Beteiligten. Durch ihre Anordnung bewies die Richterin zwar ihre Standhaftig-
keit gegenüber Weisungen von oben. Aber sie zeigte auch,
wie sehr sie in einem Rechtsverständnis befangen war, das
dem Einzelnen keinen legitimen Freiraum gegenüber der
Allmacht des Staates einräumte. Beide – die aufsässige Richterin und das Oberste Gericht, das sie zur Ordnung rufen
wollte – akzeptierten die Elternrolle der Gerichte. Herr Ritter und seine Kollegen in der Senatsjustizverwaltung suchen, scheint mir, nach ostdeutschen Richterkandidaten, die
sie nicht finden können: nach Menschen, die nicht von der
Gesellschaft geformt wurden, in der sie aufgewachsen sind.
Nach Kandidaten aus der Retorte.

Nachmittags

Nach dem Mittagessen habe ich einen Lokaltermin im großen Aktenspeicher des ehemaligen Stadtgerichts in der Littenstraße. Aber dazu gibt es eine Vorgeschichte:
   Kurz vor Weihnachten sah ich im Deutschen Theater in
Ostberlin eine Aufführung des *Zerbrochnen Krugs.* Zusammen mit meinem Programm wurde mir auch ein vierseiti-
ges Pamphlet in die Hand gedrückt, das Photographien des
besagten Aktenspeichers zeigte. Bilder des Grauens! Ein
Dachboden mit unordentlich beiseite gerückten Regalen, in
die offensichtlich herausgefallene Akten nie wieder einge-
ordnet worden waren. Davor und dahinter lose Haufen von
Papieren. Bündel von Dokumenten, wie Altpapier unordentlich verschnürt, die wahllos aufeinandergetürmt den Fußboden bedeckten. Dazu der Auszug eines *Spiegel*-Artikels über
die Schwierigkeiten beim Aufbau des Rechtsstaats in der
DDR. «Das Chaos entdeckte ... der Geschäftsleiter vom
Amtsgericht Wedding, als er in den Ostberliner Justizpalast

in der Littenstraße zum Aufräumen kam», hieß es darin. Dann noch etwas Literarisches zur «Justizkritik im *Zerbrochnen Krug*» und zu den Mißständen des Gerichtswesens in Preußen. Die Botschaft war deutlich: Die Schludrigkeit des Dorfrichters Adam wird durch die Verwahrlosung der Justiz in der DDR weit in den Schatten gestellt.

Ich sah mir die Bilder an und wußte, daß irgend etwas an der Geschichte nicht stimmen konnte. Nicht, daß in DDR-Gerichten nicht Unerfreuliches geschehen wäre. Aber eine so grandiose Schlamperei wie hier abgebildet konnte für die ostdeutsche Justiz nicht typisch gewesen sein. Ich kannte ja die Statistiken. 1989 wurden in der DDR fast Dreiviertel aller erstinstanzlichen Zivilrechtssachen und über 80% aller Arbeitsrechtssachen in weniger als drei Monaten erledigt. So schnell können nur Gerichte arbeiten, die Ordnung halten. Woher also das Chaos? Übrigens konnte ich zu Hause beim Studium der Photographien mit einer Lupe erkennen, daß auf dem Umschlagblatt eines der auf dem Fußboden verstreuten Dossiers das Wort «Akten» mit «c» geschrieben war.

Seit diesem Theaterabend hatte ich mich überall erkundigt: Wer wußte etwas über die Akten in der Littenstraße? Meine Fragen führten schließlich zu einer jungen Frau in Westberlin: Maria Latzel, Juristin und Doktorandin an der Freien Universität. Sie wird mich heute nachmittag über den Aktenboden führen.

Im ehemaligen Stadtgericht wird überall gehämmert und gemalt. Demnächst soll Neueröffnung sein. Wir gehen vom dritten Stock aus eine kleine Seitentreppe hoch, die nirgendwohin zu führen scheint, und stehen plötzlich auf dem riesigen Boden. Was unter uns in Stadtgericht und Stadtbezirksgerichte, Staatsanwaltschaft und Oberstes Gericht der DDR unterteilt war, ist hier oben vereint: der Boden läuft in einem gigantischen Karree um das ganze Gebäude herum, so daß man auf einem Rundgang dort wieder ankommt, wo man losgegangen ist. Überall das schräge Dach und ein Gewirr von Stützbalken und Zwischenmauern. Hier und da fällt Licht durch irgendeine Luke in die staubige Dämmerung. Die meisten freien Flächen sind mit jetzt wieder freistehenden Regalen vollgestellt. Immer noch liegen ein paar Aktenhaufen ungeordnet auf dem Boden. Einige umgefallene Stühle, Knäuel von Butterbrotpapier, in einer Ecke ein großes DDR-Emblem aus Pappe, an die Wand gelehnt. Und überall der Geruch von Staub und Mörtel. Frau Latzel erzählt, was sie über den Aktenboden weiß.

Sie war es gewesen, die kurz nach der Wende den Aktenspeicher für die Außenwelt «entdeckte». Maria Latzel schreibt an einer Doktorarbeit über Familienrecht im Dritten Reich und konnte kein Aktenmaterial über Nazi-Familienrecht in Westberliner Gerichten finden. Es mußte doch in Berlin noch Urteile aus dem Dritten Reich geben! Als die Mauer fiel, erstreckte sie ihre Suche mit Fahrradtouren auch auf Ostberlin. So klopfte sie eines Tages in der Littenstraße an. Weil die Hausherrenschaft in dem Gebäude auf so viele verschiedene Institutionen aufgeteilt war, wußte niemand richtig, was es auf dem Speicher alles gab. Aber man ließ Maria Latzel hinauf, und sie entdeckte einen Riesenhort von weitgehend ungeordneten und verschmutzten Gerichtsakten, von denen die frühsten aus den Jahren um 1830 stammten. Daher also das «c» auf der Akte, die in meinem Programmheft abgebildet war.

Mit Hilfe von Uwe Weitzberg, dem damaligen Direktor des Stadtbezirksgerichts Berlin-Mitte, und einer Genehmigung des DDR-Justizministeriums begann Frau Latzel, den Schatz noch vor der Wiedervereinigung zu sichten. Zuerst mußten mit Mundschutz und in Overalls die völlig verstaubten Regale «befreit» werden, um an die Unterlagen überhaupt heranzukommen. Für ihre Dissertation fand sich Material in Hülle und Fülle. Im Sommer 1990, als die Nachricht von der Entdeckung sich auch an der FU verbreitet hatte, wurde Frau Latzel beauftragt, zusammen mit zwei anderen Doktoranden eine Aufstellung aller vorhandenen Unterlagen zu erarbeiten. Ich habe ihre Liste gesehen und durchgerechnet. Von rund 3150 Meter Akten stammen – grob nach Länge bemessen – rund 12% aus dem vorigen Jahrhundert, 18% aus den Jahren von 1900 bis 1933 und rund 7% aus dem Dritten Reich. Rund 60% sind DDR-Gerichtsentscheidungen aus den fünfziger bis siebziger Jahren. 3,3% stammen aus der Zeit nach 1980.

In der Bundesrepublik gibt es detaillierte Bestimmungen darüber, wie lange Gerichtsunterlagen aufzubewahren sind.

Akten über Mahnsachen: 2 Jahre, über Zwangsvollstreckungen: 5 Jahre, über auf Grundstücke bezogene einstweilige Verfügungen: 10 Jahre, über Strafurteile: 30 Jahre, und so weiter. Die meisten Akten auf dem Speicher in der Littenstraße wären also in Westdeutschland schon lange vernichtet worden. Auch in der DDR gab es Aufbewahrungsbestimmungen, aber für regelmäßige Aufräumarbeiten fehlten die Leute. Da auf dem Boden des Gerichtshauses Platz genug war, war es das einfachste, nicht mehr Gebrauchtes nach oben zu schaffen und dort zu vergessen. Aber der Speicher war kein idealer Verwahrungsort. Das Dach war in schlechtem Zustand, und das Rohrsystem, das über den ganzen Boden läuft, lag in den letzten Zügen. In den achtziger Jahren, erzählte Herr Oehmke mir später, habe es in einem Monat einmal 62 Rohrbrüche in der Littenstraße gegeben. «Wenn das Wasser läuft, kann ich nicht ordentlich Akten wegräumen.» Die Klempner und Dachdecker, die notdürftig flickten, was wieder einmal kaputtgegangen war, schoben bei der Arbeit störende Regale aus dem Weg und hoben nicht auf, was dabei herunterfiel. Ihr Mörtel verklebte das, was schon am Boden lag. Von Zeit zu Zeit, bei «Richtertagen» oder «Studentensommern», schickte eins der Gerichte, die in der Littenstraße zu Hause waren, «freiwillige» Aufräumer noch oben. In den achtziger Jahren waren auch einmal hundert Säcke längst veralteter Unterlagen weggeworfen worden. Frau Fischer hatte dreimal in der Littenstraße Akten sortiert: einmal gegen Bezahlung als Studentin und zweimal als Richterin am Stadtgericht. Noch am 11. November 1989 – ein Sonnabend! –, als jeder andere Einwohner Ostberlins zum ersten Mal die bunten Lichter Westberlins bestaunte, blieben Richter vom Stadtgericht zurück, um auf dem Boden in der Littenstraße aufzuräumen. Herr Oehmke hatte eigentlich vor der Übergabe des Gerichts an die Westberliner noch einmal eine Aktion zur Reinigung des Augiasstalles vorgehabt. Aber so kurz vor Toresschluß streikten seine Richter.

Die Aufgabe war ohnehin zu groß, als daß «freiwillige» Helfer sie an Wochenenden bezwingen konnten. So fand Frau Latzel nach der Wende ihren zwar verdreckten, aber weitgehend auch unzerstörten Aktenschatz. Sie war auch grade auf dem Speicher bei der Arbeit, als in der Woche nach der Wiedervereinigung die Photographin kam, deren Bilder ich später im Programmheft des Deutschen Theaters fand. Eins der Photos kann Maria Latzel für mich orten: es zeigt Regale mit Testamentssachen aus dem vorigen Jahrhundert. Ich habe andere Bilder aus derselben Photoserie noch in verschiedenen späteren *Spiegel*-Ausgaben entdeckt. Das jüngste trägt die Unterschrift «Ost-Justizakten: Die Strafverfolger sind heillos überlastet» und illustriert einen Artikel über die Opfer des SED-Regimes.[33] Diesmal ist das «c» auf den «Acten» sogar mit bloßem Auge zu erkennen.

Ist vielleicht doch ein bißchen Wahrheit an den Bildern? Sicher hat das unzweifelhafte Chaos auf dem Aktenspeicher nichts mit dem unzweifelhaften Unrecht gegenüber Opfern des SED-Regimes zu tun. Aber immerhin lagen auch Akten auf dem Boden, die nach ostdeutschen Vorschriften aufzubewahren gewesen waren. Sie wurden ja auch aufbewahrt. Wenn allerdings jemand vor der Wende, sagen wir in einer Erbschaftsangelegenheit, ein Scheidungsurteil aus dem Jahre 1986 gebraucht hätte (nach Frau Latzels Aufstellung der jüngste Jahrgang auf dem Aktenboden), wäre es nach ihrer Schilderung nicht leicht gewesen, das Urteil auch zu finden. Trotzdem glaube ich nicht, daß die Unordnung rechtssuchende Bürger oft belastet hat. Es ist wahrscheinlich, daß Ostberliner Richter über die neueren Akten besser Bescheid wußten als über die älteren. Grundstücksgeschäfte, die im Westen ohne langfristige Akten-Ordnung nicht zu bewältigen sind, spielten in Ostdeutschland kaum eine Rolle. Und Ansprüche auf Sozialleistungen, für die in Westdeutschland gelegentlich die Dokumentation vergangener rechtlicher Geschehnisse nötig ist, wurden in der DDR in der Regel direkter und unkomplizierter befriedigt. Es kann nicht viele Fälle gegeben haben, in denen ostdeutsche Bürger durch das Chaos auf dem Aktenspeicher in der Durchsetzung ihrer Rechte behindert wurden. Der Zustand, den die Fotos suggerieren – Rechtsverweigerung durch Schlamperei –, lag nicht vor.

Trotzdem ließ die Aktenaufbewahrung in der DDR natürlich sehr viel zu wünschen übrig. In Potsdam, wo Richter aus Brandenburg und Nordrhein-Westfalen jetzt gemeinsam

Recht sprechen, haben West-Richter mir erzählt, daß die Aktenführung ihrer Ost-Kollegen gewissenhaft und sogar «akribisch» zu sein pflegt. Aber alle Aufgaben, für die man in der DDR nicht Richter, sondern Schreibkräfte, Sachbearbeiter, Gerichtsvollzieher und dergleichen brauchte, litten unter dem permanenten Personalmangel der Justiz. Man habe für die Zügigkeit der Verfahren viel getan, sagte Herr Oehmke, aber «wehe, wenn es in die Vollstreckung ging». Dreiviertel aller Eingaben an die Gerichte betrafen die Arbeit des Sekretärs; die Hälfte bemängelten die Vollstreckung von Urteilen. Auch Vollstreckungen sind eine Sache der Gerechtigkeit. Die DDR-Justiz, die sich auf ihre Bürgernähe etwas zugute hielt, versuchte alles mögliche, um den Mängeln abzuhelfen. Es gab die «Bewegung Tagesfertigkeit», bei der es um die sofortige Bearbeitung von Vorgängen ging; es gab das «Fürstenwalder Führungsmodell» – «wir haben mächtig gerungen», sagte Herr Oehmke. Wenn die Bemühungen scheiterten, dann nicht an Schludrigkeit, sondern an der Armut im Lande. Bei all ihren Fehlern war die Justiz der DDR von dem bequem-genüßlichen und korrupten Schlendrian des Dorfrichters Adam weit entfernt.

Wie kam es also, daß man sich am Deutschen Theater mit der Veröffentlichung der *Spiegel*-Bilder eine Kritik zu eigen machte, die das wirkliche Justizunrecht in der DDR so weit verfehlte? Ich glaube nicht, daß die Fehleinschätzung dadurch zu erklären ist, daß ostdeutsche Bürger ihren Gerichten immer schon mißtrauten. Die erklärten Außenseiter des Systems – Ausreiser, Asoziale, Republikflüchtlinge, Dissidenten – hatten keinen Grund, von DDR-Gerichten Schutz und Beistand zu erhoffen. Aber zwischen den Gerichten und der schweigenden und oft auch meckernden Mehrheit in der DDR scheint ein vertrauensvolles Verhältnis bestanden zu haben. Man schimpfte gelegentlich, vor allem die Verlierer schimpften, aber wie Herr Oehmke sagte: «In diesem Geschäft wird mehr geschimpft als gelobt.» Alle Richter, mit denen ich mich unterhielt, berichteten, bei der Erwähnung ihres Berufs bei Bekannten und Unbekannten eher auf freundliches Interesse als auf Argwohn gestoßen zu sein. Die Rechtsauskunftsstellen der Kreisgerichte, in denen Richter den Bürgern turnusmäßig zur Rechtsberatung zur

Verfügung standen, waren bei weitem die beliebtesten Adressen in der DDR, um Hilfe bei juristischen Problemen einzuholen.[34] Fragt man die um Rat, denen man mißtraut?

«Wenn die Bürger kamen, sprangen wir», erzählte mir einmal eine Richterin («Außenseiter ausgenommen», fügte sie nicht hinzu). DDR-Richter waren stolz auf ihre fürsorglichen Beziehungen zu den Menschen. In der Fürsorge war auch pädagogische Herablassung enthalten. Eine Ostberliner Richterin beschrieb einmal, wie sie und ihre Kollegen kritische politische Gespräche sofort unterbrochen hätten, wenn ein Bürger in der Tür erschien. Nicht so sehr, weil man nicht wissen konnte, ob dem Eingetretenen zu trauen war, sondern um dem Ansehen des Staates nicht durch respektlose Äußerungen zu schaden. *Pas devant les enfants!* mußte ich denken. West-Richter behandeln die Parteien anders, als wir es taten, erklärte auch eine Richterin aus Potsdam. Die Wessis sind «ruppiger» mit den Bürgern; weisen zum Beispiel Beschwerden über die Langsamkeit der Gerichte schärfer zurück. Aber sie erörtern einen Streitfall auch mit den Parteien. «Ich habe die Leute auch reden lassen», sagte sie. Aber wenn die Streithähne sich den Ärger von der Seele geredet hatten, hatte sie entschieden. «So und so ist es.» West-Richter ziehen die Parteien in ihren Lösungsvorschlag ein. «Vielleicht ginge es so. Wir wollen das mal besprechen.» Auch für die Bürger ist das neu. Sie sind gewohnt, gesagt zu bekommen, wie es weitergeht. «Wozu bin ich dann beim Gericht», ist jetzt ihre Reaktion.

Die *Spiegel*-Photos vom Aktenspeicher in der Littenstraße verraten nichts über die wirklichen Beziehungen zwischen Bürgern und Justiz im Sozialismus. Sie sind dramatisch einprägsame Kürzel für ein verrottetes Gerichtssystem. Aber ihre Formel dafür, *was* in der DDR-Justiz im Argen lag, ist falsch. Die Wahrheit ist komplizierter, widersprüchlicher, deutscher. Die wahre Unordnung ist schwerer wieder aufzuräumen. Daß auch die Ostberliner die *Spiegel*-Kürzel jetzt als angemessene Beschreibung ihrer eigenen rechtlichen Vergangenheit zu akzeptieren scheinen, macht es noch schwerer, den Dingen auf den Grund zu kommen.

Frau Latzel und ich sind wieder im Ausgangspunkt unseres Rundgangs angelangt. Wir atmen auf, als wir vom Staub-

und Kalkgeruch des Aktenbodens in die Büroluft des Gerichtsflurs treten. Frau Latzel erzählt mir noch, daß unter den Funden auf dem Speicher auch meterlange Reihen uneröffneter Testamente aus dem Zweiten Weltkrieg waren. Jetzt werden Westberliner Rechtspfleger sie öffnen und mit fünfzig Jahren Verspätung ihre Bestimmungen zu erfüllen versuchen. Wer weiß, wer nun entdecken wird, daß das Haus, in dem er wohnt, und der Garten, in dem er seinen Rasen mäht, ihm gar nicht gehören. Wird die Welt der Gerechtigkeit einen Schritt näher kommen? Ordnung muß sein.

18. Mai 1991

Eine Verabredung mit Rainer Hannemann; wieder in der Hallenbar. Ich möchte etwas über sein Gespräch mit der Senatsjustizverwaltung erfahren. «Wenn sie jemanden nehmen, dann mich», hatte er noch voller Optimismus im Herbst gesagt. Die Prophezeiung war falsch gewesen.

Das Gespräch fand Ende März statt. Die Fragen folgten dem Lebenslauf des Prüflings. Rainer Hannemann war als Schüler in die Partei eingetreten und hatte Schwierigkeiten mit einem Lehrer gehabt. Anschuldigungen dieses Lehrers führten 1979 zu einem Parteiverfahren. Hier setzten die Prüfer an. «Schildern Sie das mal. Was war der konkrete Anlaß?» Immer mit dem warnenden Unterton: wir nehmen Ihnen nicht alles ab. Herr Hannemann hebt hilflos die Hände. Es war ein ganz anderer Konflikt gewesen, als die dachten, sagt er. Ein Schulkonflikt. Er hatte sich mit einem Vertreter des Systems angelegt, nicht mit dem Sozialismus selbst.

Wann sei er denn zum ersten Mal in Widerspruch zu dem System geraten? Das war ein langfristiger Prozeß, hatte Herr Hannemann gesagt. Er könne keine genauen Daten nennen. Doch, er erinnert sich an eine Station auf dem Wege: die Lektüre einer Stalin-Biographie. Wer hatte sie ihm gegeben? Wann? Er weiß es nicht mehr. Neue Zweifel bei den Prüfern.

Dann kamen die Wahlfälschungen bei den Kommunalwahlen im Frühling 1989. Herr Hannemann war bei den ersten Demonstrationen im Mai dabeigewesen. Aber im Mai gab es doch noch gar keine Demonstrationen! hatte einer der Senatsvertreter eingewandt. «Da erzählten die mir doch, was es im Mai gab und was nicht!» sagt Herr Hannemann und schüttelt den Kopf.

Und so ging es weiter. Das Gespräch kam auf den Beschwerdebrief an Honecker, von dem Rainer Hannemann mir schon im Herbst erzählt hatte. Er hatte sich – mit Durchschrift an die Parteileitung – über die Fälschungen der Wahlergebnisse beklagt. Was genau stand in dem Brief? wollten die Prüfer wissen. Haben Sie einen Durchschlag? Er hatte absichtlich keinen Durchschlag mit eingereicht. Der Brief war eigentlich zu lahm, erklärt er mir, die Proteste waren «nach meinem Gefühl viel zu spät gekommen». Jedenfalls sah er in der Geschichte keinen Grund, um ihn vor anderen Ostberliner Richterkandidaten zu bervorzugen. «Ich wollte mich damit nicht rechtfertigen». Der nächste Punkt, an dem der Senatsausschuß einhakte: die Gründung der Arbeitsgruppen am Vertragsgericht, in denen es um die Neuordnung des Wirtschaftsrechts und um ein neues Parteistatut der SED ging. Wieder Fragen, die die Glaubwürdigkeit des Prüflings erschüttern sollten. Seit wann haben Sie am Vertragsgericht Ihre politischen Ansichten deutlich gemacht? Zu welcher Zeit und aus welchem Anlaß? Und schließlich direkt: «Sie können uns doch nicht erzählen, daß Sie aus politischer Unzufriedenheit Ihren Job riskiert haben!»

«Ich hatte die ganze Zeit das Gefühl, suspekt zu sein.» Dann kam es heraus: er sei nach Informationen der Gauck-Behörde informeller Mitarbeiter des MfS gewesen. «Es lägen Berichte von mir vor.» Es konnte nicht stimmen, sagt Rainer Hannemann. Aber bei dem erfolglosen Anwerbungsversuch vor fünf Jahren hatte der Stasi-Offizier auch Interesse für einen Freund Rainer Hannemanns gezeigt, der eine Reise nach Jugoslawien plante. Das war «nicht-sozialistisches Wirtschaftsgebiet», also verdächtig. Herr Hannemann hatte versucht, die Sorgen der Stasi-Leute zu beschwichtigen: «Der läuft bestimmt nicht weg.» Doch, er wolle ja seine Kinder mit auf die Reise nehmen. Aber er ist ein guter Marxist! Die Leute von der Firma waren nicht zu überzeugen. «Das kann ich Ihnen auch schriftlich geben», hatte Rainer Hannemann schließlich gesagt. Und er hatte es ihnen schriftlich gegeben: eine altmodische Bürgschaft für den Freund, die auch den Tyrannen, der sie abgefordert hatte, in merkwürdig altväterlichem Licht erscheinen läßt. Was war das doch für eine Diktatur, die das Verhältnis von Bürger und Staat in so persönlichen Dimensionen sah?

Aber das ist meine Reaktion auf die Geschichte. Die Vertreter des Senatsausschusses hatten sich nicht gewundert, sondern auf ihren «Berichten» gepocht. Herr Hannemann hatte widersprochen: außer der Bürgschaftssache könne es nichts gegeben haben. Also gut: nicht «Berichte». Was dann? Sei er als informeller Mitarbeiter geführt worden oder nicht? Nein, räumten die Senatsvertreter schließlich ein. Aber «etwas» läge bei der Gauck-Behörde unter seinem Namen vor. Was, hat Herr Hannemann nicht mehr erfahren. «Sie können ja wieder anrufen», hatte man ihm noch gesagt.

Es muß ein asymmetrisches Gespräch gewesen sein. Die Senatsvertreter, sagt Herr Hannemann, seien ruhig und sachlich geblieben. Aber sein eigener Ton wurde immer schärfer. «Ich war unglaublich wütend.» Auch auf sich selbst. «Daß ich das zwei Stunden lang mitgemacht habe! Daß ich mich wieder krumm gelegt habe für einen Job!» Zwei Tage nach dem Verhör ging Rainer Hannemann zu einer ostdeutschen Baufirma, die ihm noch aus seinen Tagen am Vertragsgericht bekannt war. Er muß einen guten Eindruck gemacht haben. «Sie können bei uns anfangen», hieß es am Ende des Gesprächs. Drei Tage später kam der schriftliche Vertrag. Ich weiß zu wenig über Management, um Herrn Hannemanns Beschreibung seiner neuen Aufgaben ganz folgen zu können. Aber ich merke, wie zufrieden er mit der Arbeit ist. Der Senatsverwaltung hat er eine kurze Absage geschickt: etwas über «entgegengebrachtes Mißtrauen».

Ich freue mich über den guten Ausgang der Geschichte. Aber wie konnte es dazu kommen, daß das Interview mit der Senatsverwaltung so aufs falsche Gleis geriet? Weil die Westberliner nicht wußten, wie er einzuordnen war, vermutet Rainer Hannemann. «Ich paßte nicht in deren Schwarz-Weiß-Malerei.» Ich habe diese Erklärung auch von anderen Richterkandidaten gehört. «Die konnten die Ambivalenz nicht verstehen: daß man das System gleichzeitig vertrat und mit ihm unzufrieden war», berichtete jemand, der die

Prüfung schon bestanden hatte. «Ich bin in dem Gespräch immer zwischen Opfer und Täter hin und her gerutscht.» Beides sind eindeutige Kategorien, mit denen die Senatsvertreter etwas anfangen können. Aber die Schattierungen, das Gleichzeitig-Opfer-und-Täter-Sein, passen nicht in ihr Weltbild. Manche Fragen der Prüfer kommen aus der holzschnittartigen Licht- und Schattenwelt des Kalten Krieges. Ob sie sich vorstellen könne, Richterin für den Klassenfeind zu sein, hatte man eine erfolgreiche Kandidatin gefragt. «Man wußte, was man antworten sollte.» Sie hatte erklärt, daß sie viele ihrer früheren Überzeugungen heute nicht mehr verstehen könne. Es stimmte ja auch. Aber sie hätte den eigenen Bewußtseinszustand gerne zwiespältiger und verworrener beschrieben. «Ich habe taktiert», sagte sie. Die Senatsvertreter «fühlten sich bestätigt».

Herr Hannemann erzählt, daß ein Freund, der das Gespräch schon bestanden hat, in einem Jahr eine Stelle als Beisitzer am Landgericht erhalten soll. Erst einmal macht er Registersachen in Westberlin. Er sitzt in einem Zimmer mit einem Schreibtisch, zwei Stühlen und einem Telefon. Die Arbeit ist eintönig. West-Richter machen nur Registersachen, wenn sie sich auf einen Ruhesitz zurückziehen wollen, sagt Herr Hannemann. Er ist froh, dem allen entkommen zu sein.

Ihr Mißtrauen hat die Senatsjustizverwaltung einen guten Mann gekostet.

7. Juni 1990

Zu einem Gespräch in Potsdam, wo ich im letzten Monat schon öfters war. Anders als in Berlin wurden in Brandenburg die Gerichte am Tage der Wiedervereinigung nicht geschlossen, ihre Richter nicht vom Dienst suspendiert. Bis zu ihrer Überprüfung, die auch hier langsam und zögernd angelaufen ist, sprechen ostdeutsche Richter und aus Nordrhein-Westfalen importierte Gastrichter Seite an Seite Recht. Im Kreisgericht arbeiten die Potsdamer auch als Einzelrichter. Sogar die Direktorin des Kreisgerichts, Bettina Leetz, mit der ich mich heute morgen verabredet habe, stammt aus der DDR. Im Bezirksgericht kommen zwar alle Senatsvorsitzenden aus dem Westen, aber Ost-Richter sitzen in der Verhandlung neben ihnen. In Potsdam sind Wessis und Ossis also nicht nur Sieger und Besiegte, sondern auch Kollegen. Hier zählt nicht nur die Vergangenheit, sondern auch die Gegenwart; nicht nur die Ideologie, sondern auch die gemeinsam zu bestehende Praxis. Hier in Potsdam finde ich, nur eine halbe Busstunde vom Bahnhof Wannsee entfernt, ein Versuchsgelände, auf dem die Vorstellungen, die jeder vom anderen noch aus Mauer-Tagen im Kopf trägt, im täglichen Miteinander getestet werden. Werden die eindeutigen und selbstdienlichen Urteile aus dem Kalten Krieg dabei erschüttert werden?

Ich habe mich bis jetzt mit sieben Juristen in Potsdam unterhalten: einem westdeutschen Richter am Bezirksgericht, zwei westdeutschen Richtern am Kreisgericht, drei ostdeutschen Kreisrichtern und der westdeutschen Koordinierungsreferentin des Brandenburger Justizministeriums, die hier Richterüberprüfungen organisiert. Ich habe bei diesen Gesprächen gemerkt, daß man über Ost-West-Probleme in verschiedenen Stimmlagen sprechen kann: in einem hierarchischen und einem demokratischen Ton. Den hierarchischen Ton kenne ich aus Berlin; er wird von Überprüfern und Überprüften gesprochen, und obwohl es einen Unterschied macht, ob die Stimme des Sprechers von oben oder von unten kommt – herablassend oder ängstlich, abschätzig oder bitter –, ähneln sich beide Versionen in ihrer Schwarz-Weiß-Malerei; ihrer Bereitwilligkeit zu verallgemeinern; ihrer generischen Bezeichnung der jeweils anderen Seite als «sie» oder «die», denen nicht zu trauen ist.

Der demokratische Ton ist vorsichtiger und konkreter. Man spürt, daß der Sprecher das Gesagte nicht auf allgemeine Regeln, sondern auf persönliche Eindrücke gründet. Generalisierungen werden oft mitten im Satz schon wieder eingeschränkt: dem Redner muß ein Kollege oder ein Sachverhalt eingefallen sein, auf den die Verallgemeinerung nicht paßt. Man spricht nicht von «denen», sondern nennt einen Namen. Urteile sind nachsichtiger: man weiß aus Erfahrung, daß Licht und Schatten nicht einseitig verteilt sind. Während aus dem hierarchischen Ton die Ferne zwischen oben und unten klingt, kann ich im demokratischen Ton die Nähe der Beteiligten heraushören.

Einer der westdeutschen Richter hier am Kreisgericht ist ein gutes Beispiel dafür, wie menschliches Miteinander die Sprechweise des Urteilenden verändern kann. Wir hatten uns schon im Oktober bei der Beyer/Sendler-Veranstaltung im Verwaltungsgericht in Berlin kurz unterhalten. Damals war er noch nicht lange in Potsdam und glaubte nicht, daß eine großzügige Übernahmepraxis viel Sinn habe. «Eigentlich muß man die alle rausschmeißen», sagte er. Als ich vor einem Monat mit ihm sprach, klang es anders. Jetzt ärgerte er sich über die offiziellen Klagen über den drohenden Zusammenbruch der Justiz in den neuen Ländern. «Hier bricht nichts zusammen.» Die Kooperation von Ost und West funktioniere «uneingeschränkt gut». Die Arbeit werde erledigt. Er sprach mit kollegialer Nüchternheit über die Ost-Richter. Warum hatte er seine Meinung geändert? Die täglichen Kontakte, die vielen Gespräche, die »Vergnügungen« mit Kegeln und Brötchenessen. «Die Kollegen sind hier sehr trinkfest», sagte er anerkennend. Natürlich gebe es, wie überall, ein paar Leute, mit denen man nicht könne. Aber für ihn waren aus typisierten Ost-Richtern konkrete Einzelmenschen geworden.

«Wir hatten Glück mit der Wahl von Frau Leetz zur Direktorin des Kreisgerichts», sagte er auch. Als man in Potsdam nach der Wende jemanden suchte, der es sich zutraute, den Neuanfang am Kreisgericht zu organisieren, hatte Bettina Leetz, damals 31 Jahre alt, sich einfach gemeldet. Im April 1990 wurde sie von der Potsdamer Richterschaft gewählt. So, wie sie mir jetzt gegenübersitzt – kurze Haare, kleine Perlenohrringe, im schicken Hosenanzug –, strahlt sie Energie und eine heitere Unverfrorenheit aus, von der ich nie geglaubt hätte, daß sie sich im Sozialismus entwickeln könnte. Auch wenn Frau Leetz in unserem Gespräch gelegentlich Entmutigung bekundet, fällt es mir schwer, ihr den Pessimismus abzunehmen. Nach dem politischen Kollaps der DDR habe sie ganz ernsthaft überlegt, ob sie nicht nach Australien auswandern sollte, erzählt sie. Ja, da hätte sie es bestimmt zu etwas gebracht. Stattdessen blieb sie zu Hause und baute mit einem Stab von 25 Richtern und rund 50 Justizangestellten das Kreisgericht Potsdam-Stadt neu auf.

Auch heute, ein gutes Jahr später, sind die Unterschiede

zwischen Ost und West am Kreisgericht immer noch gewaltig. Manchmal sind sie den Potsdamern deutlicher bewußt als ihren Kollegen aus Westdeutschland. «Gibt es eine ungeschriebene Rangordnung zwischen West-Richtern und Ost-Richtern?» fragte ich einen Richter aus Köln. Nein, er hatte nichts bemerkt. «Gibt es eine ungeschriebene Rangordnung zwischen West-Richtern und Ost-Richtern?» fragte ich eine Richterin aus Potsdam. «Ich fühle mich den West-Richtern nicht ebenbürtig» war die ohne Bitterkeit gesprochene Antwort. Wie gleichberechtigt kann jemand sein, dem sein Gespräch mit der Justizverwaltung noch bevorsteht? Eine Ost-Kollegin, noch nicht überprüft, erzählt, daß ihr Mann, schon aus seinem Verwaltungsjob entlassen, jetzt treppauf, treppab Annoncen für die Gelben Seiten verkauft und daß sowohl auf ihre Wohnung wie auf ihr Gartengrundstück ehemalige Eigentümer aus Westdeutschland Ansprüche angemeldet haben. Ich starre sie entsetzt an. Woher nimmt sie noch ihre Kraft?

Dazu die Umorientierung im Beruf. Schon im Herbst 1990 ließ Frau Leetz die feste Arbeitszeit aus DDR-Tagen durch die flexible Arbeitszeit ersetzen, die West-Richter als Teil ihrer richterlichen Unabhängigkeit betrachten. Zuerst kamen die Ost-Richter mit der neuen Freiheit nicht zurecht. «Man wußte nicht, wo sie waren.» Aber dann lernten sie, ihr Arbeitspensum selbst einzuteilen. Dann die begriffliche Umstellung. Spricht man die gleiche Sprache? «Nö», sagt ungerührt ein Richter aus Köln, der trotzdem die Zusammenarbeit lobt. West-Termini würden noch nicht immer richtig verwendet. «Man redet oft aneinander vorbei.» Aber dann fragt man eben. Es mache ihm gar nichts aus, West-Kollegen um Hilfe zu bitten, sagt einer der Ost-Richter am Kreisgericht. Nie heiße es: «Was, das weißt du nicht?» Man brauche ja auch die Ost-Kollegen, sagt ein Wessi, um die sozialen Hintergründe eines Rechtsstreits zu verstehen. Die Ost-Richter sprechen direkter, weniger verschlüsselt, berichtet ein West-Gewährsmann vom Bezirksgericht. Sie brauchen ungern Konjunktive; sagen selten: man könnte dieser oder jener Ansicht sein. Die West-Richter sind technisch genauer, haben eine richtige Juristensprache, geben alle Ost-Kollegen zu. In DDR-Zeiten wurde ihnen immer eingeprägt, sich den Bürgern auch verständlich zu machen. «Ich habe es gar nicht gerne, wenn jemand aus meinem Gerichtssaal geht und mich nicht verstanden hat», bekennt eine Ost-Richterin. Ein West-Richter erklärt: die Anwesenheit von Rechtanwälten in westdeutschen Verfahren habe viel mit den ost-westdeutschen Sprachunterschieden zu tun. In der Bundesrepublik spiele sich der Prozeß im wesentlichen zwischen Richter und Rechtsanwälten ab und gehe normalerweise über die Köpfe der Parteien hinweg. Die mündliche Verhandlung sei oft nur noch eine Form und die Verständlichkeit «gleich null». Im Osten war man «didaktischer». «Ich hoffe, daß die DDR-Richter ihre soziale Sensibilität jetzt nicht einfach abstreifen werden», sagt er auch.

Auch im Umgang mit Gesetzestexten unterscheiden sich Ostdeutsche und Westdeutsche. Die Ost-Kollegen fühlen «eine strengere Bindung an den geschriebenen Wortlaut des Gesetzes», sagt ein West-Kollege. Sie haben «weniger Auslegungsmut». Es kann für die Ossis nicht leicht sein, sich zwischen scheinbar widersprüchlichen neuen Anforderungen hindurchzufinden. Einerseits «kommen sie jetzt in die Stringenz»: müssen prozessuale Genauigkeit und Formvorschriften ernster nehmen als früher. Andererseits müssen sie lernen, mit dem Recht zu spielen: juristische Bausteine hin- und herzuschieben, um das vernünftigste Ergebnis zu erreichen. Anleitungen von oben gibt es jetzt nicht mehr. Aber es gibt Rollenmodelle. Ich spreche mit einem jungen Kreisrichter über seinen älteren Kollegen aus Westdeutschland. Der Westdeutsche muß ein guter Lehrer sein. Die Bewunderung für ihn und der Eifer, es ihm nachzutun, sind in der Schilderung des jungen Mannes nicht zu überhören. Ja, es gibt noch Unterschiede zwischen Ost- und West-Richtern in Potsdam. Aber sie sind weder präsumiert noch hierarchisch festgeschrieben.

Manche Eigenschaften der Ostdeutschen werden auch von den Westdeutschen bewundert. Zum Beispiel ihr entspanntes Verhältnis zum Geld. Die West-Richter in Potsdam, die von ihrer Justizverwaltung zu Hause bezahlt werden, verdienen dreimal soviel wie ihre ostdeutschen Kollegen. Trotzdem berichten Ost- und West-Richter einhellig, daß niemand von den Einheimischen auf die Gäste neidisch sei.

Geld entzweit doch sonst so oft? Hier nicht, weil ihre Haltung zum Geld auch Teil des Selbstverständnisses der Ossis ist. «Ich kann das Geschwafel über das Geld nicht mehr hören», sagt eine Potsdamer Richterin. «Anderes ist wichtiger.» Als davon die Rede war, daß den Gastrichtern die Aufwandsentschädigung gestrichen werden sollte («Buschgeld» in der ruppigen Terminologie des Kalten Krieges und höher bemessen als das Monatsgehalt der Einheimischen), fanden die Potsdamer das ungerecht. Warum sind sie nicht neidisch? «Weil wir nichts besonderes waren», erklärt jemand vom Kreisgericht. «Vielleicht geht uns der Neid auch ein bißchen ab», sagte seine Kollegin. Richter-Sein war in der DDR ein dienender Beruf. Man diente dem Staat, aber man diente auch den Bürgern. Friedensstiftung war wichtiger als Geld. Frau Leetz, mit der ich mich jetzt über die Geldfrage unterhalte, möchte an dieser Genügsamkeit festhalten. Sie ist nicht sicher, ob es möglich ist. Das sei es ja auch, was einem Angst mache, sagt sie: «Wenn man neidisch ist, dann ist man drinne.»

Frau Leetz hat ihre Überprüfung schon hinter sich. Sie hält sich nichts darauf zugute, bestanden zu haben. Als sie an der Reihe war, waren für die Brandenburger Justizverwaltung Haftbefehle noch nicht wichtig, sagt sie. Von der Abweisung von Ausreiserklagen ohne mündliche Verhandlung durch Beschluß hatte man gar nichts gehört. Dafür seien Verurteilungen nach § 249 StGB wegen «asozialen Verhaltens», von denen in Berlin kaum einer spricht, in Potsdam «ganz groß» gewesen. Frau Leetz läßt durchblicken, daß es eigentlich Glücksache sei, worauf die West-Prüfer ihr Augenmerk richteten und worauf nicht. Gesellschaftliche Logik stehe jedenfalls nicht dahinter. «Die werden's nicht lernen», sagt sie, als wir darüber sprechen, was es bedeutet hatte, Richter in der DDR zu sein.

Das «die» fällt mir auf. Für ihre West-Kollegen am Kreisgericht hätte Frau Leetz das Wort wahrscheinlich nicht benutzt. Sie ist wieder in den hierarchischen Ton verfallen, in dem man über die Beziehungen von Abhängigen und Herrschenden spricht. Denselben Ton, nur aus der anderen Richtung gesprochen, hatte ich vor drei Wochen gehört, als ich mich mit Dorothea Schiefer unterhielt, Richterin am

OVG Münster und jetzt für die Koordination der Richterüberprüfungen in Brandenburg zuständig. Als Frau Schiefer die Aufgaben ihrer Arbeitsgruppe schilderte, fiel mir ihre Wortwahl für die Beschreibung ihrer ostdeutschen Mitarbeiter auf: «nette Kerlchen», zum Beispiel, oder «umgängliche Leutchen». Merken Sie, wie oft Sie den Diminutiv benutzen? fragte ich schließlich. Frau Schiefer lachte; gar nicht, wie jemand, der sich bei einem Fauxpas ertappt fühlt. «Aber es sind ja Kinder!» Die Ostdeutschen seien unselbständig, anlehnungsbedürftig, identifizierten sich nicht mit ihrer Arbeit. Um Punkt 5 Uhr fielen ihnen die Kugelschreiber aus der Hand. Sie brauchten auch bei den einfachsten Entscheidungen eine Anleitung. Man habe ihnen schließlich auch die Kaffeepause «zerschlagen müssen», als sie sich täglich weit über die tarifvertraglichen 15 Minuten ausgedehnt hatte. Nun seien die Ossis gekränkt: es gehe ihnen schlecht; sie brauchten das Zusammensein in dieser schweren Zeit. Die DDR war eine «beschützende Werkstatt», sagte Frau Schiefer mit gutmütiger Verzweiflung. Da solle man den Diminutiv nicht benutzen?

Aber die Potsdamer West-Richter, bei denen ich mich nach der Belastbarkeit ihrer ostdeutschen Kollegen erkundige, sahen die Dinge anders. Waren die Ost-Richter weniger fleißig als die Wessis? Bei deren vielen Fortbildungsstunden für sie schwer zu beurteilen, meinte ein Kölner. Übrigens sei das, wie auch im Westen, von Person zu Person verschieden. Lernbegierig seien die allermeisten. Machten sie mehr Pausen? Nicht mehr als Richter in der Bundesrepublik. Seien die Ossis sehr anlehnungsbedürftig? Sie hätten oft fachliche Probleme und wohl auch Angst, etwas falsch zu machen. Sie fragten oft und sollten auch oft fragen. Seien sie weniger belastbar? Nein! Wie sie gleichzeitig Arbeit und Fortbildung und die psychische Belastung der Überprüfungen ertrugen: «Alle Achtung!» Später erklärte mir eine Ostberliner Richterin, die ihr Interview bestanden und schon an einem Westberliner Gericht die ersten Berufserfahrungen gesammelt hatte, warum einer ostdeutschen Kollegin gelegentlich nachmittags um 5 Uhr der Kugelschreiber aus der Hand fallen müsse. «Das waren doch sicher junge Frauen, von denen die Rede war», sagte sie. Ja. Dann hatten die meisten bestimmt

Kinder. Kinder muß man rechtzeitig vom Kindergarten abholen. Westdeutsche Richterinnen hätten keine Kinder, oder
wenn sie Kinder hätten, ließen sie sich beurlauben. Hatte
Frau Schiefer Kinder? Nein. Eine einfache Erklärung.

Sie wissen nicht genug von uns, sagt auch Frau Leetz, als
wir jetzt über die Überprüfungen sprechen. Der Fragebogen
der Landesjustizverwaltung hatte zum Beispiel nach «informeller Mitarbeit» beim MfS gefragt. Dabei hatte es am Kreisgericht zehn offizielle Mitarbeiter gegeben! Übrigens «die
besten Leute». Ihre Verwicklung war herausgekommen,
weil der Fragebogen das Wort «Zusammenarbeit» enthielt
und die Betroffenen sich daraufhin brav gemeldet hatten.
Frau Leetz hat die Stasi-Geschichten, die jetzt täglich unsere
Frühstückszeitung füllen, noch nicht verarbeitet. Wieder
scheint die menschliche Nähe zu den Dingen ein eindeutiges Urteil zu erschweren. «Das ist eine Sache, zu der ich
noch gar nichts sagen kann.»

Im Kreisgericht Potsdam-Stadt ist die Stasi auch eine Sache, die sich nicht vergessen läßt. Das Gericht, ein kleiner,
anheimelnder Bau in der Gerichtsromantik der Jahrhundertwende, diente schon früher der Justiz. Aber in den Jahren vor der Wende war hier die Staatssicherheit untergebracht. Man kann die Spuren noch überall erkennen. In
Frau Leetz' Vorzimmer zeigt mir ihre Sekretärin zwei große
Wandschränke voller abgeschnittener Kabel. Auch die zwei
roten Telefone auf ihrem Schreibtisch – beste schwere DDR-
Qualität – stammen noch von der Stasi. Im Gerichtsflur eine
Holzklappe in der Wand, hinter der ich, als niemand guckt,
wieder abgeschnittene Kabel finde. Über den Türen kleine
Lämpchen, jetzt nicht länger angeschlossen. Dazu hier und
da merkwürdige Steckdosen in den Zimmerdecken. Eigentlich paßt auch die Ausstattung eines der Gerichtssäle dazu,
in dem ich bei einer Verhandlung zuhöre: schwere, weinro-
te Plüschgardinen, darunter Spitzenvorhänge. Ein Spuk-
haus.

Frau Leetz' Sekretärin erzählt, wie sich die Stasi vom Ge-
richtshaus zunehmend ausgebreitet hatte: um- und anbaute,
den Komplex erweiterte, Gebäude in der Umgebung übernahm, ein denkmalgeschütztes Haus, das im Wege war, ab-
riß und durch ein Hochhaus ersetzen ließ und immer wei-

ter krebsartig wuchs und wuchs. Ich komme auch mit Frau Leetz noch einmal darauf zu sprechen. Sie starrt dem Grauen nach, das nun der Vergangenheit angehört. «Am Ende wären wir alle in der Stasi gewesen», sagt sie.

11. Juni 1991

Eben höre ich: gestern hat das Oberverwaltungsgericht Berlin die Abwicklungen an der Humboldt-Universität gestoppt. Der Beschluß stützt sich auf das Warteschleifenurteil des Bundesverfassungsgerichts. Bis zur Entscheidung in der Hauptsache ist der vorläufige Rechtsschutz wiederhergestellt. Frau Will und die HUB-Juristen haben fürs erste eine Atempause.

IV.

Karrieren

13. Juni 1991

In Jena, zu einer Tasse Tee bei Professor Martin Posch, mit dem ich mich über seine Situation als Zivilrechtler in der DDR unterhalten möchte. Professor Posch, jetzt emeritiert, ist einer der bekanntesten und produktivsten Zivilrechtswissenschaftler Ostdeutschlands. Auch im Ausland kennt man unter Fachkollegen seinen Namen. Vor vielen Jahren saßen wir schon einmal bei einer Tasse Tee auf seinem Balkon, genossen den schönen Blick über die Stadt und redeten – damals noch diskret und vordergründig – über sozialistisches Zivilrecht. Heute kann ich direkt fragen: ließ es sich in der DDR im «unpolitischen» Zivilrecht mit der Macht leichter leben als auf anderen Rechtsgebieten?

Ich weiß: das «unpolitisch» stimmt natürlich nicht. Zwar geht es dem Zivilrecht nicht um Herrschaft, sondern um Austauschbeziehungen; nicht um Macht, sondern um Eigentum. Aber gerade im Sozialismus, der die Beziehung der Menschen zum Eigentum grundlegend verändern wollte, mußte das Zivilrecht eigentlich im Mittelpunkt staatlicher Aufmerksamkeit stehen. Zwar erwies sich die Ummodelung des ererbten Bürgerlichen Rechts als sehr viel schwieriger, als man es ursprünglich erwartet hatte.[35] Obwohl der V. Parteitag bereits im Juli 1958 – drei Monate nach der Babelsberger Konferenz – die Ausarbeitung eines neuen Zivilgesetzbuches in Auftrag gegeben hatte, brauchte man siebzehn Jahre, um diesen Auftrag auszuführen. Bis 1975 das neue ZGB in Kraft trat, galt in der DDR, von vielen Einschränkungen abgesehen, dasselbe Bürgerliche Gesetzbuch wie in der Bundesrepublik.

Aber gerade die Strapazen und Rückfälle im Gesetzgebungsprozeß belegten den politischen Charakter des Zivilrechts. Die Partei hatte sich ums kleinste Detail des neuen

ZGB gekümmert. Es sollte ein kurzes und handliches Gesetzbuch werden: nicht mehr als 500 Paragraphen! Tatsächlich kam das Redaktionskomitee mit 480 Paragraphen aus, wenn auch unter dem uneingestandenen Vorbehalt, daß man bei offengelassenen Fragen, etwa im Besitzrecht, ja stillschweigend auf die Regelung des BGB zurückgreifen könne. Kapitalistisch anrüchige Begriffe sollten vermieden werden! Die Order führte zum Beispiel bei Verträgen zur Nutzung von Grundstücken zu Schwierigkeiten. Das Wort «Pacht» durfte nicht gebraucht werden, weil es an die bürgerliche Kommerzialisierung von Grund und Boden erinnerte. Aber wo fand man ein anderes kurzes und präzises Wort, das den gleichen Dienst tat? Nennen wir es doch «Picht»! soll eins der Redaktionsmitglieder schließlich verzweifelt ausgerufen haben. Das ZGB wählte am Ende «Nutzung von Bodenflächen» – keine sprachliche Verbesserung. Andere Anweisungen erwiesen sich als segensreicher. Keine Verwendung des Wortes «Rechtsträger»! hatte zum Beispiel ein hoher Funktionär gesagt – er kenne nur Hosenträger. Es ging auch ohne, und um «Rechtsträger» war es nicht schade.

Einer der geistigen Väter des neuen ZGB war Professor Posch. Er spielte auch sonst in der ostdeutschen Zivilrechtsentwicklung eine wichtige Rolle. Heute möchte ich mit ihm über den interessantesten seiner Beiträge zur sozialistischen Zivilrechtsdebatte sprechen: die Lehre vom «allgemeinen Rechtsverhältnis», die er im Anschluß an die Babelsberger Konferenz entwickelte. In seinem Referat in Babelsberg hatte Ulbricht sich unter anderem auch über das Festhalten der DDR-Rechtswissenschaft an überkommenen Vertragsvorstellungen beklagt: «Wenn man bei uns die Rechtsliteratur liest, sieht man noch immer stark die alten bürgerlichen Tendenzen am Werk, nach denen das Indidivuum von der Gesellschaft abgetrennt ist und dann durch zweiseitige Rechtsverhältnisse erst das Verhältnis von Individuum und Gesellschaft wiederhergestellt» wird.[36] Ulbrichts Unbehagen war verständlich. Unser Vertragsrecht unterstellt die Autonomie des Einzelnen, die Gleichberechtigung der Partner auf dem Markt und die Legitimität des Eigennutzes. Es ist ein demokratisches, kein autokratisches Rechtsinstrument. Zudem setzt ein Vertrag Distanz zwischen den Beteiligten voraus. Sich fern Stehende kontrahieren, um ihre jeweils eigenen Vorteile zu sichern. Das vertrauensvolle und fürsorgliche Zusammenleben von Familienmitgliedern zum Beispiel bedarf keiner Vertragsabreden. Wie konnte man die Selbstbezogenheit und Kälte bürgerlicher Vertragsbeziehungen im Sozialismus überwinden?

Dadurch, daß man, wie in einer Familie, ihre Notwendigkeit als Grundlage gesellschaftlicher Beziehungen bestritt. In einem Aufsatz vom Dezember 1959[37] vertrat Professor Posch zum ersten Mal die These, daß zivilrechtliche Beziehungen in der DDR, vor allem die Beziehungen zwischen Bürger und sozialistischem Handel, nicht erst mit einem individuellen rechtlichen Kontakt beginnen und nicht mit dem Abschluß dieses Kontaktes enden. Vielmehr bestehe zwischen Bürger und Handel ein dauerndes Versorgungsverhältnis, das durch den individuellen Kaufakt nur konkretisiert werde. Auch ohne sein Zutun sei der Bürger also mit dem Staat rechtlich verbunden. Diese angeblich «ständige Beziehung eines jeden Individuums zur Gesellschaft innerhalb des vom Zivilrecht erfaßten Bereichs»[38] taufte Posch das «allgemeine Rechtsverhältnis». Seine Thesen, ursprünglich vor allem auf das Kaufrecht bezogen, wurden in anderen Zivilrechtsbereichen übernommen. So zum Beispiel im Urheberrecht, wo es jetzt hieß, die Beziehungen zwischen Künstler und Verlag bestünden auch ohne Vertrag auf Grund eines allgemeinen Rechtsverhältnisses, weswegen das Pochen des Urhebers auf einer konkreten Vertragsgestaltung «seine Ursache in einem Fortdauern kapitalistischer Rechtsauffassungen» habe.[39]

Die Implikationen dieser Konstruktion sind deutlich: die Theorie vom «allgemeinen Rechtsverhältnis» entzog dem Bürger die Kontrolle darüber, ob er mit dem Staat etwas zu tun haben wollte oder nicht, und postulierte stattdessen auch im Zivilrecht eine permanente Symbiose von Individuum und Gesellschaft. War Ihnen die Sache nicht auch unheimlich? frage ich jetzt Herrn Posch. Hatte die Vorstellung einer ständigen Verbindung von Bürger und Staat nicht auch für Sie etwas Beängstigendes? Nein, sagt er. Er habe zwar mit dem «allgemeinen Rechtsverhältnis» versucht, «Sozialismus in Recht» umzusetzen. Aber die Bedrohlichkeit des Konzepts bestreitet er. Es sei ihm vor allem um die Verantwortung des Staates gegenüber den Bürgern gegangen. Das «allgemeine Rechtsverhältnis» hätte zum Beispiel die Pflicht des Handels eingeschlossen, ausreichend Ersatzteile bereitzuhalten.

Allerdings hätte der Bürger diese Pflicht nicht einklagen können; die Ausgestaltung des «allgemeinen Rechtsverhältnisses» hing also wiederum vom Wohlwollen des Staates ab. Auch wollte Professor Posch Bürger und Staat ja gerade nicht durch selbstbezogenes Anspruchsdenken entzweien, sondern in «gemeinsamer Verantwortlichkeit» und «kameradschaftlicher Zusammenarbeit» vereinen. Praktisch hatte Poschs «allgemeines Rechtsverhältnis» allerdings schon deswegen keine Konsequenzen, weil die Idee beim konservativen Revirement der Zivilrechtsdoktrin nach 1961 als «konstruiert» und «unpraktisch» wieder fallengelassen wurde.[40] Auch ein spätes Echo seiner Vorschläge – die «Pflicht» des Einzelhandels zum «vollständigen Warenangebot», die in § 138 ZGB normiert war – konnte nur Ausdruck frommer Wünsche bleiben. Aber was mich an der Geschichte interessiert, ist weniger der Begriff des allgemeinen Rechtsverhältnisses als das wissenschaftliche Selbstverständnis, das zu seiner Konstruktion führte.

Ich habe nämlich nach unserem Gespräch nicht den Eindruck, daß Herr Posch dem Sozialismus sonderlich ergeben war. Bei Kriegsende war er 25 Jahre alt und vom Sozialismus vor allem deswegen überzeugt, weil ihm dessen Antifaschismus am Herzen lag. Bis zu Stalins Tod glaubte er dem System «ohne Einschränkung». Dann wurden langsam Zweifel wach. 1968 kam mit dem Prager Frühling noch einmal ein Hoffnungsschub. Aber als der fünfte oder sechste Aufsatz von Redaktionsgremien zurückgewiesen worden war, «hat man's gelassen». «Ich war kein streitbarer Kämpfer», sagt Herr Posch. Und: «Ich bin nicht zum Märtyrer geboren.» Er sei «immer sehr vorsichtig ins Fettnäpfchen getreten», habe jemand einmal von ihm gesagt. Vorsichtig genug, um außer einem – niedergeschlagenen – Parteiverfahren nichts riskiert zu haben.

Stattdessen hatte sich Herr Posch auf seine Arbeit konzentriert. «Ich wollte da etwas erreichen, wo ich meinte, auf meinem Gebiet etwas schaffen zu können.» Er schaffte etwas. An Professor Posch wandte sich die DDR-Regierung, als sie einen Prozeßvertreter in den Vereinigten Staaten brauchte. Professor Posch wurde gebeten, den DDR-Länderbericht für die *Encyclopedia of Comparative Law* zu schreiben. Er war jemand. Aber, so scheint mir jedenfalls, jemand ohne rechten Glauben. Wie würde er Gerechtigkeit definieren? möchte ich von ihm wissen. «Das ist eine außerordentlich schwierige Frage.» Was bleibt vom Sozialismus? «Nichts bleibt.» Er korrigiert sich. «Methodisch» werde der Materialismus weiter nützlich sein. Aber der Satz ist ohne rechte Überzeugung gesprochen. Professor Poschs eigene Arbeit fußt auf keinen materialistischen Überlegungen. Nichts am «allgemeinen Rechtsverhältnis», trotz der Beteuerung, daß man sich mit dem Begriff «der sozialistischen Wirklichkeit» zuwende,[41] hatte mit den realen wirtschaftlichen Gegebenheiten in der DDR auch nur das geringste zu tun. Die Argumentationsweisen jedes Vertreters der amerikanischen *«Law and Economics»*-Schule sind materialistischer, als Martin Poschs Methoden es jemals waren.

Wodurch unterscheiden Sie sich von mir? frage ich ihn noch. Von persönlichen Eigenschaften abgesehen «durch gar nichts», ist die Antwort. Mir scheint, Herr Posch hat recht. Die Feststellung erklärt auch seine wissenschaftliche Laufbahn. Wir sind ja beide vom Geschäft: wir wissen, daß man sich dadurch einen akademischen Ruf verschafft, indem man sich – in den Grenzen des Erlaubten – etwas Neues einfallen läßt. Das »allgemeine Rechtsverhältnis» war der Einfall, der entscheidend dazu beitrug, Professor Poschs wissenschaftlichen Ruf zu begründen. Er machte «politisches» Zivilrecht, weil er seine Arbeit unpolitisch sah: nicht als bestimmten gesellschaftlichen Zielen verpflichtet, sondern als eine Karriere, die sich an vorgegebene Regeln zu halten hatte. Er und ich unterscheiden uns – verallgemeinernd gesprochen – vor allem durch die Grenzen, innerhalb derer wir operieren. In amerikanischen juristischen Zeitschriften ist fast alles erlaubt. In DDR-Zeitschriften war fast alles verboten. Aber das «allgemeine Rechtsverhältnis» – clever, politisch korrekt, ideologisch vorwärtsweisend, praktisch ungefährlich – war genau das richtige Konzept, um in den Babelsberger Jahren wissenschaftliche Aufmerksamkeit zu erregen.

Es scheint ironisch, daß deutsche Rechtswissenschaftler im Dritten Reich – dem Professor Poschs früher und aufrichtiger Haß galt – sehr ähnliche Konstruktionen wie das «allgemeine Rechtsverhältnis» entwickelten. Aus gleichen politischen und beruflichen Gründen wie Herr Posch, denke ich mir. Politisch waren Rechtswissenschaftler im Nationalsozialismus – wie Herr Posch im Sozialismus – an ein System gebunden, dem der selbstsichere Individualismus des bürgerlichen Vertragsdenkens bedrohlich schien und das stattdessen die Wärme der Gemeinschaft pries. Beruflich suchten sie sich in einer Wissenschaft zu profilieren, die – wie diejenige Herrn Poschs – von Tabus umstellt war. Die Parallelen zwischen ihren Konstruktionen und Professor Poschs «allgemeinem Rechtsverhältnis» sind nicht zu übersehen. Nationalsozialistische Arbeitsrechtler entwickelten zum Beispiel den Begriff der «Betriebsgemeinschaft» als eines den Arbeitsvertrag umgreifenden und bestimmenden Gemeinschaftsverhältnisses.[42] Im Vertragsrecht schrieb Professor Larenz 1936: «Der Vertrag ist danach nicht ein Verhältnis zweier Einzelner, das grundsätzlich allein durch ihren übereinstimmenden Willen bestimmt wird, sondern ein Rechtsverhältnis innerhalb der völkischen Gesamtordnung, dessen Gestaltung in erster Linie von dieser Ordnung ... abhängt.»[43]

Ich will das «allgemeine Rechtsverhältnis» nicht dämonisieren. Es war harmlos. Niemandem haben Professor Poschs juristische Theorien geschadet. Seine Beiträge zur Zivilrechtsdiskussion in der DDR haben viele gute Früchte getragen. Und auch wenn die juristischen Konzepte sich ähnlich sehen, sind doch die politischen Systeme, denen Martin Posch und Karl Larenz dienten, Abgründe voneinander entfernt. Aber mich beunruhigt die Tatsache, daß Professor Poschs, Professor Larenz' und mein eigener beruflicher Ehrgeiz sich in vieler Beziehung so ähnlich sehen und daß der Elfenbeinturm offensichtlich politisch kein sicherer Aufenthaltsort ist als die Richterbank. Vielleicht ist er sogar gefährdeter. Richter sehen, was sie mit ihren Entscheidungen anrichten: jemand kommt ins Gefängnis, kann sein Kind nur noch an Wochenenden sehen, muß eine Wohnung aufgeben oder Geld bezahlen. Ihr deutlicher Einfluß aufs Leben anderer Menschen hat bei vielen Richtern in der DDR als praktisches Korrektiv zu ihrer ideologischen Einbindung in den Sozialismus gewirkt. Wissenschaftler schreiben ohne sichtbare Wirkung. Es sind ja nur Worte, die sich auf dem geduldigen Papier aneinanderreihen. Aber am Ende setzt sich ein ganzes politisches System daraus zusammen.

14. Juni 1991

Ich habe noch eine zweite Verabredung in Jena: mit Professor Wolfgang Bernet, Verwaltungsrechtler an der Friedrich-Schiller-Universität. Vor sechs Jahren hatte Herr Bernet mich zu einer Konferenz über «Die Gesetzlichkeit in der staatlichen Verwaltung» eingeladen. Sie sollte vom 25. bis 27. September 1985 in Jena stattfinden. Ich hatte noch nie einem wissenschaftlichen Treffen mit so viel Spannung und Vorfreude entgegengesehen. Aber Mitte September kam ein Brief: Die Konferenz sei «aus technischen Gründen» abgesagt. Jetzt will ich herausfinden: was war damals geschehen?

Wir treffen uns im Universitäts-Hochhaus, einem runden Behördenturm, rücksichtslos mitten auf den alten Marktplatz gesetzt, in dessen 23. Stockwerk die Juristen untergebracht sind. Herr Bernet ist in Hemdsärmeln. Als wir uns vor rund zehn Jahren kennenlernten, war er auch in Hemdsärmeln. Trotz aller Wiedervereinigungssorgen strahlt er ganz unakademische Tatkraft aus.

Ursprünglich hatte Wolfgang Bernet im Staatsrecht angefangen. Aber dort fand er «zu viele politische Deklamationen und zu wenig juristische Substanz». Anfang der siebziger Jahre wechselte er zum Verwaltungsrecht über. Damals hieß es noch «Leistungsrecht»; das Wort «Verwaltungsrecht» war auch ein gutes Jahrzehnt nach der Babelsberger Konferenz immer noch suspekt. Immerhin gab es das Rechtsgebiet schon wieder. Glaubte er damals an den Sozialismus? Herr Bernet will nicht über Glaubensfragen reden. Ach, sagt er, «ich bin ein pragmatischer Typ». Er glaubte, «daß die Sowjets dieses Stück Land nicht aufgeben würden». Also kam es darauf an, unter den gegebenen Umständen «das Leben erträglich zu machen». Er sah nicht die Kritik am Privateigentum als entscheidende Schwäche des Systems, sondern «die Menschenverachtung der Partei». Sie spiegelte sich täglich in der ostdeutschen Verwaltungspraxis. Wie Karl Bönninger in Leipzig – «das große Vorbild» – suchte Wolfgang Bernet nach Verwaltungskontrollen, die den Bürger zuverlässiger gegen Übergriffe schützen würden als das zahnlose Eingabensystem, in dem die Korrektur von Rechtsverletzungen praktisch dem Rechtsverletzer selbst überlassen blieb.

1975, in einem Referat auf dem 6. Jenaer Juristentag über «Die Verantwortung der örtlichen Staatsorgane für den Schutz der Bürgerrechte», sagte Wolfgang Bernet zum ersten Mal: «Ich brauche die Gerichte dazu.» Großer Widerspruch nicht nur in Jena. Der Bericht über das Treffen in der Zeitschrift *Staat und Recht* spricht nur diskret davon, daß Bernet auf «Regelungen anderer sozialistischer Staaten» verwiesen habe.[44] In der Tat gab es in allen anderen osteuropäischen Ländern wesentlich weiterreichenden Rechtsschutz gegen die Verwaltung als in der DDR. Als Bernet 1978 in seiner B-Dissertation über *Staatliche Leitung und Sicherung der Bürgerrechte* im letzten Kapitel auch über den Gerichtsschutz schrieb, fand von den vier Gutachtern nur einer – ein Prüfer aus Ungarn – etwas Freundliches dazu zu sagen.

1980 und 1981 veröffentlichte Herr Bernet die Resultate einer empirischen Untersuchung über die Wirksamkeit von Bürgerbeschwerden auf dem Gebiet des Baurechts und der Staatshaftung.[45] Ich erinnere noch meine freudige Überraschung am Schreibtisch in Texas, eine so detaillierte Beschreibung ostdeutscher Rechtswirklichkeit in einer ideologisch so braven Zeitschrift wie *Staat und Recht* entdeckt zu haben. Die Sache sei mit Fernstudenten in «Untergrundarbeiten» beim Rat des Kreises und der Stadt gemacht worden, höre ich jetzt. «Alles informelle Quellen.» Niemand hatte sich bei der Veröffentlichung beschwert. Im Jahr darauf, glaube ich, haben wir uns kennengelernt. Herr Bernet und ich machten einen langen Spaziergang in den Hügeln um Jena und stritten uns über Verwaltungsrecht. Er sei damals bewußt im Freien geblieben, sagt er heute. Das Verwaltungsrecht «war ein gefährliches Feld». Immer «ein Seiltanz». Er wolle den sozialistischen Staat vor Gericht stellen!

warf man ihm vor. Nein, nur die konkrete Rechtsverletzung eines konkreten Organs. Er wolle das Eingabensystem schlechtmachen! Wir haben doch genügend Rechtsschutz! Immer waren Beschwichtigungen nötig. Natürlich durfte man nicht von Gewaltenteilung sprechen. «Einheit der Staatsgewalt bei größtmöglicher Arbeitsteilung» hieß die allenfalls erlaubte Formel.

Aber es gab auch Verbündete oder doch wohlwollende Zuschauer bei dem Balanceakt. Natürlich Professor Bönninger: «Wir waren schon lange eine Seilschaft.» Mollnau und Heuer in der Akademie der Wissenschaften. Professor Wünsche, später nach der Wende kurz Justizminister. Andere Kollegen. Assistenten. Professor Riege, Lehrstuhlinhaber in Herrn Bernets Arbeitsbereich, tolerierte zum mindesten seine Vorhaben und blockte nichts ab. Sogar in der Partei gab es hier und da Unterstützung oder doch Nachsicht. Als Herr Bernet einmal Ärger bekam, weil er bei einem Vortrag «die Gewaltenteilung anklingen ließ», verlangte die Jenaer Kreisleitung keinen Widerruf, ermahnte nur zur Vorsicht und schrieb selbst «einen demütigen Brief» an die Veranstalter.

Aber die Konferenz? Was war mit der Konferenz passiert? Die ersten Pläne für ein Symposium über «Gesetzlichkeit», sprich Rechtsschutz, in der staatlichen Verwaltung waren 1983 aufgekommen. Aber für ein solches Unternehmen mußte man legitimiert sein. Herr Bernet erhielt «einen Hinweis»: er solle sich deutlich von der bürgerlichen Verwaltungsgerichtsbarkeit distanzieren. So schrieb er einen Aufsatz über die «Entwicklung und Funktion der deutschen bourgeoisen Verwaltungsgerichtsbarkeit«, der in der Schlußfolgerung gipfelte, daß «Eingabenrecht, formelles Beschwerderecht ... und vieles andere ... eine Verwaltungsgerichtsbarkeit in der DDR obsolet«[46] gemacht hätten. Zwar kam Herr Bernet im selben Jahr in einer anderen Arbeit zu der genau entgegengesetzten Forderung: «Ich halte eine richterliche Nachprüfbarkeit von Verwaltungsakten in der sozialistischen DDR für notwendig.»[47] Aber er hätte den ersten Aufsatz heute lieber nicht geschrieben. «Es war mein Eingangsgeld für die Konferenz», sagt er.

Die darüber zu befinden hatten, nahmen die Zahlung an. Herr Bernet und seine Kollegen lieferten ein Thesenpapier, in dem die Zustände in der DDR gepriesen und ihre eigene Meinung vorsichtig daruntergeschoben wurde. Im Frühjahr 1985 hatten die Vorbereitungen weitgehend Gestalt angenommen. Siebzig Personen waren eingeladen worden, darunter etwa fünfzehn aus dem Westen. Ich hatte meine erfreute Zusage aus Texas geschickt. Die «Sicherheit» hatte die Unterlagen aller Teilnehmer, wie es schien, gebilligt. Die Unterbringung der Gäste war gesichert.

Im Juni folgte eine Zusammenkunft in Berlin. Die Jenaer sollten ihre gesamte Konzeption für die Konferenz noch einmal offenlegen. Sie «muschelten sich so durch». Aber es war eine «unterschwellige Unruhe» zu verspüren. Was habt ihr da bloß vor, hieß es. Im Hintergrund «balgten sich zwei ZK-Abteilungen» um den Ausgang der Geschichte: die Abteilung Staats- und Rechtsfragen («da saßen die wirklichen Betonköpfe») und die Abteilung Wissenschaft («die für uns war»). Dort wurden dann auch die Bedingungen ausgehandelt, unter denen die Konferenz stattfinden durfte: keine Gorbatschow-Zitate, keine Diskussionen über «Verwaltungskultur» (in anderen Worten: Schlamperei und Korruption), keine Presseberichte. «Damit konnte ich leben», sagt Herr Bernet.

So fuhr er am 10. August in den verdienten Urlaub nach Ungarn, zu einem Kollegen an den Plattensee. In Berlin kam es währenddessen zu einer neuen Runde. Diesmal war das Ergebnis endgültig: die Konferenz fliegt auf. Professor Riege unterschrieb den Absagebrief: «... mußte leider aus technischen Gründen ...» Er konnte ja nicht schreiben: Das ZK hat das Symposium in letzter Minute verboten. Herr Bernet erfuhr von dem Desaster erst nach dem Urlaub. Sein ungarischer Gastgeber hatte die Hiobsbotschaft nicht weitergereicht, um ihm nicht auch noch die Ferien zu verderben.

Die Zeit danach war schlimm. Das Verbot der Konferenz erwies sich nicht nur als Fehlschlag jahrelanger Mühen und Hoffnungen, sondern auch als politisches Stigma: Wolfgang Bernet war in Ungnade gefallen. Lange Parteiveranstaltungen wurden von ZK und Bezirksleitung arrangiert, um seine Irrtümer bloßzulegen und zu korrigieren. Die Jenaer Kreisleitung redete vorsichtig zum Guten: wir sind nicht gegen euch, nur bitte akzeptiert das Verdikt. Ein böses Nachspiel in der Universitäts-Parteileitung: Herr Bernet hatte mit Absagen gerechnet und daher mehr Teilnehmer zu seiner Konferenz eingeladen, als vom vorhandenen Geld zu finanzieren waren. Da die meisten anderen Gäste ebenso interessiert gewesen waren wie ich, waren die erwarteten Absagen ausgeblieben. Mensch, so geht das nicht, wurde ihm jetzt gesagt. Verstoß gegen die Finanzdisziplin! Neue Parteiversammlungen. «Ich bin immer hingegangen», sagt Herr Bernet. «Lieber der Gefahr ins Auge sehen.» Hatten Sie Angst? Ja. Vor allem, «daß ich die Fassung verliere». Er wollte weg, hatte schon einen Platz im Erfurter Anwaltskollegium. Aber dann ist er doch an der Universität geblieben.

Aber das Publizieren war schwierig. Die Beförderung an der Universität blieb aus. 1987 war Herr Bernet immer noch Dozent. Der Seiltanz ging weiter. Er veröffentlichte einen neuen Aufsatz in *Staat und Recht,* in dem er Freundliches über die Babelsberger Konferenz sagte und Karl Polak pries.[48] Sein Wiedereintrittsgeld? Aber mir fällt auf, daß Wolfgang Bernet im Umgang mit der Macht seine eigene Methode entwickelt hat. Viele seiner Universitätskollegen lieferten einfach das, was erwartet wurde, wobei die Dosis an politischem Honig, den man dem unsichtbaren Zensor ums Maul schmieren mußte, je nach Ehrgeiz und Selbstrespekt des Schreibers großzügig oder geizig bemessen war. Einige wenige schwiegen oder verließen die Universität. Eine kleine Gruppe intellektuell anspruchsvoller und selbstbewußter Wissenschaftler entwickelte die Code-Sprache für Eingeweihte, von der Herr Mollnau erzählte, die wiederum – je nachdem, wie Mut und politischer Ehrgeiz des Schreibenden sich die Waage hielten – mehr oder weniger sorgfältig verschlüsselt war. «Ich habe die Kunst entwickelt, Dinge zu transportieren, die von den Kundigen verstanden wurden», erzählte mir ein Jenaer Kollege von Herrn Bernet aus der Rechtstheorie – übrigens jemand, der Wolfgang Bernets Bemühen um eine Verwaltungsgerichtsbarkeit im Fachbereich zum mindesten nicht mit offener Sympathie zur Seite stand. Die Geheimsprache der Eingeweihten hatte auch einen augenzwinkernd-elitären Anstrich. Wir verstehen uns ja, schienen die Schreiber zu sagen. Wir sind etwas besseres. Wir bleiben unter uns.

Wolfgang Bernets Methode, den Mächtigen das zu sagen, was sie hören wollten, war direkter, unverfrorener, sozusagen hemdsärmliger. Er sagte einfach beides: das, was er dachte, und das, was er denken sollte. So machte er es schon 1983, als er im selben Jahr einen Aufsatz für und einen gegen die Notwendigkeit verwaltungsgerichtlicher Kontrollen in der DDR veröffentlichte. 1987 das gleiche Spiel: Bernet schreibt nicht nur eine Arbeit, in der er das «positive Anliegen» der Babelsberger Konferenz lobt, sondern auch eine zweite, in der er Gerichtskontrollen über die Verwaltung eine «Sozialismus-gemäße Lösung» für die DDR nennt.[49] Ich weiß noch, wie böse sich einer der Anti-Babelsberger in einem Gespräch im Winter 1987 darüber zeigte, daß Bernet etwas Gutes über Babelsberg geschrieben hatte. «Das verzeihe ich ihm nicht.» Aber er hat sich doch sein ganzes wissenschaftliches Leben für besseren Rechtsschutz gegen die Verwaltung eingesetzt, wandte ich ein. «Aber wie konnte er so etwas sagen!» Wolfgang Bernet waren Worte nicht so wichtig. Das, was man damit erreichen konnte, zählte.

Übrigens wäre der peinliche Aufsatz wahrscheinlich gar nicht mehr nötig gewesen. 1987, erzählt Herr Bernet, «lockerte sich der Griff». In Berlin wuchs die Einsicht, daß die Ausreiserproblematik dem internationalen Ruf der DDR empfindlich schadete. Das Außenministerium beschwerte sich bei der Partei: «Die reden nicht mehr mit uns in Wien.» «Da wurde ich ausgegraben», sagt Herr Bernet. Er sollte dabeisein, als «unter schärfster Geheimhaltung» das neue «Gesetz über die Zuständigkeit und das Verfahren der Gerichte zur Nachprüfung von Verwaltungsentscheidungen» ausgearbeitet wurde, das am 14. Dezember 1988 erlassen wurde und am 1. Juli 1989 in Kraft trat.[50] «Alles mußte ganz schnell gehen.» In zweiwöchiger Klausurtagung in Wustrau wurde das neue Gesetz zusammengeschustert: viel zu schnell, «ganz unsolide» und ohne das zentrale Problem der Ermessensüberprüfung auch nur halbwegs durchgearbeitet zu haben. Aber das Gesetz «war auf Wachstum angelegt». «Wir hatten erst einmal einen Fuß in der Tür.»

Nur: zur gleichen Zeit, als Herr Bernet und seine Kollegen in Wustrau die DDR der Rechtsstaatlichkeit ein wenig näher brachten, brütete an anderer Stelle «eine separate Truppe» unter Mitwirkung von Staatssicherheit und Polizei die neue Reiseverordnung aus.[51] Im Dezember 1988 trat sie in Kraft. Ihre autoritär-vagen Formulierungen darüber, wann ein Bürger das Land verlassen durfte und wann nicht, mußten das neue Nachprüfungsgesetz, das nicht auf Ermessensüberprüfung angelegt war, von Anfang an unterminieren. Wie sehr, war auch von den meisten Mitarbeitern in Wustrau nicht vorausgesehen worden. Aber einige Beobachter sahen schon damals klar. «Das Ding geht in den Bach», hatte Heinrich Toeplitz zum Beispiel gesagt. Das tat es dann ja auch. Bei der Ausarbeitung des revidierten Nachprüfungsgesetzes vom 29. Juni 1990, das nur noch als Abschlußschnörkel auf der viel zu späten und halbherzigen Umbesinnung der Partei fungierte, war Herr Bernet schon nicht mehr mit dabei.

Und wie wird es jetzt mit ihm weitergehen? Herr Bernet weiß es nicht. Er hat Hoffnungen und Pläne, schreibt viel, gibt zusammen mit Kollegen eine Kommunalrechtszeitschrift für die neuen Länder heraus. In der Universität, glaubt er, wird man ihn nicht mehr haben wollen. Die nehmen niemanden aus der DDR. Ich kann mir nicht denken, daß man im ostdeutschen Verwaltungsrecht nicht jemanden brauchen kann, der so gerne die Ärmel aufkrempelt wie Wolfgang Bernet. Für ihn ist jetzt zwar «keine Welt zusammengebrochen», sagt er. Aber er ist zornig über die pauschale Abwertung durch den Westen. «Als hätten wir nie nachgedacht.»

17. Juni 1991

Neueröffnung und «Tag der Offnen Tür» in der Littenstraße. Die Renovierung ist zwar noch nicht abgeschlossen, aber weit genug gediehen, um mit dem Einzug von Landgericht und neuen Amtsgerichten ins Haus des alten Stadtgerichts allmählich beginnen zu können. Ich gehe umher und bestaune die Veränderungen. Alles riecht nach Farbe. Der Rundgang im 1. Stock ist strahlend hell erleuchtet. Unten im Lichthof drängen sich Neugierige um die Beratungsstände, an denen zur Feier des Tages Richter aus Westberlin den Ostberliner Besuchern Auskunft zu neuen Rechtsproblemen des Alltags erteilen.

Es ist ein hübsches Programm: ein Bläser-Duett, Anspra-
chen, eine Rede der Justizsenatorin Professor Limbach. Ich
freue mich, daß auch ein Vortrag über Hans Litten dazuge-
hört, den tapferen Rechtsanwalt, der in den letzten Jahren
der Weimarer Republik Arbeiter und Kommunisten vertei-
digte, es wagte, im Edenpalast-Prozeß 1931 Hitler als Zeugen über das politische Programm des Faschismus zu vernehmen und in die Enge zu treiben, und der sich 1938 im KZ
Dachau das Leben nahm.[52] Die Littenstraße ist nach ihm
benannt, und im 1. Stock des Gerichtshauses steht schon seit
langem seine Büste: ein ernstes, rundes, kindliches Gesicht.

Ich wandere in einen der Gerichtssäle. War ich nicht
schon einmal hier? Es ist schöner als früher: frische weiße
Wände, die Holztäfelung auf Hochglanz poliert, die Stuck-
arabesken an der Decke in Lachs, Tintenblau und Gold
sorgfältig abgesetzt. Auch hier Justizvertreter, um den neuen
Bürgern bei Bedarf Rede und Antwort zu stehen. Ein Mann
mit wildem Schlips und Plastikaktenmappe will in breitem
Sächsisch etwas über die Unzulässigkeit von Preisabspra-
chen bei Ausschreibungsverfahren lernen. Ein frischge-
backner Unternehmer? Ich frage jemanden von der Senatsjustizverwaltung nach der Planung des Festtags: hat man
auch Ost-Juristen eingeladen? Außer den Berufsverbänden
wurde niemand «eingeladen». Man hat Ankündigungen des
Ereignisses an die Gerichte verschickt, die Ostberliner Vertreter im Abgeordnetenhaus darauf aufmerksam gemacht,
eine Notiz in den *Tagesspiegel* gesetzt. Ich versuche mir aus-
zumalen, wie ein taktvolles Einladungsschreiben an Herrn
Oehmke und seine Kollegen hätte aussehen können, und
gebe auf. Wenn heute auch Ost-Richter die Veränderungen
besichtigen, dann, weil sie wie ich die Ankündigung in der
Zeitung gefunden haben. Aber sie werden, wenn überhaupt,
inkognito gekommen sein.

Frau Limbach kommt mit einer kleinen Entourage herein;
liebenswürdig wie immer und zufrieden mit dem gelunge-
nen Tag. Allein vierzig Besucher hatten am Stand des Nach-
laßgerichts Auskünfte eingeholt! Auch bei den Familien-,
Arbeits- und Sozialrichtern war die Nachfrage groß gewesen. Jetzt erscheint eine Gruppe distinguierter Herren in der
Tür. Ich muß unwillkürlich an die Bemerkung einer Richte-

rin aus Potsdam denken: «Ossis kommen rein, Wessis treten auf.» Die Neuankömmlinge sehen sich kurz um, gehen direkt zur Richterbank und lassen sich auf den drei Stühlen nieder. «Mmh», sagt der mittlere auf dem Stuhl des Vorsitzenden Richters zufrieden. «Schöner als bei uns im Kammergericht. Wir könnten eigentlich gleich hierbleiben.»

21. Juni 1991

In Leipzig, wo ich mich mit Dr. Siegfried Seidel treffen will, bis jetzt Arbeitsrechtler an der nahegelegenen Universität Halle. Wir haben uns im «Haus des Wissenschaftlers» verabredet, einer neoromanischen Villa der Jahrhundertwende, die der Universität Leipzig gehört und einem englischen Club so ähnlich sieht, wie man es im Sozialismus nur erhoffen konnte. Tiefe, bequeme Sessel; alte Ölbilder an den Wänden; sanftes Licht aus altmodischen Lampen mit Fransen an den Seidenschirmen. In einer Ecke zwei unverkennbare West-Professoren bei einer Flasche Wein. Grünpflanzen im anliegenden Gartenzimmer. Ich spüre zum ersten Mal das Privileg, das auch im Sozialismus zur Professorenstellung dazugehörte.

Herr Seidel sieht nicht aus wie jemand, der hier berufsmäßig ein- und ausgeht. Wenn ich ihn nicht kennte, würde ich auf etwas Realitätsnäheres als Universitätslehrer tippen: Landwirt vielleicht oder Klempner. Er geht ohne intellektuelle Verschnörkelungen direkt auf eine Sache zu. Als wir uns vor mehr als einem Jahrzehnt zum ersten Mal trafen und er von meinem Interesse an Konfliktkommissionen erfuhr, nahm er mich kurzerhand zu einer Sitzung seiner eigenen Konfliktkommission an der Universität Halle mit, deren Vorsitzender er damals war. Ich erinnere mich noch an die verwunderten Gesichter der Anwesenden, als ihnen die Besucherin aus Texas vorgestellt wurde. Siegfried Seidel war auch der einzige unter meinen Gesprächspartnern aus der Vor-Wende-Zeit, der mir erzählte, daß er der Partei über unsere Unterhaltung berichten werde. «Ich werde sagen, ich hätte mit Professor Markovits aus den USA über Arbeitsrechtsfragen gesprochen», erklärte er. Viele seiner Kollegen werden – wie von ihnen erwartet wurde – ausführlichere und zutreffendere Berichte über unsere jeweiligen Begegnungen abgegeben haben. Aber Herr Seidel wollte, daß ich Bescheid wußte. Er ist mir immer wie ein Baptist in der Anglikanischen Kirche oder wie ein Dorfbürgermeister in einer Gruppe glatter City-Manager vorgekommen: jemand der glaubt, was er sagt; für den Überzeugungen auch in Handlungen umgesetzt werden sollten und dem man sicherlich oft vorwirft, alles viel zu wörtlich zu nehmen. Er setzte mir einmal auseinander, warum in der DDR das Arbeitsrecht eigentlich in den Mittelpunkt aller juristischen Überlegungen rücken müsse. Sie sind ja ein richtiger Sozialist! sagte ich erstaunt. «Einer der wenigen in diesem Lande», war seine Antwort.

Jetzt wird er, wie alle Angehörigen der Universität Halle, erst einmal abgewickelt. Er ist doch Vorsitzender des Personalrats; hat er da nicht Kündigungsschutz? Aber keinen Abwicklungsschutz. In Halle werden die Überprüfungen von der Universität Göttingen erledigt. Gespräche mit den Kandidaten gibt es nicht. Herr Seidel hat alle Unterlagen nach Göttingen geschickt, aber rechnet nicht mit einer positiven Bewertung. Keine Habilitation und zwei Reisen nach Angola – das werde bestimmt nichts werden.

Keine Habilitation. Herr Seidel hat 1956 mit dem Unterrichten angefangen. Warum hat er es nie zu einer B-Dissertation gebracht? Ich frage meine ostdeutschen Kollegen jetzt oft nach Fällen, in denen jemand aus politischen Gründen in seiner akademischen Karriere behindert wurde oder scheiterte. Bei den Juristen scheint das nur sehr selten vorgekommen zu sein. Aber einer der wenigen Namen, die mir genannt wurden, ist der Siegfried Seidels. Stimmt es, frage ich jetzt?

Herr Seidel will das so nicht sagen. Sicher spielte in die Geschichte auch Politisches hinein. Er hatte seine B-Dissertation 1977 abgeschlossen. Es ging um «Das rechtliche Wesen der Einzelleitung»: also um die Stellung des sozialistischen Managers. Er hatte eine Reihe populistischer Thesen vertreten: daß Leiter «vom arbeitsrechtlichen Standpunkt aus Werktätige» wie alle anderen seien; daß ihr Verantwortungsbereich juristisch genau definiert werden müsse; daß eine «ständige Kontrolle» darüber nötig sei, wieweit Unternehmensleiter ihrer juristischen Verantwortung gerecht würden, und daß die Autorität des Leiters «sich allein aus seinem Können und seinen Leistungen» ergebe.[53] Man hatte ihm vorgeworfen, die führende Rolle der Partei zu mißachten und den demokratischen Zentralismus in Frage zu stellen. «So kühn war ich nicht», sagt Herr Seidel. Aber bei der Thesenverteidigung kam es zu einer heftigen politischen Auseinandersetzung, und aus der Habilitation wurde nichts. Allerdings hätten da auch persönliche Differenzen zwischen ihm und einem der Gutachter mit hineingespielt.

So blieb Herr Seidel beim «Dozenten» hängen. Mehr als zehn Jahre lang gab es keine Gehaltserhöhung. Publizieren war schwierig. Zweimal beschwerte er sich beim Chefredakteur der *Neuen Justiz*. Zweimal wurden Anträge auf eine Urlaubsreise nach Jugoslawien abgelehnt. Ich denke mir, er wird für den akademischen Betrieb im Sozialismus zu undiplomatisch gewesen sein; zu direkt; vielleicht auch zu naiv. «Mir schwebte vor, den Marxismus ernst zu nehmen», sagt er. Das hieß, ihn auch als Anweisung für menschliches Verhalten zu verstehen. Und wenn etwas nicht so war, wie er es für richtig hielt, reagierte Siegfried Seidel wie ein Mensch unter Menschen: er schrieb dem Betreffenden einen Brief. Zweimal schrieb er an Honecker; er schrieb an Gorbatschow (keine Antwort), an Jakovlev (dessen Antwort er heute noch hat), an Krenz, an Kurt Masur (und wurde im Oktober zum ersten Gewandhausgespräch eingeladen) – alles in allem etwa zwanzig Briefe in fünfzehn Jahren. Auch heute noch ist er «eifrig am Schreiben».

«Ich war auch ein bißchen ein Michael Kohlhaas», gibt Herr Seidel zu. Ich stelle ihm eine meiner Testfragen, mit der ich neuerdings herauszufinden versuche, wie ernsthaft jemand es mit dem Sozialismus meinte: wo waren Sie, als die Russen in Prag einmarschierten? Gerade ein gläubiger Sozialist, scheint mir, dürfte den Tag, an dem sein ideologisches Vertrauen so erschüttert wurde, nicht vergessen haben. Wenn doch, so konnte es mit der seelischen Erschütterung und daher auch mit dem wahren Glauben nicht so weit her gewesen sein. Eine vorschnelle Schlußfolgerung? Jedenfalls konnte sich neulich ein Gesprächspartner durchaus nicht mehr daran erinnern, wo er am 20. August 1968 gewesen war. Dabei hatten wir gerade von der Bedeutung des Sozialismus in seinem Leben gesprochen; von den «Ansätzen zu einer neuen Menschlichkeit», die ihn beeindruckt hatten. Und da wußte er nicht mehr, was er an diesem für den Sozialismus so verhängnisvollen Tag getan hatte? «Sie sind zu sehr auf Einzelheiten fixiert», warf er mir ärgerlich vor. «Ich bin aufs Konkrete fixiert», sagte ich. «Ich versuche, zu verstehen, wieviel Macht der Sozialismus nicht nur über Ihren Beruf, sondern auch über Ihren Kopf und Ihr Herz hatte».

Aber Herr Seidel erinnert sich sofort. Er hatte morgens im Radio von dem russischen Einmarsch in Prag erfahren. Er war gleich ins Auto gestiegen und zum Kaufhaus «Konsument» in Leipzig gefahren, wo es einen tschechischen Verkaufsstand gab, der ihm als natürlicher Sammlungspunkt für irgendwelche Aktionen in der Sache erschien. Aber im «Konsument» hatten Ruhe und Ordnung geherrscht. Die DDR-Bürger gingen wie an jedem anderen Tag «ihren Geschäften nach». Es war wohl auch unrealistisch, auf spontane Protestkundgebungen zu hoffen. So war Herr Seidel schließlich wieder nach Hause gefahren. Er hatte an dem Morgen ein Treffen in der Universität verpaßt, aber jemand hatte eine Ausrede für ihn gefunden.

Und heute? Worauf hofft er heute? Immer noch auf eine gerechte Verteilung zwischen Nord und Süd und zwischen West und Ost. Politisch setzt er weder auf den Kapitalismus noch auf den Sozialismus: «Ich sehe in diesem Jahr so viele Nachteile bei beiden.» Persönlich macht er sich Sorgen um die Zukunft: seine Frau, die Leiterin der RAS-Abteilung am Bezirksgericht Leipzig war, hat ebenfalls ihre Stellung verloren («das Volk will das so», hatte man ihr gesagt), und wie die Göttinger über ihn urteilen werden, glaubt er zu wissen. «Du hast in deinem Leben nichts geleistet und bist zu nichts mehr fähig», wird ihr Verdikt sein.

Aber anders als Michael Kohlhaas verfügt Siegfried Seidel über eine Ressource, auf die er zurückgreifen kann, wenn ihm auch jetzt noch immer keine Gerechtigkeit geschehen sollte: seine Liebe zur modernen Kunst. Schon bei unseren früheren Begegnungen hatte er mir von neuen Malern und Galerien vorgeschwärmt und mich ermuntert, bei meinen Besuchen auch diese Seite des Lebens in der DDR kennenzulernen. Jetzt sind die engen Schranken der offiziellen DDR-Kunstideologie gefallen. Siegfried Seidel hat große Plä-

ne. Er ist Mitglied eines Fördervereins für ein avantgardisti-
sches Museum. Er und seine Freunde hoffen auf finanzielle
Unterstützung durch den BDI. Erst einmal brauchen wir ein
Grundstück, berichtet er. Da sei auch schon etwas im Gespräch. Herr Seidel, rufe ich, Sie sind ein Schlafwandler! Gar
nicht gekränkt erzählt er weiter. Die Gründungsvorberei-
tungen sind im Gange. Nächste Woche soll Vorstandssitzung
sein. «Der Sinn des Lebens ist es, Kunst, Literatur und Wissenschaft zu genießen», sagt er. «Alles andere haben Tiere
auch.»

24. Juni 1991

Bei meinen Gesprächen in Potsdam erfuhr ich neulich auch,
daß Mitte der achtziger Jahre verschiedene Postdamer Richter das Kreisgericht aus politischen Gründen hatten verlassen müssen. Ich bekam sogar eine Adresse: Peter Peukert,
jetzt Rechtsanwalt ganz in der Nähe des Bassin-Platzes. Wir
haben uns für heute nachmittag verabredet.

Als ich komme, fegt Herr Peukert gerade die Scherben
einer vom Wind zugeschlagenen Glastür auf und redet
gleichzeitig einer Klientin gut zu, die sich über irgendeine
langwierige Verwaltungsangelegenheit beklagt. Ich hatte
ihn mir älter gedacht. Aber Peter Peukert war erst seit zwei-
einhalb Jahren Richter, als 1983 seine Probleme begannen.
Was löste sie aus?

Die Friedensbewegung. Man hatte begonnen, im Freun-
deskreis über den NATO-Doppelbeschluß und die Stationie-
rung der SS-20-Raketen in der DDR zu diskutieren. Zwar
war Herr Peukert selbst nie bei einer Friedenskundgebung
dabeigewesen. Er machte Zivil- und Familienrecht: hatte
also auch nie einen Demonstranten wegen «Zusammenrot-
tung» oder «Widerstands gegen staatliche Maßnahmen» verurteilen müssen. Aber er machte sich Gedanken darüber,
wie er sich wohl verhalten würde, wenn er beim Haftdienst
am Wochenende jemanden nur deswegen ins Gefängnis
schicken sollte, weil er mit einer Kerze in der Hand im Namen des Friedens still auf seinem Platz gestanden hatte. Peter Peukert besprach das befürchtete Dilemma erst mit den
Kollegen am Gericht und dann mit seinem Kaderleiter. Man
«möge ihn aufklären», sagte er. Er komme nicht mehr zu-

recht. Und bald auch: er wolle bei den nächsten Richterwahlen im Mai 1984 nicht mehr kandidieren.

«Dann ging es los.» Erst eine Auseinandersetzung mit dem Kaderleiter, dann vier- oder fünfmal der Befehl, zum Gespräch im «Kreml» zu erscheinen; dem massigen Gebäude auf einem Hügel jenseits der Havel, in dem die Potsdamer SED-Bezirksleitung ihren Sitz hatte. Diese Gespräche «waren eigentlich furchtbar». Auf der einen Seite Peter Peukert, auf der anderen die Herren von der Partei, «die versuchten, einen nicht zu verstehen». Trotz aller Vorwürfe, die es hagelte, am Ende der Konfrontation immer derselbe Satz: stell dich zur Wahl und alles ist vergessen.

Aber Peter Peukert war inzwischen so weit, daß er auch dann nicht mehr Richter hätte bleiben wollen, wenn man ihm die Haftbefehle erlassen hätte. So kam es am 16. 1. 1984 zur Parteiversammlung im Kreisgericht, bei der er aus der Partei ausgeschlossen werden sollte. Nach dem Parteistatut mußten zwei Drittel der Anwesenden für einen Ausschluß stimmen. Es gab eine lebhafte, aber nutzlose Diskussion. Peter Peukert und die Richterkollegen auf seiner Seite durften sprechen, aber jedes ihrer Argumente wurde mißverstanden und verdreht. Schließlich die Abstimmung. Von 22 Mitgliedern des Kollektivs stimmten 15 für einen Parteiausschluß, 7 dagegen. Peter Peukert wurde mit einer Stimme mehr als erforderlich aus der Partei ausgeschlossen. Am nächsten Tag gab er seine laufenden Verfahren an Kollegen ab, räumte seinen Schreibtisch aus und ging.

Eine Geschichte, die mein Bild von der DDR-Justiz teilweise bestätigt, aber ihm teilweise auch widerspricht. Herrn Peukerts Schilderung der Auseinandersetzungen auf dem «Kreml» zeigt die Partei, wie ich sie aus vielen Berichten kenne: autoritär, einschüchternd, besserwisserisch. Aber seine Beschreibung der Parteiversammlung im Kreisgericht überrascht mich. Ich hätte nicht erwartet, daß in den Jahren vor Gorbatschow in der DDR der Ausgang einer so prinzipienträchtigen Entscheidung nach den formalen Abstimmungsregeln des Parteistatuts entschieden worden wäre. Erst recht nicht in einer Situation wie dieser, in der das Ergebnis auf des Messers Schneide stand. Offensichtlich gab es auch eine richtige Debatte im Gericht. Es gab Fraktionsbildungen für und gegen Peter Peukert. Frau Leetz, zum Beispiel, hatte vor der Versammlung mit Herrn Peukerts Kritikern «Fraktur geredet» und versucht, sie von einem negativen Votum abzuhalten.

Auch das Nachspiel zum Parteiausschluß paßt nicht ins klar umrissene Porträt der Justiz im «Unrechtsstaat». Ursprünglich war Herr Peukert aufgefordert worden, über den 16. 1. 1984 hinausgehende Gehaltsüberweisungen zurückzuzahlen. Er beschwerte sich: er könne nur von der örtlichen Volksvertretung abgewählt werden, sei also bis zum nächsten Wahltermin am 29. 2. 1984 weiter zu bezahlen. Nein, sagte der Kaderleiter: der Parteiausschluß käme einer fristlosen Entlassung gleich. Peter Peukert schrieb einen Brief ans Justizministerium und bekam 10 Tage später Recht: das Kreisgericht wurde angewiesen, die Gehaltszahlung bis zum Wahltermin fortzusetzen. Auch um die Beurteilung gab es Streit. Herr Peukert fand, daß die mit dem Parteiausschluß verbundenen Vorwürfe in der Beurteilung seiner bisherigen Arbeit keinen Platz hatten. Als die Abschlußbeurteilung nicht zu seiner Zufriedenheit berichtigt wurde, klagte er. Und obwohl die Klage mit «fadenscheiniger Begründung» abgewiesem wurde, wurde die Beurteilung doch zwei- oder dreimal umgeschrieben, bis die umstrittenen Vorwürfe nicht mehr darin enthalten waren.

Was hat Herrn Peukert an dem Erlebnis am meisten mitgenommen? Die Zeit der Arbeitssuche war deprimierend. Jeden Morgen ging er los, jeden Abend kam er ohne Erfolg nach Hause. Er suchte nach einer Anstellung als Justitiar, aber sobald ein potentieller Arbeitgeber Herrn Peukerts Kaderakten vom Kreisgericht anforderte, hörte er: der ist bei uns rausgeflogen. Schließlich fand sich Arbeit in der Rechtsabteilung eines großen Betriebs in Teltow. Dem Leiter war gleichgültig gewesen, was die Kaderabteilung im Kreisgericht zu sagen hatte. Herr Peukert war heilfroh, «wieder unter Menschen zu sein». Wie lange hatte die arbeitslose Zeit gedauert? Gut vier Wochen: vom 17. 1. bis zum 20. 2. 1984. Er weiß die genauen Daten noch. Vier Wochen nur! denke ich. Was für ein beschütztes Leben, in dem vier Wochen Arbeitslosigkeit fast unerträglich scheinen!

Aber «das Schlimmste war die Aussonderung», sagt Herr Peukert. Fühlten Sie sich nicht als Held? «Überhaupt nicht. Im Gegenteil: als Ausgestoßener.» Peter Peukert wollte dazugehören. Seine Mutter und Großmutter waren Kommunisten, ein Onkel war Partisan in der Sowjetunion gewesen, er selbst noch als Lehrling in die Partei eingetreten – der Sozialismus war seine Heimat. So konnte er den Parteiausschluß nicht verstehen; hat auch noch lange danach um seine Wiederaufnahme als Genosse gekämpft. Wieder heftige Auseinandersetzungen. Zehn Leute der Kreisparteikontrollkommission «putzten einen runter». Was für ein Vokabular benutzte man in derartigen Gesprächen, will ich wissen. «Verräter» vielleicht? «Verbrecher»?

Nein, nein, sagt Herr Peukert. Man wurde nicht direkt beschimpft. Die Anschuldigungen reflektierten die Enttäuschung der Partei, daß es bei allem ihrem guten Willen so weit kommen mußte. «Dies ist doch ein friedliebender Staat», wurde ihm gesagt. «Hast du denn nichts in der Schule gelernt?» «Du paßt nicht hierher.» «Für dich ist all das Studiengeld umsonst ausgegeben worden.»

Ich merke: dies war kein Zusammenstoß zwischen dem politischen System des Sozialismus und einem Dissidenten. Dies war ein Generationskonflikt. Die Eltern bejammern, was aus dem Sprößling geworden ist: all die Mühe, die wir uns gegeben haben! Der Sohn will seine Unabhängigkeit. Wie oft bei einem Familienzwist entzündet sich der Streit an einer Einzelheit. In vielen anderen Dingen bleibt Peter Peukert in sozialistischen Rechtsvorstellungen befangen. Hat er auch Haftbefehle bei Fluchtversuchen ausgestellt, frage ich? Er weiß es gar nicht mehr. Auf jeden Fall hat die Strafbarkeit von «ungesetzlichen Grenzübertritten» kein moralisches Trauma hinterlassen. Auch über die Asozialenurteile hatte man zwar am Kreisgericht diskutiert, sich aber nicht ernstlich entrüstet. Weswegen die Kinder des Systems sich mit ihren Altvorderen in der Partei in die Haare gerieten, schien fast von Zufall abzuhängen. Die beiden anderen aufsässigen Richter am Kreisgericht stießen sich an jeweils anderen Dingen. So konnte zum Beispiel ein Kollege die Kriminalisierung von Kriegsdienstverweigerern in der DDR nicht verkraften. Worum es wirklich ging, war die mangelnde Bereitschaft der Partei, ihren Kindern geistigen und moralischen Entfaltungsspielraum zuzubilligen. «Sie sollten auch mal zuhören», sagt Herr Peukert. «Auch mal Argumente anerkennen. Auch mal Unrecht haben.» Aber: «Man wollte Ergebenheit.» Die Eltern waren sich ihrer Autorität nicht sicher genug, um auch nur ein Jota davon abzulassen. So liefen ihnen vom Kreisgericht Potsdam-Stadt in einem Jahr gleich drei ihrer Söhne weg.

Aber die Geschichte hat Peter Peukerts Beziehungen zu seinen ehemaligen Kollegen nicht zerstört. Die Freunde hielten alle zu ihm, sagt er. Gerade weil er nicht das politische System als Ganzes, sondern nur dessen Intoleranz und Rechthaberei bekämpfen wollte, kann Herr Peukert auch diejenigen Kollegen verstehen, die damals gegen ihn stimmten. «Vielleicht hat er Angst gehabt», sagt er von jemandem, der zur Zeit der Parteiversammlung im Januar 1984 gerade erst als Assistenzrichter ans Kreisgericht gekommen war – fast in dem Ton eines großen Bruders, der einsieht, daß es vom Jüngeren zuviel verlangt war, in einem Familienstreit nicht zu den Eltern zu halten. Würde er den Betreffenden heute als Richter übernehmen? «Keine Bedenken.» Peter Peukert scheint die vergangene Einbindung ins politische System des Sozialismus fast als eine nützliche Berufserfahrung für Richter in den neuen Bundesländern anzusehen. Wie sonst soll man die Vergangenheit verstehen können? Ostdeutsche Richter dürften jetzt nicht als «Altlasten» abgetan werden, sagt er. «Man muß vieles übernehmen, auch Schmerzliches.»

Aber er selbst will nicht wieder Richter werden. Seit dem 1. 5. 1990 ist er Rechtsanwalt. Es gab Höhen und Tiefen seitdem; «vor allem Tiefen». Die Zeit unmittelbar nach dem 3. 10. 1990 war besonders schwierig. In den ersten zwei Wochen nach der Wiedervereinigung kam keine Menschenseele in sein Büro. Die neuen Bundesbürger wollten sich nur einem Anwalt aus dem Westen anvertrauen. Inzwischen haben sie gemerkt, daß Ost-Anwälte billiger sind und ihre Sorgen und Nöte besser verstehen können. Westdeutsches Recht lernt Peter Peukert im Selbststudium. Heute ist vieles schon alltäglich, was vor einem Vierteljahr noch neu erschien. Empfinden Sie das neue System als Rechtsstaat? Herr Peukert wählt seine Worte mit Vorsicht. «Gegenüber dem, was vorher war», sagt er.

Noch einmal eine Sitzung der Personalstrukturkommission im Fachbereich Rechtswissenschaft an der Humboldt-Universität. Es geht um die letzten Einsprüche gegen unsere Empfehlungen. Jeder der durchgefallenen Angehörigen des Fachbereichs hat die ihn betreffende Entscheidung angefochten. Jedenfalls in den Augen der negativ Bewerteten hat unsere Kommission die Gerechtigkeit verfehlt. Die positiv Bewerteten billigen unsere Arbeit, «weil sie durchgekommen sind». «Eigentlich schlimm», fügt einer der Kandidaten, der mir davon erzählt, hinzu. Er hätte sich gewünscht, daß der Prozeß der Selbstüberprüfung im Fachbereich grundsätzlichere Anerkennung gefunden hätte.

Die Mehrzahl der Einsprüche hat die zentrale Personalstrukturkommission der Humboldt-Universität bereits endgültig zurückgewiesen. Heute geht es darum, zu einigen Entscheidungen noch einmal Stellung zu nehmen. Wir tagen im Zimmer der Dekanin. Hinter den Fenstern flimmert die Julihitze. Aber der hohe Raum ist wohltuend kühl. Die Büste Savignys, die nach der Babelsberger Konferenz im Keller verschwand, steht jetzt hier oben und sieht mit leichtem Doppelkinn und spöttisch distanziertem Blick unseren Bemühungen zu. Vor allem einer der Einsprüche macht uns zu schaffen. Der Beschwerdeführer hatte viele Jahre lang ein wichtiges Parteiamt ausgefüllt. Da mußte es Situationen gegeben haben, an die er heute lieber nicht zurückdenkt. Einer der Ost-Kollegen beschreibt, was dieses Amt für den Inhaber bedeutet haben wird: «Zu bestimmten Dingen zu schweigen, zu anderen öffentlich Ja zu sagen, und sich nur ganz gelegentlich hier und da vorsichtig distanzieren zu können.» Wir hatten vor allem deshalb Zweifel an der Wiederanstellung des Betroffenen, weil er keinerlei Grund sah, mit sich selber unzufrieden zu sein. Wir wollten keine demonstrativen Schuldbekenntnisse. Aber für einen Neuanfang schien uns die Verurteilung des Alten unumgänglich. Der Überprüfte war nicht bereit gewesen, an seiner Vergangenheit etwas auszusetzen. Statt dessen hatte er sich ärgerlich-herrisch und selbstsicher gegeben.

«Wir müssen uns auf unseren Eindruck stützen», sagt jetzt jemand. «Das ist das Zuverlässigste, das wir haben.» Kein großer Trost. Ich versuche mir vorzustellen, wie ich mich selbst bei einer solchen Überprüfung verhalten hätte. «Vielleicht war er nur zu stolz, um uns gegenüber Fehler einzugestehen», sage ich. Drei meiner Ost-Kollegen fallen mir gleichzeitig ins Wort: «Stolz ist hier fehl am Platze!»

Aber ohne Stolz läßt sich ein Rechtsstaat doch gar nicht aufbauen, denke ich erschrocken.

10. Juli 1991

An der Humboldt-Universität macht man sich Sorgen um die Neufassung des Berliner Hochschulrechts, die von der Senatsverwaltung für Wissenschaft und Forschung vorangetrieben wird. Die Sorgen sind begründet. Ich habe den Entwurf des neuen Ergänzungsgesetzes gesehen, das demnächst vom Abgeordnetenhaus ratifiziert werden wird.[54] Danach sollen bei Entscheidungen, die Forschungs- und Berufungsfragen betreffen, nur die HUB-Professoren stimmberechtigt sein, die nach dem Berliner Hochschulgesetz vom 23. 10. 1990 bestellt oder in einem besonderen Verfahren ausdrücklich übernommen worden sind. Natürlich wurden alle Ostberliner vor dem 23. 10. 1990 berufen. Da ein Übernahmegesetz nicht existiert und sein Erlaß auch nicht in Sicht ist, heißt das praktisch, daß alle Professoren aus der ehemaligen DDR von der wissenschaftlichen Selbstverwaltung ihrer Universität ausgeschlossen werden sollen. Sie dürfen in der Regel auch nicht Dekan oder Dekanin eines Fachbereichs werden. Und anders als in Westberliner Universitäten sollen die den Fachbereichen zustehenden Entscheidungen über Habilitationen und Berufungen nicht durch Selbstverwaltungsorgane, sondern durch eine staatlich eingesetzte Kommission wahrgenommen werden. Also eine Entmündigung der Ostberliner Professoren gerade in dem Augenblick, in dem sie lernen sollen, in einem freien Staat freie Wissenschaft zu treiben.

Mir scheint der Gesetzentwurf so eindeutig die vom Grundgesetz garantierte Wissenschaftsfreiheit zu verletzen, daß ich mich frage, wie er zustande kommen konnte. Er wurde doch von Juristen ausgearbeitet. Haben sie dabei an

die Verfassung gedacht? Ich habe in diesem Jahr so oft ostdeutsche Wissenschaftler danach gefragt, wie wichtig der
Sozialismus in ihrem eigenen Denken war. Jetzt merke ich,
daß ich keine Ahnung davon habe, wie wichtig das Grundgesetz im Denken eines westdeutschen Juristen ist. Ist es nur
unter der laufenden Nummer Eins in seiner *Schönfelder-*
oder *Sartorius*-Gesetzessammlung zu finden oder hat es
auch von seinem Herzen Besitz ergriffen? Vor ein paar Jahren las ich in Texas ein Interview mit einem analphabeti-
schen Farmarbeiter mexikanischer Abstammung, der jetzt
in Abendkursen Lesen lernte. «Ich will die Verfassung lesen!» sagte er hoffnungsvoll. Bringt das Grundgesetz auch
Glanz in die Augen derer, die es schon lange lesen können?

Darum heute meine Verabredung mit Senatsrat Wolf-Dirk
Veit, der in der Senatsverwaltung für Wissenschaft und Forschung für die Humboldt-Universität zuständig ist. Herr Veit
hat noch einen Kollegen mitgebracht. Ich frage also: Welche
Rolle spielte die Verfassung bei den Überlegungen der Senatsverwaltung, als es um die zukünftige Struktur der Humboldt-Universität ging? Moralische Richtschnur? Lästige Be-
grenzung? Beeinflußte die berühmte «Wertordnung des
Grundgesetzes» konkrete politische Entscheidungen? Oder
ist sie eine Erfindung der Juristen, die erst relevant wird,
wenn es zum Rechtsstreit kommt?

Aber Herr Veit ist an juristischen Glaubensfragen nicht
interessiert. Ich bin nicht sicher, ob er billigt, worauf ich
hinaus will: das Grundgesetz als Religions- oder Ideolo-
gieersatz in einer säkularen, pluralistischen Gesellschaft zu
sehen. Gut, dann frage ich konkreter: hat er Zweifel an der
Verfassungsmäßigkeit des Hochschulergänzungsgesetzes?
Nein. Aber die Wissenschaftsfreiheit der Ostberliner Professoren? Das Grundgesetz schütze nur solche Professoren, die
sich in einem bestimmten Auswahlverfahren wissenschaftlich ausgewiesen hätten, sagt Herr Veit.

So steht es zwar im neuen Gesetz. Aber der Verfassung
geht es doch nicht um die Sanktionierung spezifischer Be-
stallungsprozeduren, sondern um elementare Freiheitsrechte. Die Wissenschaftsfreiheit müsse jeden schützen, der
sich die ernsthafte und intensive Suche nach wissenschaftlicher Erkenntnis zum Beruf gemacht habe, sage ich. Aber

Herr Veit will sich auf funktionale Interpretationen des Artikel 5 Abs. 3 des Grundgesetzes nicht einlassen. Früher hatten die Ostberliner ja auch keine Wissenschaftsfreiheit, sagt er. Warum denn jetzt? fügt er zwar nicht hinzu. Aber er bleibt dabei: die HUB-Professoren sind keine Wissenschaftler im Sinne des Grundgesetzes.

Und ihre Habilitation? Kein angemessenes Ausleseverfahren. Ost-Wissenschaftler seien für ihre Professur immer nur als Einzelkandidat vorgeschlagen worden. Es habe keine Liste, keinen Wettbewerb mehrerer Kandidaten gegeben. Bei uns in Texas stimmen wir auch immer nur über einen Kandidaten zur Zeit ab, sage ich. Aber bei uns wählt die ganze Fakultät, und wir würden es als Bevormundung empfinden, wenn, wie in Berlin, ein Wissenschaftssenator die Entscheidung fällen wollte. Was würden Sie sagen, wenn ich Ihr Auswahlverfahren als bürokratische Verletzung wissenschaftlicher Selbstverwaltungsrechte bezeichnete? Es hat keinen Sinn, über die verschiedenen Bestellungsverfahren zu debattieren, sagt Herr Veit. Das sind politische Grundentscheidungen. Da hat er recht. Wir haben bei unserer Diskussion den eigentlichen Zweck der Wissenschaftsfreiheit ohnehin schon lange aus den Augen verloren. Meine Frage – sind die Entscheidungen über die HUB vom Glauben an die Würde unreglementierter wissenschaftlicher Erkenntnissuche getragen – ist eigentlich schon beantwortet: nein. Es geht dem Hochschulergänzungsgesetz um neues Reglement: die Ausschaltung einer ganzen Gruppe von Professoren, die in die westdeutsche Wissenschaftslandschaft schlecht hineinpassen und deren pauschale Ausgrenzung aus der Universitätspolitik die Auseinandersetzung mit ihren jeweiligen Fehlern und Verdiensten überflüssig macht.

Aber ich möchte trotzdem gerne wissen, wie Herr Veit selbst die Ostberliner Wissenschaftler sieht. Skizzieren Sie einmal das Bild eines HUB-Professors, den Sie gerne übernehmen würden, bitte ich ihn, und das eines anderen Professors, der Ihren schlimmsten Erwartungen entspricht. Zeichnen Sie sozusagen die Karikaturen eines Ostberliner Ideal- und Monster-Professors. Warum nicht. Herr Veit fängt mit dem Monster-Professor an: jemand, der seine Stellung durch Beziehungen erhielt, ein Konformist, Stasi-Informant, unkreativ, ohne fundierte wissenschaftliche Kenntnisse und ohne Rückgrat. Er lächelt selbst darüber, wie ihm die Skizze von der Hand flutscht: weil sie dem gängigen West-Bild eines sozialistischen Professors so gut entspricht. Und sein ostdeutscher Ideal-Professor? Am besten ein Naturwissenschaftler, sagt Herr Veit. Nein, nein: einen Juristen, bitte. Herr Veit zögert. Es gibt ihn nicht, sagt er. Er versucht es doch: jemand, der sich der Diktatur der Partei nicht gebeugt hat, der an den Rechtsstaat glaubt ... Es gibt ihn nicht, sagt er noch einmal. Noch ein Anlauf: jemand der geistig unabhängig ist, der unsere Auffassung von Gerechtigkeit teilt, jemand wie wir ... «Es kann ihn nicht geben», sagt Herr Veit und gibt auf.

Es stimmt: Spiegelbilder unserer selbst – auch wenn sie der Realität näher kommen sollten als Herrn Veits optimistisches Porträt eines Wissenschaftlers «wie wir» – braucht man in Ostdeutschland allerdings nicht zu suchen. Ich will Ihnen einmal beschreiben, wie mein ostdeutscher Ideal-Professor aussieht, sage ich jetzt. Jemand, der einmal an den Sozialismus geglaubt hat. Der versteht oder versucht, zu verstehen, was falsch gelaufen ist, und es in Zukunft besser machen will. Der sich nicht nur sich selbst, sondern auch der Gesellschaft verpflichtet fühlt. Der sich trotz aller Enttäuschungen über den Rechtsstaat freut. Der vielem in der Bundesrepublik skeptisch gegenübersteht, und von dem wir etwas lernen können. Jemand, dessen Gleichsein uns nicht beruhigen soll, sondern dessen Anderssein uns bereichert! Jetzt bin ich in Fahrt geraten. Jemand wie Frau Will! füge ich noch hinzu, um das Maß vollzumachen. Herr Veit schüttelt ungläubig den Kopf. Aber sein Kollege mischt sich plötzlich ein. «Da haben Sie eigentlich nicht unrecht», sagt er zu meiner Verblüffung.

18. August 1991

Mein letzter Tag in Deutschland. Morgen fliegen wir nach Amerika zurück. Ich nutze die Gelegenheit, um vom Ferienhaus in Flensburg noch einmal bei Frau Will anzurufen und mich nach den letzten Berliner Neuigkeiten zu erkundigen. Die Dekanin berichtet ganz glücklich über die eben überstandenen Examen der letzten Diplom-Juristen an der HUB: derjenigen Jura-Studenten, die mitten im Studium von der

Wende überrascht wurden und in den letzten zwei Semestern mit Hilfe westdeutscher Gast-Professoren soviel wie möglich von dem lernen mußten, wofür westdeutsche Jura-Studenten mindestens sieben Semester brauchen sollen. Die Abschlußprüfungen – jeweils in gemischten Kommissionen von zwei ostdeutschen und zwei westdeutschen Professoren abgenommen – gingen erstaunlich gut. Man hatte den Kandidaten nichts geschenkt. Aber von 153 Prüflingen haben 140 bestanden. Sogar eine «Eins» war dabei! Sie sagt es nicht, aber daß in der schwierigen Übergangszeit an der HUB so schnell das Lehrprogramm aufgebaut werden konnte, das zu diesen Resultaten geführt hat, ist vor allem Rosi Wills Verdienst.

Ich möchte etwas über den neuesten Stand der Diskussion zum Hochschulergänzungsgesetz wissen, das inzwischen verabschiedet ist. Wird die HUB Verfassungsbeschwerde einlegen? Ja! Gut! sage ich. So soll es sein: daß die neuen Bürger darauf bestehen, die Freiheitsrechte der Verfassung auszukosten. Nein, sagt Frau Will; ganz so lagen die Dinge nicht. Die Abstimmung im Senat der Humboldt-Universität hatte zwar 17 Stimmen für die Klage, 5 dagegen und eine Stimmenthaltung ergeben. Aber in einer Senatssitzung nur eine Woche vorher hatte sich kaum jemand zu einer Verfassungsbeschwerde bereitfinden wollen. Als Frau Will sich über das Zwei-Klassen-Wahlrecht des Gesetzes erregte, war sie auf langmütiges Desinteresse gestoßen. Das Ergänzungsgesetz sei nicht ihr Problem, sagten die Kollegen. «Als ob ich gegen eine Wand anrannte.» Sie hatte schließlich noch vor Schluß der Sitzung entmutigt den Raum verlassen. «Gehen Sie aus Protest?» hatte der Rektor gefragt. «Ich konnte nur Ja sagen.» Aber in den darauffolgenden Tagen hatten die Professoren ihre neuen tarifvertraglichen Anstellungsbedingungen zu Gesicht bekommen, über die sich bis dahin niemand recht im klaren gewesen war. Alle Habilitierten – Professoren, außerordentliche Professoren und Dozenten bis zum Oberassistenten mit B-Dissertation – sollten als C 2-Hochschullehrer eingestuft werden und 60% des Gehalts eines West-C 2-Dozenten erhalten. Dazu würden alle Humboldt-Angehörigen wie Neuanfänger behandelt, das bisherige Dienstalter des Betroffenen also nicht berücksichtigt werden. Und im Oktober sollen die Mieten steigen. Das habe die Revolte in der nächsten Senatssitzung ausgelöst: die Angst ums Geld. «Das hat nicht wirklich übers Rechtsbewußtsein funktioniert», sagt Frau Will.

«Eigentlich eine enttäuschende Geschichte», sage ich. «Darum erzähle ich sie Ihnen ja auch.» Aber später, als wir schon lange aufgelegt haben, überlege ich mir die Sache noch einmal. Woher nehme ich das Recht, über die Motive meiner Kollegen zu Gericht zu sitzen? Entschließen sich westdeutsche Kläger denn nur aus Freiheitsliebe zum Prozeß? Hat man nicht im Sozialismus gesehen, wohin es führt, wenn die Verfolgung eigener Vorteile als gesellschaftlich suspekt betrachtet wird? Nein, wenn die neuen Bürger das Recht zur Verteidigung ihrer selbstdefinierten Interessen anrufen – welcher auch immer –, tut es seinen Dienst: die Autonomie des Einzelnen zu stärken und zu schützen. Keine enttäuschende Geschichte. Vielmehr: willkommen im Rechtsstaat.

V.

Statt eines Nachworts

20. Juni 1991

In Leipzig, im «Haus des Wissenschaftlers», wo ich mich mit Professor Karl Bönninger zum Abendessen treffen will. Sein Name ist mir in diesem Jahr oft begegnet. Karl Bönninger war der einzige Wissenschaftler auf der Babelsberger Konferenz, der zwar als Sozialist sprach – kein Zweifel daran, daß auch er den rechten Glauben suchte –, aber doch mit seiner eigenen, unverstellten Stimme. Karl Bönninger hielt 1970/71, als es das Verwaltungsrecht in der DDR offiziell nicht gab in Leipzig, eine Fakultativvorlesung über die «Grundzüge des bürgerlichen Verwaltungsrechts». Als DDR-Zeitschriften verwaltungsrechtlichen Themen verschlossen waren, schrieb er statt dessen Lehrhefte für Fernstudenten. 1980 propagierte er als erster die Kodifizierung des Verwaltungsverfahrensrechts in der DDR.[55] Von seiner «Gradlinigkeit» hatte schon Herr Bernet erzählt. Andere bestätigten den Bericht. In der DDR verlief die politische Diskussion in Wellenbewegungen, erklärte mir ein Ostberliner Kollege. Manche nutzten die Wellen aus. Manche verfolgten unabhängig vom Auf und Ab ihr Ziel: Karl Bönninger zum Beispiel. Wie sahen Sie die Arbeit Bönningers? fragte ich einen Verwaltungsrechtler bei den PSK-Gesprächen an der Humboldt-Universität. «Zwiespältig», war die Antwort. Bönninger sei in seinen Zielen «nicht realistisch» gewesen. Wenn man «realistisch» mit «politisch klug» übersetzt, stimmt das sicherlich. Als wir uns einmal in Leipzig begegneten, nahm Herr Bönninger mich zur Mißbilligung des Universitätspförtners kurzerhand in sein Institut mit. Auch nicht politisch klug. Das ist jetzt schon viele Jahre her. Werde ich ihn heute wiedererkennen?

Aber Karl Bönninger sieht eigentlich unverändert aus: nicht sehr groß, jetzt weißhaarig, energisch, lebhaft, unschuldig. Sein rheinischer Akzent, in vielen DDR-Jahren abgeschliffen, ist immer noch herauszuhören. Er hat in Bonn Jura studiert und 1948 sein Erstes Staatsexamen gemacht. Wie sein Vater, schon seit 1920 in der KPD, war er Kommunist. Was hatte ihn am Sozialismus angezogen? Die Trennung des Individuums vom Eigentümer. Er glaubte, daß sich Sozialismus und Recht verbinden lassen würden. Aber als KPD-Mitglied erhielt Karl Bönninger in Westdeutschland keine Referendarstelle. Sein Vater war 1948 aus dem öffentlichen Dienst entlassen worden. Schon vorher war der Sohn, wie alle Kommunisten, aus demselben SDS-Vorstand ausgeschlossen worden, in dem Helmut Schmidt damals «Zonenvorsitzender» gewesen war. 1948 waren dreizehn vorwiegend sozialistische Organisationen in Westdeutschland verboten, erzählt Herr Bönninger; zwei Jahre später waren es schon 132. So ging er in die DDR an die Verwaltungsakademie in Forst Zinna und wurde Assistent bei Professor Kröger. «Ich bin aus Überzeugung ins bessere Deutschland gegangen», sagt er heute.

Ich habe einmal in irgendeinem DDR-Handbuch eine Fotografie von Karl Bönninger gesehen, die aus diesen Jahren stammen mußte. Ein junger Mann, der mit hellem Blick in eine mir unsichtbare Zukunft sieht und der mich lebhaft an die Jugendbilder meines Vaters erinnerte, als er mit Pfadfinderfreunden und Klampfe auf große Fahrt auszog. Aber die frühen fünfziger Jahre waren doch auch schlimme Zeiten in der DDR, sage ich jetzt; Zeiten, in denen Leute zum Beispiel für politische Diskussionen wegen «Boykotthetze» ins Gefängnis kamen – hatte er nichts davon bemerkt? «So deutlich nicht». Karl Bönninger sah diese Jahre als Zeit des Klassenkampfes. In Deutschland herrschte der Kalte Krieg. 1951, fünf Jahre vor dem KPD-Verbot des Bundesverfassungsgerichts, erließ die Bundesregierung einen Beschluß, in dem es hieß: «Als verfassungsfeindlich sind die Organisationen anzusehen, die von der Bundesregierung öffentlich als solche bezeichnet werden.»[56] Im selben Jahr kriminalisierte das Erste Strafrechtsänderungsgesetz auch solche politischen Betätigungen von Kommunisten, die keinerlei konkrete Gefährdung irgendwelcher Rechtsgüter mit sich brachten. Zeitweilig wurden über eine Million ostdeutscher

Postsendungen im Monat von westdeutschen Zollbehörden angehalten und kontrolliert.[57] DDR-Bürger, die sich in der Bundesrepublik politisch umsahen, konnten wegen «Nachrichtensammelns» nach § 92 StGB bestraft werden. In den Jahren von 1951 bis 1968 gab es in der Bundesrepublik staatsanwaltschaftliche Ermittlungsverfahren gegen rund 125000 Personen, die nur wegen ihrer kommunistischen Kontakte oder Interessen verfolgt wurden.[58] Und das ist eine vorsichtige Schätzung.

Karl Bönninger hat den Kalten Krieg selbst einmal als Berichterstatter verfolgt. 1959, ein Jahr nach Babelsberg, fuhr er als Prozeßbeobachter in die Bundesrepublik, wo zwei DDR-Kreistagsabgeordnete sich wegen gesamtdeutscher Gespräche in Bochum vor dem Landgericht Dortmund zu verantworten hatten. Dort sprach er mit einem Staatsanwalt über die Fallstricke des § 92 StGB. Sei es «Nachrichtensammeln», wenn er eine Broschüre über das Ergebnis der Kommunalwahlen mit in die DDR zurücknähme? Er «rate ab», sagte der Staatsanwalt. Darauf Karl Bönninger: «Kann ich mir denn eine Zeitung kaufen?» «Was soll die Frage!» hatte der Staatsanwalt empört gesagt. Übrigens hatten die DDR-Kreistagsabgeordneten jeweils neun Monate Gefängnis bekommen. Nein, die rauhen Sitten in Westdeutschland paßten besser ins Bild des Klassenkampfes als des Rechtsstaats.

Und die Babelsberger Konferenz, auf der Karl Bönninger selbst ein Opfer des Klassenkampfs geworden war? Er war damals Kommunist genug, um Babelsberg als Auseinandersetzung um die reine Lehre anzusehen. Sein Referat sah er als Beitrag zu einer legitimen Diskussion; seinen Wortwechsel mit Ulbricht als «Auseinandersetzung unter Gleichen». Hatte er Angst? Nein. Er «fühlte sich nicht als Widerständler». Hielt er es damals für möglich, selbst Unrecht zu haben? Zum mindesten habe er «zu viele Überlegungen» über die richtige Linie angestellt. Aber er sah sich nicht als Opfer, sondern als Mitwirkenden. Die anschließende Verbannung nach Schkolnitz glaubte er mit einer Intrige Karl Polaks erklären zu können. «Das war kein Jurist!» sagt er jetzt verächtlich. «Der konnte keinen Rechtsfall lösen.» Für Karl Bönninger muß richtige Theorie die Praxis weiterbringen. Jedenfalls war er nach Babelsberg nicht bereit gewesen, einer Religion nur deshalb abzuschwören, weil sie schlechte Priester hatte. Den rechten Glauben hatte er damals noch. Und heute? «Heute auch noch», sagt Karl Bönninger und lacht.

In Schkolnitz konnte er Verwaltung an der Basis beobachten. Es war kein schlechter Aufenthaltsort für jemanden, der wissen wollte, «welche Rolle das Recht denn nun wirklich in der Verwaltung spielt». Die Frage blieb, auch als er wieder an die Universität zurückkehren durfte. Karl Bönninger hat Verwaltungsrecht «aus der Sicht des Bürgers» machen wollen. Aber die Arbeit wurde immer schwieriger. Zu Anfang wurde jedenfalls noch «unten» heftig gestritten. Ernst Jacobi war juristischer Dekan in Leipzig, «ein eindrucksvoller Mann». Aber der Spielraum wurde zusehend enger. Auch an der Fakultät ließ sich nichts mehr beeinflussen. Man war ohnmächtig.

Publizieren machte keinen Spaß mehr. «Immer das, was mir wichtig war, wurde herausgestrichen.» In Redaktionskollegien soll es geheißen haben: «Wenn von Bönninger etwas kommt, nicht nur zwischen den Zeilen lesen, sondern auch das lesen, was er nicht geschrieben hat.» Gelegentlich hat er sich angepaßt: «Man will auch mal gedruckt werden», sagt er entschuldigend. Aber in all den Jahren ist viel für die Schublade entstanden. Zweihundertfünfzig Seiten zum subjektiven öffentlichen Recht, eine Geschichte des deutschen Verwaltungsrechts – er hat gar nicht versucht, sie zu veröffentlichen. Und die Kollegen? Es gab wohl gegenseitig ein gewisses Unverständnis. Manche hielten ihn für einen «Querkopf». Karl Bönninger seinerseits verstand die Vorsicht der anderen nicht. Ein Strafrechtskollege beichtete ihm: «Wenn ich Staatsverbrechen unterrichte, lese ich alles wörtlich ab.» «Du spinnst wohl», hatte er erstaunt gesagt. Seine Frau beklagte sich: das knacke immer so im Telefon. «Hat mich nicht gestört», sagt Herr Bönninger. War er pessimistisch? Ach, «das ist nicht meine Lebenshaltung». Geärgert hat er sich. Aber bei den Studenten fand er immer viel Unterstützung. Und: «Niemand hat mich verpfiffen», sagt er befriedigt.

Die schlimmste Enttäuschung kam eigentlich nach der Wende. Zu DDR-Zeiten war Karl Bönninger mit dem ostdeutschen Eingabensystem unzufrieden gewesen, das praktisch die einzige Waffe des Bürgers gegen die Verwaltung war: keine Öffentlichkeit, keine Neutralität, kein striktes Verfahren, keine effektive Beteiligung von Rechtsanwälten, kein Druck, der die Verwaltung gezwungen hätte, die Rechte des Bürgers zu respektieren. Der Rechtsstaat würde Bürgerinteressen legitimieren, hoffte er. Ein gerichtliches Verfahren gegen die Verwaltung würde die Autonomie des Einzelnen beschützen. 1989 sah es für kurze Zeit so aus, als ob der «sozialistische Rechtsstaat», von dem in der DDR-Literatur schon seit ein paar Jahren halbherzig und eigentlich verlogen die Rede gewesen war, tatsächlich Wirklichkeit werden könnte. Aber bald schien es, als ob die Westdeutschen den Rechtsstaat für sich allein behalten wollten. Die Abwicklungen jedenfalls entsprechen nicht dem, was Karl Bönninger unter Rechtsstaat versteht. Er hatte einen westdeutschen Kollegen gefragt, warum von zwei landwirtschaftlichen Instituten das eine überführt, das andere abgewickelt werden sollte. Das «politische Erscheinungsbild» des zweiten sei ungünstig, war die Antwort gewesen. Das «politische Erscheinungsbild» ist doch kein Rechtsstaatsbegriff! sagt Herr Bönninger zornig. «Und das mußte er sich von mir sagen lassen?»

Auch auf die Kollegen ist er böse. «Wie schnell sie sich abgefunden haben!» «Wie sie sich wieder ducken, wieder den Kopf hängen lassen!» Auch Karl Bönninger findet, daß ein Überprüfungsverfahren nötig war. «Ich hätte auch gesiebt.» Auch die Beteiligung von West-Kollegen war notwendig: «Wir sehen so vieles nicht mehr.» Aber nicht diese Pauschalisierung! Wie viele Kollegen wären bei Ihnen durchgekommen? «Drei Viertel.» Er mag an die Gesichter in seiner Universität denken und korrigiert sich: «Zwei Drittel.» Aber der Wunsch, jedem gerecht zu werden, bricht wieder durch: «Vielleicht doch drei Viertel.» Jetzt ist er Anwalt und hat fünf abgewickelte Professoren unter seinen Klienten.

Aber auch vom Rechtsstaat, dem früher seine ganze Hoffnung galt, verspricht Karl Bönninger sich heute noch nicht Gerechtigkeit. Das westdeutsche Recht läßt den Einzelnen zu sehr allein. Die Wärme des sozialistischen Eingabensystems, die ihm früher forciert und irreführend schien, sieht er jetzt nicht nur kritisch. Immerhin gab es doch menschliche Kontakte zwischen Bürger und Verwaltung. Man muß den Bürger in die Lösung seiner Probleme einbeziehen, sagt er, sonst geht es nicht. Als Rückendeckung ist die Klagemöglichkeit im Rechtsstaat unersetzlich. Aber sie hilft dem Schwachen nur bedingt. «Wieviel kostet das», heißt es jetzt, wenn sich jemand gegen eine Verwaltungsentscheidung wehren will. Und dann als nächstes: «Das stehen wir nicht durch.» Es braucht mehr zur Gerechtigkeit als den Staat verklagen zu können. «Man muß sich mit den Realitäten auseinandersetzen. Wer das nicht tut, begeht Unrecht.»

An welchen Rechtsstaat glauben Sie denn noch? Karl Bönninger zuckt mit den Schultern, lacht, schüttelt über den eigenen Starrsinn den Kopf. «An meinen.» Mir fällt das Pfadfinderbild von dem jungen Mann mit dem hoffnungsvollen Blick wieder ein. Die blaue Blume Gerechtigkeit, denke ich.

Anmerkungen

1. Ich verdanke diese Erklärung Frau Professor Loni Nieder-
länder, früher Humboldt-Universität Berlin.
2. Meine Überlegungen zur ostdeutschen Strafjustiz stützen
sich auf die Zahlen von Luther und Weis, Zur Anwendung
des Strafrechts in der Deutschen Demokratischen Republik,
Recht in Ost und West 1990, S. 289.
3. Interview mit Professor Klaus Adomeit, Freie Universität
Berlin, am 8. 2. 1991. Vgl. auch Adomeit, Der mühsame
Übergang zum Rechtsstaat, FAZ v. 29. 1. 1991, S. 10.
4. Carol Gilligan, *Die andere Stimme*, München 1984.
5. Vgl. Catharine MacKinnon, *Feminism Unmodified: Discour-
ses on Life and Law* Cambridge (Mass.) 1987, S. 38f.; Debo-
rah Rhode, *Justice and Gender: Sex Discrimination and the
Law* Cambridge (Mass.) 1989, S. 309 ff.
6. Gemeinsamer Standpunkt zur Anwendung des § 213, *OG-
Informationen* 1988, Nr. 2, S. 9.
7. Daniel Meador, *Impressions of Law in East Germany*, Char-
lottesville (Virg.) 1986, S. 186.
8. *OG-Informationen* 1986 Nr. 4, S. 55, 62.
9. Dieter Simon, Kader auf Lebenszeit? Zur Zukunft der DDR-
Wissenschaftler, *FAZ* v. 11. 8. 1990, S. 21.
10. *Staat und Recht* 1990, S. 376.
11. OG v. 16. 9. 1983, *Arbeit und Arbeitsrecht* 1984, S. 142.
12. Artikel 38 Abs. I Einigungsvertrag.
13. Loeser, Der Muß-Charakter des Rechts, *Staat und Recht*
1969, S. 242.
14. Kleine, Die Identität von Rechtsbildung und Rechtswirkung,
Staat und Recht 1982, S. 345.
15. Vgl. auch Mollnau, Die Babelsberger Konferenz oder: Vom
Beginn der Niedergangsjurisprudenz in der DDR, *Archiv für
Rechts- und Sozialphilosophie*, Beiheft 44, 1991, S. 236.
16. Dieses und alle folgenden Zitate von der Babelsberger Konferenz entstammen dem *Protokoll der staats- und rechtswissenschaftlichen Konferenz in Babelsberg am 2. und 3. April
1958*, Berlin 1958.
17. Karl Polak, *Zur Dialektik in der Staatslehre*, 3., erweiterte
Auflage Berlin 1963, S. 393, 394.
18. A. a. O. S. 449, 445, 534.
19. A. a. O. S. 391, 372.

20. Nathan u. a., Thesen über das deutsche staats- und rechtswissenschaftliche Erbe, *Staat und Recht* 1962, S. 830.

21. Arlt/Lungwitz, Die Entwicklung des sozialistischen Rechts und die bürgerlichen Traditionen, *Staat und Recht* 1963, S. 800, 807.

22. *Zur Dialektik in der Staatslehre*, Anm. 17, S. 382.

23. Schöneburg, Die Babelsberger Konferenz des Jahres 1958. Dialektik von Ziel, Inhalt und Wirkungsgeschichte. Der Aufsatz wurde nach der Wende in *Neue Justiz* 1990, S. 5 veröffentlicht.

24. H. Benjamin, G. Schulze, Karl Polak, ein hervorragender Wegbereiter der marxistisch-leninistischen Staats- und Rechtswissenschaft, *Staat und Recht* 1985, S. 947, 950.

25. Bernet, Von den Anfängen der marxistisch-leninistischen Rechtswissenschaft in der DDR, *Staat und Recht* 1987, S. 759.

26. Hermann Klenner, *Marxismus und Menschenrechte*, Berlin 1982, S. 165 ff.

27. Karl Mollnau, Hrsg., *Die eigenverantwortlich-schöpferische Komponente in der Rechtsanwendung und ihr Einfluß auf die gesellschaftliche Wirksamkeit des sozialistischen Rechts*, Materialien des VI. Berliner rechtstheoretischen Symposiums, Berlin 1986, und *Die Wechselwirkung zwischen verfahrens- und materiellrechtlichen Regelungen als Effektivitätskomponente des sozialistischen Rechts*, Materialien des VII. Berliner rechtstheoretischen Symposiums, 2 Bände, Berlin 1988.

28. Für einen eingehenden Bericht über diese Verhandlung vgl. Markovits, Beschreibung einer deutschen Gerichtsverhandlung, *Recht in Ost und West* 1991, S. 154.

29. BVerfG. v. 24. 4. 1991, *NJW* 1991, S. 1667.

30. Wissenschaftsrat, *Stellungnahme zu den außeruniversitären Forschungseinrichtungen in den neuen Ländern und in Berlin – Sektion Wirtschafts- und Sozialwissenschaften*, Drs. 93/91, Mainz 1991.

31. VO zur Arbeit mit Personalunterlagen v. 22. 2. 1990, GBl. I S. 84.

32. OG v. 11. 8. 1987, *Neue Justiz* 1987, S. 467.

33. «Ein zweites Mal betrogen», *Der Spiegel* v. 3. 6. 1991, 45. Jahrgang, Nr. 23, S. 47, 56.

34. Vgl. Andreas Gängel/Bärbel Richter, *Studien zur Rechtsauskunft*, Institut für Rechtswissenschaft der AdW, Berlin 1990.

35. Vgl. Markovits, *Sozialistisches und bürgerliches Zivilrechtsdenken in der DDR*, Köln 1969.

36. *Protokoll der Babelsberger Konferenz*, Anm. 16, S. 26.

37. Posch, Überwindung privatrechtlicher Vorstellungen im Zivilrecht, *Neue Justiz* 1959, S. 837.

38. Posch, Das Rechtsverhältnis im Zivilrecht, *Staat und Recht* 1961, S. 15, 18.

39. Münzer, Grundsätze des sozialistischen Urhebervertragsrechts, *Erfindungs- und Vorschlagswesen* 1961, S. 15.
40. Vgl. Markovits, Anm. 35, S. 138f.
41. Posch, Anm. 37, S. 841.
42. Siebert, Die Entwicklung der Lehre vom Arbeitsverhältnis im Jahre 1936, *Deutsches Arbeitsrecht* 1937, S. 14, 16.
43. Larenz, Die Wandlung des Vertragsbegriffs, *Deutsches Recht* 1935, S. 488, 491.
44. Kasper/Kulke, 6. Jenaer Juristentag, *Staat und Recht* 1976, S. 86.
45. Bernet, Verwirklichung der sozialistischen Gesetzlichkeit in der staatlichen Leitung durch Rechtsmittel, *Staat und Recht* 1980, S. 13; ders., Wirksamkeit von Rechtsmittelverfahren in der staatlichen Verwaltung, *Staat und Recht* 1981, S. 732.
46. *Staat und Recht* 1983, S. 824, 831.
47. Bernet, Gerichtliche Nachprüfbarkeit von Verwaltungsakten in der DDR?, in: *Bürger im sozialistischen Recht* 1983, S. 48, 49.
48. Bernet, Von den Anfängen der marxistisch-leninistischen Rechtswissenschaft in der DDR, *Staat und Recht* 1987, S. 759.
49. Bernet, Das Gesetz in der Staatsverwaltung, in: *Sozialistische Gesetzlichkeit* 1987, S. 7.
50. GBl. 1988 I, S. 327.
51. VO über Reisen von Bürgern der DDR nach dem Ausland v. 30. 11. 1988 GBl. I, S. 271.
52. Vgl. Max Fürst, *Talisman Scheherezade*, München 1976, S. 441.
53. Vgl. Seidel, Zur Bestimmung des rechtlichen Wesens der Einzelleitung und der persönlichen Verantwortung, *Staat und Recht* 1978, S. 327.
54. Gesetz zur Ergänzung des Berliner Hochschulgesetzes v. 18. 7. 1991, GVBl. Nr. 33, S. 176.
55. Bönninger, Zu theoretischen Problemen eines Verwaltungsverfahrens und seiner Bedeutung für die Gewährleistung der subjektiven Rechte der Bürger, *Staat und Recht* 1980, S. 931.
56. Vgl. v. Brünneck, *Politische Justiz gegen Kommunisten in der Bundesrepublik Deutschland 1949–1968*, Frankfurt/Main 1978, S. 57.
57. v. Brünneck, a.a.O. S. 184.
58. v. Brünneck, a.a.O. S. 242.

Abkürzungsverzeichnis

AdW   Akademie der Wissenschaften
AGB   Arbeitsgesetzbuch
APO   Abteilungsparteiorganisation der SED
BDI   Bundesverband der deutschen Industrie
BGB   Bürgerliches Gesetzbuch
BGL   Betriebsgewerkschaftsleitung
FDJ   Freie Deutsche Jugend
FU   Freie Universität Berlin (West)
GO   Grundorganisation der SED
HUB   Humboldt-Universität Berlin (Ost)
KPD   Kommunistische Partei Deutschlands
MfS   Ministerium für Staatssicherheit
ND   Neues Deutschland
OG   Oberstes Gericht
OVG   Oberverwaltungsgericht
PDS   Partei Demokratischer Sozialismus
PGH   Produktionsgenossenschaft des Handwerks
PSK   Personalstrukturkommission
RAS   Abteilung Rechtsinformation, Analyse und Statistik
SDS   Sozialistischer Deutscher Studentenbund
StGB   Strafgesetzbuch
VEB   Volkseigener Betrieb
ZGB   Zivilgesetzbuch
ZK   Zentralkommittee der SED
ZPO   Zivilprozeßordnung
ZPSK   Zentrale Personalstrukturkommission

Rechtsgeschichte bei
C. H. Beck

Michael Stolleis

Geschichte des öffentlichen Rechts
in Deutschland

Band 1:
Reichspublizistik und Policeywissenschaft 1600–1800
1988. 431 Seiten. Leinen

Band 2:
Staatsrechtslehre und Verwaltungswissenschaft 1800–1914
1992. 486 Seiten. Leinen

Gernot Kocher

Zeichen und Symbole des Rechts

Eine historische Ikonographie
1992. 200 Seiten mit 257 Abbildungen. Leinen

Andrea van Dülmen (Hrsg.)

Frauenleben im 18. Jahrhundert

1992. 436 Seiten mit 5 Abbildungen. Leinen
(Bibliothek des 18. Jahrhunderts)

Alexander Demandt (Hrsg.)

Macht und Recht

Große Prozesse in der Geschichte
3., unveränderte Auflage. 1991. 318 Seiten. Leinen

Mario Bretone

Geschichte des römischen Rechts

Von den Anfängen bis zu Justinian
Aus dem Italienischen von Brigitte Galsterer
1992. 471 Seiten. Leinen

Zeitgeschichte bei
C. H. Beck

Thomas Assheuer/Hans Sarkowicz

Rechtsradikale in Deutschland

Die alte und die neue Rechte
2., aktualisierte Auflage. 1992. 258 Seiten. Paperback
(Beck'sche Reihe Band 428)

Klaus J. Bade

Deutsche im Ausland – Fremde in Deutschland

Migration in Geschichte und Gegenwart
2., unveränderte Auflage. 1992. 542 Seiten mit 84 Abbildungen
und 11 Karten. Gebunden

Ernst-Otto Czempiel

Weltpolitik im Umbruch

Das internationale System nach dem Ende
des Ost-West-Konflikts
Unveränderter Nachdruck. 1991. 142 Seiten. Paperback
(Beck'sche Reihe Band 444)

Robert Hettlage (Hrsg.)

Die Bundesrepublik

Eine historische Bilanz
1990. 387 Seiten. Paperback
(Beck'sche Reihe Band 424)

Margareta Mommsen (Hrsg.)

Nationalismus in Osteuropa

Gefahrvolle Wege in die Demokratie
1992. 205 Seiten. Paperback
(Beck'sche Reihe Band 477)

Hans-Joachim Torke (Hrsg.)

Historisches Lexikon der Sowjetunion

1917/22 – 1991
1993. 401 Seiten. Leinen